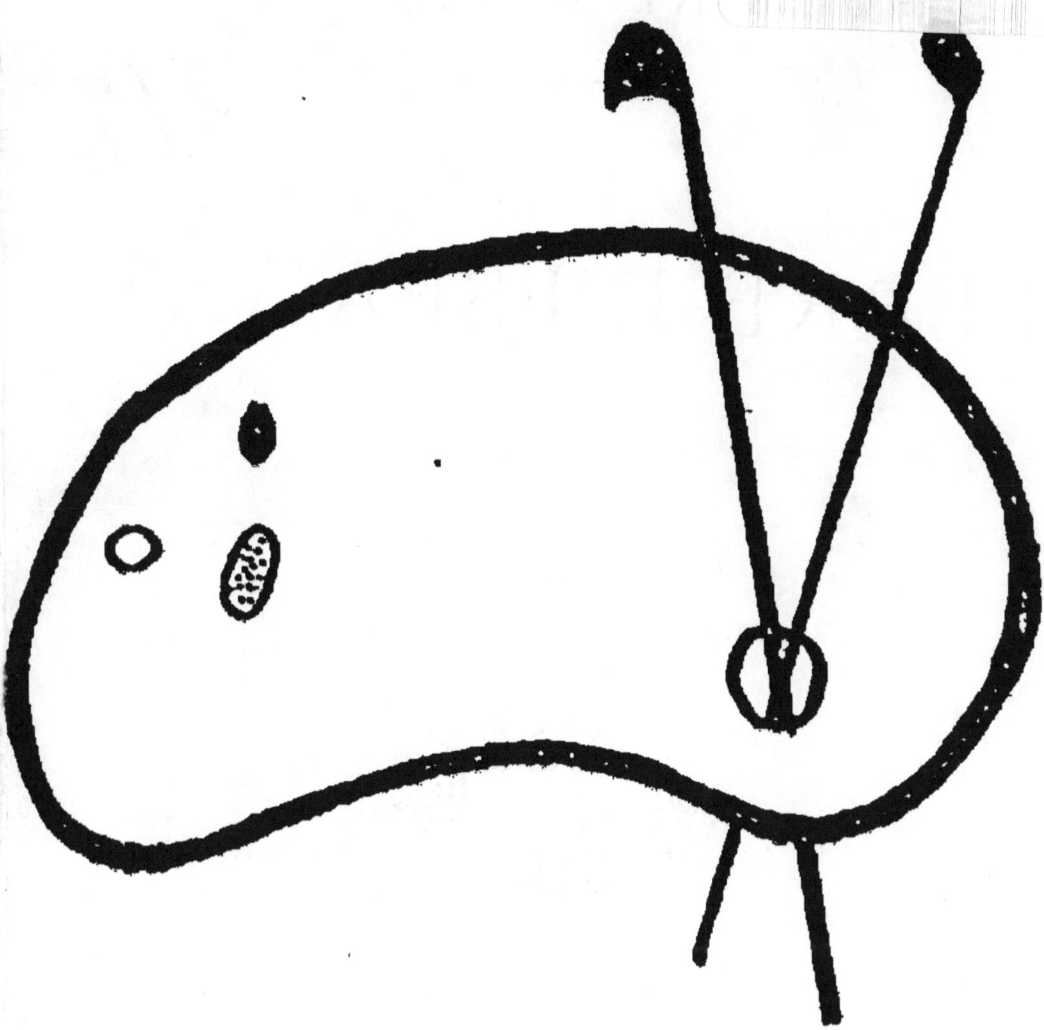

COUVERTURE SUPERIEURE ET INFERIEURE EN COULEUR

RENÉ BAZIN

TERRE D'ESPAGNE

PARIS
CALMANN LÉVY, ÉDITEUR
RUE AUBER, 3, ET BOULEVARD DES ITALIENS, 15
A LA LIBRAIRIE NOUVELLE

1895

DERNIÈRES PUBLICATIONS

Format grand in-18, à 3 fr. 50 le volume.

	vol.		vol.
G. D'ANNUNZIO		**LOUIS LÉTANG**	
L'Enfant de Volupté.....	1	Le Supplice d'un père...	1
RENÉ BAZIN		**PIERRE LOTI**	
Humble amour.........	1	Jérusalem.............	1
BRADA		**MASSON-FORESTIER**	
Notes sur Londres.......	1	La Jambe coupée.......	1
ÉDOUARD CADOL		**F. MARATUECH**	
Suzanne Herbain........	1	L'Échéance!...........	1
ÉDOUARD DELPIT		**GABRIEL MONOD**	
Dernier rêve...........	1	Renan, Taine, Michelet...	1
ANATOLE FRANCE		**HENRY RABUSSON**	
Le Puits de Sainte Claire	1	Monsieur Cotillon........	1
LOUIS GALLET		**J. RICARD**	
Doris.................	1	Acheteuses de rêves.....	1
EDMOND GONDINET		**RICHARD O'MONROY**	
Théâtre complet, t. IV...	1	Histoires crânes.........	1
GYP		**PAUL DE SAINT-VICTOR**	
Le Cœur d'Ariane.......	1	Victor Hugo............	1
ARSÈNE HOUSSAYE		**VICOMTE DE SPOELBERCH DE LOVENJOUL**	
L'Amour comme il est ...	1	Les Lundis d'un chercheur.............	1
PRINCE DE JOINVILLE		**LÉON DE TINSEAU**	
Vieux Souvenirs.........	1	Dette oubliée...........	1
HENRI LAVEDAN		**J.-J. WEISS**	
Leur Cœur.............	1	Le Drame historique et le drame passionel....	1
HUGUES LE ROUX			
Notes sur la Norvège....	1		

Paris. — Imprimerie A. DECROY, 3, rue Auber.

TERRE D'ESPAGNE

CALMANN LÉVY, ÉDITEUR

DU MÊME AUTEUR

Format grand in-18

A L'AVENTURE (croquis italiens)	1 vol.
HUMBLE AMOUR	1 —
LES ITALIENS D'AUJOURD'HUI	1 —
MADAME CORENTINE	1 —
LES NOELLET	1 —
LA SARCELLE BLEUE	1 —
MA TANTE GIRON	1 —
SICILE (Ouvrage couronné par l'Académie française)	1 —
UNE TACHE D'ENCRE (Ouvrage couronné par l'Académie française)	1 —

Droits de reproduction et de traduction réservés pour tous les pays, y compris la Suède et la Norvège.

IMPRIMERIE CHAIX, RUE BERGÈRE, 20, PARIS. — 10832-6-95. — (Encre Lorilleux).

RENÉ BAZIN

TERRE D'ESPAGNE

PARIS
CALMANN LÉVY, ÉDITEUR
ANCIENNE MAISON MICHEL LÉVY FRÈRES
3, RUE AUBER, 3
—
1895

TERRE D'ESPAGNE

I

L'ENTRÉE EN ESPAGNE. — SAINT-SÉBASTIEN

Saint-Sébastien, 12 septembre 1891.

M'y voici, en terre d'Espagne. Ne vous étonnez pas, mon ami, si je ne débute par aucune considération générale. Je ne connais rien du pays, — si ce n'est la petite Fontarabie, qui dort dans son armure ancienne, — ni rien des gens. Je n'ai, de plus, fait aucun plan, aucun projet, sauf de bien voir. Et je vous dirai, au jour le jour, ce que j'aurai visité le matin, entendu l'après-midi, rêvé le soir en prenant mes notes.

S'il s'en dégage quelque jugement, ce sont les choses mêmes qui parleront; car, parmi mes bagages, je n'emporte aucun préjugé, aucun souvenir bon ou fâcheux, pas même une part d'action de vingt pesetas, qui m'engage, pour ou contre, dans les affaires d'Espagne.

J'entre par Irun. Le paysage est classique, et n'en est pas moins beau. En filant à toute vitesse sur le pont mi-partie français, mi-partie espagnol, j'envie un peu, — oh! une minute et sans qu'un regret s'ensuive, — les riverains de cette Bidassoa, large, ensablée, toute blonde de lumière, dans sa triple ceinture de montagnes, dont la première est verte. J'aperçois, à droite, la petite canonnière que commandait Loti, l'an dernier; à gauche l'île des Faisans, un pauvre banc de vase où poussent une trentaine d'arbres; en face les fortins construits sur les mamelons, au temps de la guerre carliste. Je pense encore à la belle contrebande qui se fait par là, dans les nuits d'orage; aux troupes de chevaux qui passent, les naseaux bâillonnés pour ne pas hennir; aux barques plates, chargées de pièces de soie, et dont les rames font si peu de bruit que l'oreille des douaniers, gens de soupçon pourtant, croit n'avoir entendu que le glissement d'une truite ou d'une vague sur le sable.

Nous nous arrêtons précisément devant un nombre respectable de ces douaniers, qu'en Espagne on appelle *carabineros*. Il faut ouvrir nos valises, changer de train, mais, avant tout, subir la visite sanitaire. Le choléra n'a sévi nulle part en France, mais une ou deux bonnes coliques, constatées en pays marseillais, au temps des fruits mûrissants, suffisent pour mobiliser la médecine des frontières castillanes. Elle est représentée ici par un jeune homme rose, gras, très blond, qu'on prendrait pour un Allemand. Nous sommes bien quatre-vingts voyageurs, à la file indienne, gardés à vue dans une salle. Nous passons devant lui. Il nous demande d'où nous venons. J'étais prévenu. Je lui montre un billet d'Hendaye. Il me regarde, ne me trouve pas tout à fait l'air d'un Basque, n'en dit rien, et me délivre un papier, sur lequel il affirme que je ne présente aucun symptôme de choléra. Une petite note, au bas de la signature, me prévient que cette « patente de santé » doit être remise, dans les vingt-quatre heures de mon arrivée, à la mairie de Saint-Sébastien, afin qu'on puisse me visiter pendant six jours, et que j'encours, en cas de contravention, une amende de quinze à cinq cents francs.

J'ai préféré conserver la pièce. En remontant dans un wagon espagnol, qui ressemble à nos premières françaises, et n'est pas plus sale, quoi qu'on en dise, je fais mes débuts dans la langue castillane. Ils sont modestes, intimidés et balbutiants. Je demande pourquoi tant de précautions inutiles. On me répond, avec esprit, qu'il faut distinguer, d'entre plusieurs autres variétés, le choléra administratif; que c'est le moins redoutable, qu'on le prolonge autant qu'on peut, et qu'il nourrit son homme. « Pour tous ces jeunes médecins, monsieur, voyez la belle clientèle : trois ou quatre demi-heures de consultation par jour, des patients obligatoires, pas d'ordonnance et si peu de danger ! »

Nous suivons une chaîne de montagnes nullement farouches, en grande partie cultivées, dont les premières pentes, inclinées jusqu'à nous, sont couvertes de prairies, de maïs vert et de pommeraies. On boit du cidre, dans toutes les provinces basques, Guipúzcoa, Biscaye et Alava, même dans une bande des Asturies, près de la mer : celui de Gijon est renommé. Il est tombé de fortes pluies les jours derniers ; les montagnes gardent au flanc un voile de brume transparente que pénètre le soleil chaud ; l'herbe est verte et droite ; les fermes, disséminées, ont cet air de gaîté des fermes pyrénéennes, qui montrent d'un coup tout leur bien : de l'ombre et du soleil mesurés par les cimes, des gazons frais, des ruisseaux d'eau claire, un troupeau de cinq ou six vaches dans les hauts pâturages, trois meules de paille brune, que traverse une perche et que surmonte une croix, puis un cep de vigne sous le toit avançant, ou des piments rouges sur la rampe du balcon, ou des épis de maïs, prenant leur dernier or aux belles rayées d'automne. « Vous verrez la triste Castille ! » me dit ma voisine. Je suis effrayé, rien qu'à voir l'expression de ces yeux noirs, imitant la tristesse des plaines indéfinies.

Tout à coup, cette montagne de droite s'ouvre, et une rade apparaît, peu profonde au début, bordée de magasins et de dépôts de charbon du côté que nous rasons, un peu rose de l'autre, à cause de deux rangs de maisons, serrées au pied des rochers. C'est Passage, moins joli, moins pittoresque qu'on ne me l'avait dit. Deux navires de guerre espagnols sont là, tout pavoisés, car il y a une fête à Saint-Sébastien, une grande fête en l'honneur de l'amiral Oquendo, un brave du xviie siècle, négligé quelque temps, et qui possède enfin sa statue aujourd'hui.

J'arrive, en effet, à Saint-Sébastien, et, laissant mes bagages aux mains des gens d'hôtel, je cours vers la foule massée de l'autre côté du pont, en face de la gare. Au-dessus des têtes mouvantes, un baldaquin de satin rouge secoué par le vent, des panaches blancs, des lames de baïonnettes immobiles, et des bannières, très haut, rouges et jaunes, à la pointe des mâts qui décorent la promenade de la Zurriola. Tous mes efforts ne parviennent pas à me donner un bon rang : je n'aperçois pas la reine régente, vêtue de gris perle, me dit-on, ni le jeune roi, en costume de marin, que me cachent les rideaux du dais, mais seulement, par une étroite fenêtre, entre un menton barbu et une jolie joue de femme, des troupes qui défilent, marins de l'*Alphonse XII* et de la *Reine-Mercédès*, infanterie, artillerie, et, au delà, des personnages en habit, en uniformes brodés, tous très dignes, tête nue, face au trône, ayant devant eux les massiers de l'ayuntamiento, — lisez municipalité, — plus brillants encore que leurs maîtres, et qui portent une espèce de dalmatique aux larges bordures d'or.

Quand les musiques ont fini de jouer, que le cortège royal s'est éloigné, et que la foule commence à se disperser, je m'approche du monument du bon Oquendo, prétexte à tous les pétards qui continuent d'éclater, aux fusées qu'on entend s'épanouir, invisibles dans l'air criblé de soleil. Je ne serais pas fâché d'apprendre quelque chose de ce héros, que je rougis d'ignorer. Il est représenté debout, saisissant son épée de la main droite, serrant, de l'autre, un drapeau contre sa poitrine. Sur le piédestal, je lis l'inscription suivante : « Au grand amiral don Antonio de Oquendo, chrétien exemplaire, que le suffrage de ses ennemis déclara invincible, la ville de Saint-Sébastien, orgueilleuse d'un tel fils, offre ce tribut d'amour. Saint-Sébastien, 1577, la Corogne, 1640. »

Plusieurs personnes lisent avec moi, et je remarque, dans le nombre, un petit Basque à la mine intelligente et têtue, un de ces passionnés qui ont l'air, au milieu des rassemblements humains, de chercher quelqu'un qui ne sait rien, pour lui expliquer tout. Je me présente. Avec beaucoup de bonne volonté de sa part, et de la mienne, je comprends que l'amiral est né là-bas, dans une humble maison qu'on peut découvrir au pied du mont Ulia; « car tous les Basques sont gentilshommes, monsieur, et peu importe la maison : ainsi, quand il fallait des preuves de noblesse, avant 1868, pour entrer dans certaines écoles, un Basque n'avait à fournir que deux pièces, l'acte de naissance de son père et celui de son grand-père, enfants d'une des trois provinces. » Je comprends encore que le grand Oquendo fut terrible aux Hollandais, que ceux-ci le déclarèrent invincibles, qu'il se retira un jour, vainqueur, avec dix sept cents traces de boulets dans la coque de son navire, — ces honnêtes boulets d'autrefois ! — et qu'il mourut de la fièvre. « Mais ce fut quand même, ajoute l'inconnu, une mort de héros. Regardez ce visage. Est-ce celui d'un homme d'honneur ? Oquendo passait en vue de Saint-Sébastien, malade, se sentant mourir. Ses marins lui demandèrent s'il fallait le débarquer, pour qu'il pût revoir les siens et reprendre des forces sur la terre natale. Il répondit qu'il avait ordre de se rendre à la Corogne, fit saluer, de vingt et un coups de canon, le sanctuaire de Lezo, et gouverna vers l'ouest. A peine fût-il à terre, et couché sur un lit, que les derniers symptômes du mal apparurent : « Il n'y a plus d'espérance, dit-il aux médecins, je suis dévoré de soif, donnez-moi un verre d'eau fraîche ! » On le lui donna aussitôt. Il l'approcha de ses lèvres, le regarda, et ne but pas : « Je l'offre à Dieu, » fit-il. Et, comme il reposait le verre sur la table, il rendit l'âme.

— Le trait vaut une bataille heureuse, répondis-je. Et on a laissé ce grand homme pendant deux siècles en oubli ?.

— Encore a-t-il fallu la ténacité du plus érudit, du premier de nos historiens locaux, don Nicolas de Soraluce, qui n'a pas eu le temps, avant de mourir, de voir la statue que vous voyez là. Songez qu'il enleva le premier vote de l'ayuntamiento en 1867!... Et puis, ajouta l'homme en baissant le ton, les ennemis du sculpteur, pour lui nuire, l'ont accusé d'être carliste... Être carliste, ça n'empêche pas d'avoir du talent, mais, vous savez, ça fait retarder les pendules qui sonnent les bonnes heures... Serviteur, monsieur!

Je le regardais s'en aller, vif, un peu roulant sur ses jambes nerveuses, comme un joueur de paume, le béret frondeur tombant sur l'oreille gauche, lorsque trois marins s'approchèrent vivement, pour se renseigner à leur tour.

C'étaient trois Français, des équipages des torpilleurs arrivés le matin ou la veille. Ils riaient, se donnant le bras, le col bleu ouvert, les joues toutes jeunes, les dents toutes blanches, et ils venaient. Celui du milieu leva un peu le bras, et demanda :

— M'sieu? Est-il en bronze, savez-vous?

— Qui donc?

— Leur amiral, on nous a dit que le moule avait crevé, dans le coulage, et qu'ils avaient refait le bonhomme en plâtre, pour aujourd'hui. Vot'voisin n'en a pas parlé?

— Pas du tout.

— Pauv'vieux, tout de même! n'avoir pas son bronze, c'est pas drôle?

Ils regardèrent ensemble, du coin de l'œil, en haut de la colonne, et, sans plus penser à Oquendo, continuèrent leur tournée d'inspection.

Je fis comme eux.

Saint-Sébastien n'est pas une grande ville. On a vite fait de la parcourir. Je sens qu'elle n'est pas très espagnole, mais qu'elle a un charme et que j'y séjournerai un peu. Elle a de larges boulevards neufs, un jardin devant le palais de la députation provinciale, un parc au bord de la mer, une plage d'une courbe exquise, que j'étudierai pour en emporter l'image vivante au dedans de moi, et une place carrée à colonnades, appelée de la Constitution, pareille, m'assure-t-on, à toutes celles que je verrai dans la suite. Il n'y a qu'un modèle, plus ou moins riche, plus ou moins vaste, toujours rectangle, avec des boutiques sous les arcades, et l'Hôtel de Ville faisant façade. Le quartier où se trouve cette place est le plus ancien de Saint-Sébastien. Il ne remonte pas bien loin cependant, puisque la ville fut détruite, en 1813, par les Anglais et les Portugais, et que de très rares maisons, qu'une inscription désigne, ont échappé à l'incendie et aux boulets des assiégeants. Mais les rues sont étroites, populaires, bruyantes, et les tentures qu'on a mises aux balcons, rapprochées et flottantes, dans l'ombre d'un côté, en plein soleil de l'autre, font un joli effet quand on les regarde en enfilade. Un ami m'accompagne une heure ou deux. Il sait merveilleusement les choses d'Espagne. Il me montre les sombres caves, qu'éclaire une bougie tout au fond, et où l'on boit du cidre en mangeant des coquillages de mer; il m'apprend que ce *tamborilero* qui se promène en habit bleu, bicorne et bas rouges, tenant sa flûte et son tambour, est un employé municipal qui a sa place dans toutes les solennités espagnoles. Grâce à lui, je comprends un petit geste, une nuance, mais curieuse. Nous causons avec deux Espagnols: je demande du feu à l'un d'eux pour allumer ma cigarette; il me tend la sienne, avec ce léger coup de doigt qui marque l'intention polie, puis, l'autre cherchant vainement dans sa poche une boîte d'allumettes, je crois pouvoir lui passer, à mon tour, la cigarette de mon voisin. Aussitôt, je remarque un mouvement de surprise, à peine esquissé, très vite réprimé. Le propriétaire du feu commun ne dit rien, il sourit même par courtoisie. Mais, quand nous sommes seuls, mon ami m'explique le mystère.

— L'étiquette castillane a de ces fiertés, me dit-il, vous ne pouvez les connaître, vous les apprendrez peu à peu. Moi, je les aime, et je serais étonné si vous n'entendiez pas, un jour ou l'autre, citer ce proverbe: *Un cigare espagnol n'en allume jamais qu'un.* »

Je rentre à l'hôtel. Il est bâti à l'extrémité droite de la plage, et devant moi, dans l'éclat languissant des crépuscules de septembre, la baie commence à s'endormir. Elle est comme ces jolies femmes qui ont mieux que la beauté majestueuse : une grâce qui émeut. Sa large bande de sable fin, les quais qui la bordent, les maisons neuves qui viennent ensuite, les collines étagées qui ferment l'horizon, suivent la même ligne courbe, régulière et précise, qu'interrompt assez loin, sur une roche avancée, le grand chalet de la reine, peint en jaune pâle jusqu'au premier, avec des hauts capricieux, tout roses de briques et de tuiles. La côte reprend au delà, promptement ramenée vers l'océan, et formée de montagnes dont les dentelures sont bleues, et dont, je ne sais pourquoi, pour un rayon sans doute qui rejaillit de la mer, l'extrême pointe est verte. Une passe étroite, lumineuse; une autre montagne en face, ronde, boisée, couronnée par un fort, abritant la vieille ville, et voilà Saint-Sébastien.

La lumière décroît, et toutes les choses basses n'en ont plus que des reflets; il ne reste qu'un ciel d'or et comme un jet d'étincelles à l'ourlet des montagnes. Des barques reviennent du large, très lentement, cachées par leur voile molle. La foule remplit toute le Pasco de la Concha. Elle est calme aussi, sans beaucoup plus de couleur qu'une foule de nos pays français. La seule note espagnole que j'observe, c'est la durée de cette promenade, qui est un acte de la vie sociale, une occasion de se retrouver, de se saluer de la main ou de l'éventail, d'échanger quelques phrases de politesse, d'autant plus importante et plus volontiers saisie que les réceptions intimes, en Espagne, et les visites même sont plus rares que chez nous. A six heures, à sept heures, à huit heures du soir, l'animation est égale. Le moment du dîner ne fait aucun vide appréciable dans les rangs des promeneurs. La brise commence à souffler, et les éventails continuent leur conversation muette d'un groupe à l'autre. On se promène encore quand les premières fusées éclatent au bord de la mer. Ah! les jolies fusées! Chacune d'elles en fait deux en passant sur la baie; chaque étincelle crée une étoile. Le feu d'artifice dure deux heures. Dans les intervalles, en me retirant un peu de la fenêtre, je n'entends plus que la poussée régulière du flot qui s'étale sur la plage et couvre le murmure des voix; je n'aperçois plus qu'un ciel profond, immense, au-dessus de la mer et des campagnes montueuses mêlées dans le bleu de la nuit, et je me croirais loin de toute ville, dans une de ces fermes entrevues ce matin, qui vont clore leurs volets au vent plus frais qui souffle, s'il n'y avait devant moi, ancré au centre de la baie, un croiseur de l'État, dont le phare électrique fouille les plis de la côte, et, se fixant enfin sur le palais de la Reine, le heurte d'une barre de lumière qui le partage en deux, et qui s'élève et s'abaisse au rythme du roulis.

II

SUR LA PLAGE. — LE 7ᵉ D'ARTILLERIE DE FORTERESSE. — LA FÊTE EN L'HONNEUR DES OFFICIERS FRANÇAIS.

13 septembre.

Dès le matin, les couples de bœufs qui traînent les cabines de bains sont descendus sur la plage, et ont commencé à remonter les petites boîtes à rayures brunes, bleues ou rouges. Pendant une demi-heure, je n'ai vu que cette promenade des bons bœufs roux, attelés à leurs guérites, qu'ils tiraient avec le même effort apparent et la même placidité qu'ils mettent à traîner la charrue. Une servante s'est baignée, dans l'eau frangée à peine d'écume blanche. Elle y est restée longtemps, riant d'être libre, battant la mer de ses deux bras superbes. Quand elle est sortie, les jambes nues, vêtue d'une jupe écarlate et d'une chemise, et ses cheveux noirs dénoués, elle avait l'air de la Jeunesse qui vient. Elle s'est arrêtée au bord; elle a renversé un peu la tête pour regarder toutes ces maisons de riches, dont les miradors vitrés étincelaient au soleil nouveau: ses yeux noirs ont cessé de sourire; elle a repris conscience de la vie, et je ne l'ai plus vue.

Alors, les baigneurs de la société élégante sont arrivés. Les hommes se baignent à gauche, les femmes au milieu de la plage. Elles sont les plus nombreuses, enfants, jeunes filles, matrones puissantes. Toutes, en entrant dans l'eau, mouillent le bout de leurs doigts, et font le signe de la croix. Les petits cris peureux ne manquent pas plus qu'en France, ni les domestiques bien stylés, tendant le peignoir pelucheux à trois pas de la vague, et je suis sûr que les autres plages du nord de l'Espagne, Bilbao, Santander, la Corogne, Gijon, Pontevedra, présentent, en ce moment, le même spectacle banal. Je ne sais pas, mon ami, si vous aviez des illusions à cet égard; moi, je n'en avais aucune. Mais il faut en prendre son parti : une Espagnole, dans l'eau, se trempe comme une Française.

Heureusement, du côté du palais royal, sur le sable, je découvre une file de curieux, rangés le long d'une corde, et un autre groupe, sur le quai, au débouché de l'avenue qui monte et contourne le château. On doit attendre la reine, ou le roi, ou les infantes. Je sors rapidement, et je me mêle aux curieux du quai. Je ne me suis pas trompé. Trois

officiers de marine sont debout sur la plate-forme
de l'escalier de bois qui conduit à la plage. Une
baleinière, montée par une douzaine d'hommes, se
balance à trente mètres du rivage. On a laissé glisser,
à mi-longueur du câble, le chalet mauresque, blanc
et bleu, mobile sur des rails, où sont les appartements de bains de la famille royale. J'écoute si le
bruit d'une voiture, dévalant la pente, n'annonce pas
l'arrivée. Rien. Je me remets à considérer la longue
bande de sable, de plus en plus envahie, sauf en
face de nous, dans la partie réservée que limitent
deux cordes tendues. Tout à coup, un mouvement
de mes voisins, qui s'effacent le long du parapet, me
fait me retourner, et je reconnais la reine, à quelques pas. Elle vient à pied, vêtue de deuil, élégante
et marchant très bien. Le petit roi est à sa gauche,
une des infantes à sa droite. Derrière elle, deux
valets de pied seulement et deux grands lévriers
qui sautent, l'un blanc et l'autre jaune. Tout le
monde se découvre et salue. La reine remercie en
s'inclinant ; elle a le sourire intelligent, doux et
triste. On la sent contente d'être ici, dans la liberté
relative de Saint-Sébastien, contente des marques
de respect qu'elle reçoit, et malheureuse au fond.
Et, pour dire toute mon impression, j'ai cru lire
bien souvent, sur le visage de jeunes femmes
inconnues, la légende mélancolique de leur vie, les
trois mots que rien n'efface : « Je suis seule. » ; et
il m'a semblé les relire sur le front de la souveraine

qui passait entre ses deux enfants. J'ai regardé aussi le petit roi, qui m'a paru très vif, très éveillé, tout autre qu'on ne me l'avait dépeint. Il a été très amusant quand il est arrivé à l'escalier de bois. Les trois officiers attendaient, immobiles. Il leur a tendu sa main à baiser, avec un geste si bien appris, d'une grâce enfantine si drôle et si aisée, que les assistants se sont mis à rire discrètement. La cérémonie n'a pas été longue, quelques secondes au plus. La petite main, trois fois baisée, a saisi la rampe ; le roi d'Espagne a sauté les marches trois par trois, et a couru sur le sable, suivi des deux lévriers, vers un chariot à claire-voie, peint en blanc, que la mer, très douce et montante, touchait du bout de ses larmes étalées. « Comme il est gentil ! » disaient les bonnes dames en mantille, mes voisines. Et leurs mains se joignaient d'émotion admirative, et, de leurs yeux noirs, elles accompagnaient l'enfant, tête blonde, là-bas, qui ne pensait guère aux curieux.

La reine aussi le regardait, debout sous la véranda du chalet. Lui, sautait à pieds joints dans le chariot blanc, le faisait balancer un peu sur les rails de fer, se penchait, surveillé par un des officiers monté avant lui, se laissait cerner par la mer, attendait que la vague se fût retirée, et sautait de nouveau à terre. L'infante aussi grimpait sur le plancher entouré d'eau, mais peureusement, et se fatigua vite de ce jeu de garçon.

Au bout de trois quarts d'heure, le grand bain

d'air pur était terminé sans doute. La reine est descendue sur le sable, et le chalet aux toits blanc et bleu, tiré par un câble, est remonté jusqu'au bout de la plage. Puis elle a pris place, avec le roi, l'infante, les officiers, dans le chariot blanc, qui s'est mis à rouler, lui aussi, sur les rails. Brusquement, au milieu de la course, le treuil s'arrêta. La secousse faillit renverser les six voyageurs. Un lieutenant de vaisseau tomba sur les genoux, un autre fut sur le point de piquer une tête sur le sable, l'infante se trouva assise dans la boîte : la reine plia seulement la taille, l'accident imprévu la laissa gracieuse, et elle riait pleinement tandis que le jeune roi, ravi, se levait sur ses pieds et agitait son mouchoir, pour commander au treuil de continuer la marche.

Je quitte la plage après que la famille royale, qu'un landau est venu chercher, a pris la route du palais. Je songe à la reine d'Espagne ; à toute l'énergie qu'il lui a fallu pour prendre la régence, dans un moment et dans un pays où une hésitation entraînait une révolution ; à l'esprit de suite et d'adresse qu'elle a montré depuis. N'est-ce pas une habileté, une sorte de coquetterie royale, et qui a réussi, que ce choix de Saint-Sébastien pour résidence d'été? La reine avait dix palais au lieu d'un, consacrés par la tradition, situés dans des provinces dont la fidélité était acquise. Elle a préféré rompre avec le passé, et, résolument, elle est venue habiter en plein centre carliste, en Guipúzcoa, dans cette Bretagne espagnole. On l'en a blâmée, mais la crânerie a plu. Je ne dis pas que tous les cœurs soient changés, ni que les Basques, partisans des fueros que détruisent un à un les ministres, votent en faveur du gouvernement de Madrid. Je dis seulement que la reine est partout respectée; que ce peuple de paysans et de marins, qui s'y connaît en chevalerie, est fier de la confiance que Marie-Christine a mise en lui. Entre elle et lui, il y a maintenant comme un lien personnel. On le devine quand elle passe ainsi dans la foule, sans aucune garde que la loyauté des adversaires de sa dynastie. Ils la défendraient au besoin. Dernièrement, le bruit ayant couru que des anarchistes se proposaient d'attenter à la vie de la reine, des paysans, des gens de la rue firent une sorte de faction aux approches du palais, pendant plusieurs jours, et, ayant aperçu un homme de mine suspecte, le rossèrent d'importance, sans autre explication, puis le laissèrent aller.

L'histoire de ce palais commence à peine, puisqu'il n'a été achevé qu'en 1893. L'idée de le bâtir fut toute personnelle à Marie-Christine, et modifiait les habitudes de la souveraine elle-même. Les rois d'Espagne, jusqu'à présent, choisissaient, pour résidences d'été, des châteaux grands comme des villages: l'Escorial aux onze cents fenêtres ouvertes sur les montagnes, la Granja, dont les jardins abondent en belles eaux, Aranjuez avec son avenue d'ormes noirs. Alphonse XII aimait le Pardo, situé en forêt, entouré d'un parc de quatre-vingts kilomètres de circonférence, où se peuvent chasser toutes sortes de gibier, les loups compris. On fut très étonné quand la jeune reine régente, deux ans après son veuvage, laissant là ces splendeurs historiques, traversa le royaume jusqu'à la frontière du nord, et vint passer un mois et demi à Saint-Sébastien, du 13 août au 25 septembre 1887, dans une des villas qui couronnent les hauteurs. L'année suivante, elle y passait deux mois. En 1889, elle ordonnait de commencer les travaux du palais de Miramar. Celui-ci a coûté trois millions de piécettes. Là où il s'élève, existait autrefois un couvent, détruit pendant la guerre de 1832, et d'où était partie, pour l'extraordinaire aventure que nous a contée M. de Hérédia, la fameuse Catalina de Erauso, la nonne Alferez. Des personnes très bien informées que j'ai interrogées, la première m'a dit que l'auteur des plans était, je crois, M. Selden Wornum; la seconde, que l'architecte ordinaire, un Basque de grande réputation, s'appelait M. José de Goïcoa; la troisième, que le style adopté, et amendé par la fantaisie, était celui des cottages anglais du temps de la reine Anne : tous ont ajouté, avec un mouvement d'amour-propre, que Marie-Christine aimait sa nouvelle résidence, qu'elle y vivait simplement et « confortablement », — le mot me faisait sourire, — et que les autres châteaux royaux, châteaux de la plaine ou de la montagne, paraissaient abandonnés sans regret pour ce palais de la mer. *Ad multos annos!* C'est égal, le vieil Escorial doit être jaloux. J'irai le voir.

Je me promène, une partie de l'après-midi, avec une ces personnes, l'un des plus érudits habitants de Saint-Sébastien, D. Pedro de Soraluce, le fils de l'historien de Oquendo. Ensemble, nous visitons le palais de la députation provinciale, très riche et très beau, digne d'une province dont les finances font envie au reste de l'Espagne. Ses privilèges anciens ont été jalousés aussi, et presque tous supprimés. Avec l'Alava et la Biscaye, elle avait, avant la guerre carliste, la liberté du tabac, de la poudre, et l'exemption de l'impôt du sang. Depuis 1876, elle a bien du mal à défendre les derniers restes de ses fueros. Les Basques ont dû subir le monopole du tabac, acheter leur poudre à l'État, faire le service militaire dans les armées d'Espagne : ils gardent seulement la liberté de s'imposer comme ils l'entendent. Les percepteurs du royaume n'ont aucun droit sur les contribuables, et ce sont les provinces elles-mêmes qui recouvrent l'impôt, par leurs agents, lorsqu'elles ont payé à l'État la somme annuelle qu'elles lui doivent. Encore ce débris d'autonomie est-il bien menacé. Quand M. Gladstone, au mois de janvier dernier, vint visiter le palais que je parcours en ce moment, il s'arrêta au milieu de l'escalier monumental, devant la grande verrière qui représente Alphonse VIII de Castille jurant les fueros, et demanda : « Le serment a-t-il été tenu ? — Monsieur, répondit quelqu'un de la députation, nous respectons l'Espagne, mais l'Espagne ne respecte pas nos droits. »

Ils ont encore une belle vigueur de sang, ces hommes des provinces basques, et je ne sais quoi de frondeur, qui fait plaisir à rencontrer.

Mon guide me montre, dans le palais, la salle où se réunit la commission des monuments historiques et artistiques du Guipúzcoa, le petit musée qu'elle a commencé de réunir, les archives où figurent des pièces rares, inédites, et qu'il aime, lui, d'un amour vif et communicatif. « Approchez, me dit-il en tournant la clef d'une fenêtre de vitrine. Voici des échantillons de nos trouvailles. » Dans le nombre des textes parcourus en commun, épelés par moi, expliqués et commentés par lui, je distingue d'abord un diplôme où sont énumérés les titres des rois d'Espagne. A côté des titres connus et d'usage courant, roi catholique des Espagnes et des Indes, de Naples, de Jérusalem, de Navarre, etc., archiduc de Tyrol, comte de Barcelone et de Roussillon, duc de Cantabrie, seigneur de Biscaye, etc., il y a ces mentions, nouvelles au moins pour moi : « Roi de Guipúzcoa et roi de Gibraltar. » Une des pièces qui suivent me reporte aux longues difficultés et contestations auxquelles donna lieu la délimitation de la frontière française, sur la Bidassoa. Le fleuve était-il espagnol ? Était-il seulement espagnol jusqu'au milieu de son lit, comme on a fini par l'admettre?

Les alcades et les jurés majeurs de Fontarabie ne doutaient pas que leur juridiction ne s'étendît sur tout le cours du fleuve, et ils trouvèrent occasion de l'affirmer, lorsque le duc de Mayenne, revenant de Madrid, où il avait conclu le mariage de Louis XIII avec Anne d'Autriche, témoigna le désir de visiter la petite cité forte qui regarde notre Hendaye. Ils vinrent au-devant de lui, en gabarre, jusqu'à Irun, *tenant hautes leurs cannes de justice*, — dit le procès-verbal, — le 18 septembre 1612, la marée étant pleine aux deux tiers. Pendant que la marée achevait de monter, ils ramenèrent le duc et sa suite vers Fontarabie, l'y firent entrer au bruit des salves d'artillerie et de mousqueterie, et, après lui avoir fait faire le tour de l'église, des murailles et des rues de la ville, ce qui ne demanda pas beaucoup de temps, le reconduisirent à Hendaye. Était-ce une simple coïncidence heureuse, ou bien avaient-ils calculé la longueur de la visite et choisi l'heure du départ : la marée était pleine alors, et refoulait l'eau de la Bidassoa assez loin sur l'une et l'autre rive. Les deux bons alcades montèrent dans le même bateau que le duc de Mayenne, s'assirent l'un à la gauche, l'autre à la droite de Sa Seigneurie, traversèrent le fleuve entièrement, et se montrèrent assurément les plus courtois du monde : mais jusqu'au bout, même quand la gabarre eut donné de la proue contre la terre française, même quand ils prirent congé du prince, ils ne cessèrent de tenir hautes leurs cannes de justice, en foi de quoi ils rédigèrent un long procès-verbal, authentique, signé, paraphé, devant témoins. Le trait est tout à fait espagnol. Cette politesse réfléchie, qui affirme un droit en rendant un hommage, cette science de la tradition, ce goût du cérémonial symbolique, cette dignité d'attitude d'un maire de petite ville, vis-à-vis d'un prince du sang, ne les retrouverait-on pas aujourd'hui, d'une extrémité à l'autre de la péninsule, comme au xviie siècle ?

Grâce à mon guide, encore, je puis pénétrer dans le vieux couvent de Sant'Elmo, transformé en magasin d'artillerie. Là où fut l'église, sous les voûtes aux nervures fines, quelques soldats composent des trophées et ornent des manches avec des torches, pour une retraite aux flambeaux. Sur le sol, pêle-mêle, dans l'épaisse poussière humide que personne n'a jamais songé à enlever, gisent de vieux canons sans affût, des os de morts autrefois ensevelis dans la paix de ce sanctuaire, des pierres à fusil datant de l'époque française, et des papiers dorés, et des fleurs artificielles. Tout à côté, un cloître renaissance, qui devait être bien joli, et dont les arceaux tout murés ne sont plus qu'un dessin de pierre grise autour d'un badigeon blanc. Le lieutenant qui nous accompagne et nous montre ces ruines violées, a écrit plusieurs nouvelles. Il est poète à ses heures. C'est le soldat qui rêve, un type de tous les temps, élégiaque en garnison, brave et d'une belle imprudence au feu. Il a bien l'accueil espagnol, réservé, plein de souvenirs du temps où l'Espagne fut grande, et de celui où nous fûmes ennemis : il a aussi le désir d'être prévenant, et le sentiment que ce magasin d'artillerie n'est pas « à hauteur ». Tout cela passe dans ses yeux noirs, dans l'expression de son visage maigre, régulier, très jeune et très viril. Je lui trouve une sorte de timidité fière et une aisance de paroles mesurées qui révèlent une éducation.

— Vous ne vous trompez pas, me dit M. de Soraluce, il est de bonne famille. Autrefois, et jusqu'au temps d'Alphonse XII, les classes supérieures de la nation fournissaient assez peu d'officiers à l'armée espagnole. Elles commencent à y entrer. Les corps les plus recherchés sont la marine, l'artillerie et le génie. Vous avez toutes chances d'observer les mêmes qualités et les mêmes façons chez les officiers du fort que nous allons voir.

Nous sommes dans les dernières ruelles de la vieille ville, près du port des pêcheurs, au bas de ce Mont-Orgueil qui domine, à droite, la passe de Saint-Sébastien. Bientôt, nous nous engageons sur les lacets, ombragés de grands arbres, grimpant vers la forteresse. La baie entière s'encadre entre deux ormeaux : mâts des barques montant jusqu'à nous, comme les branches d'un taillis en retard, maisons pauvres tassées, et qui se font de l'ombre, maisons blanches fuyant en demi-cercle, et la belle coquille d'eau bleue, et toujours la courbe élégante qui gouverne le paysage, et ramène les yeux aux choses déjà vues. L'horizon change et grandit tout en haut. C'est la mer infinie et luisante, le golfe où chaque rayon de soleil trouve une pointe de lame qui le renvoie, la côte française, avec la Rhune qui est de France et la Haya qui est d'Espagne, toutes deux estompées en ce moment et fondues dans la même brume, la terre montueuse de Guipúzcoa, qui s'élève, verte d'abord, ayant à chaque sommet un château, une villa ou une ferme, et qui bleuit très vite, et presse au bas du ciel les aiguilles de ses pics. Nous escaladons, jusqu'au dernier étage, les terrasses et la tour de la Motta, au pied desquelles il y a quelques terrassements de date récente, des canons qui défendent l'entrée de la rade, et une caserne neuve. A la descente, sur la plate-forme où les soldats du septième bataillon d'artillerie de forteresse font l'exercice, mon compagnon aborde un officier, et lui demande l'autorisation de visiter les chambrées et les salles d'étude.

— Volontiers, je vais vous conduire moi-même. Mais d'abord, voyez ce jeu de paume que nous venons de construire pour nos hommes.

A droite des bâtiments, en effet, se dresse un petit « fronton », avec ses deux murs très élevés, son sol bien nivelé, sur le modèle de tous ceux que le moindre village possède à l'ombre de son église.

— Tous les régiments d'Espagne n'en ont pas, ajoute l'officier en souriant, mais ici, en plein pays basque, et sur un sommet qui retient un peu, quoi qu'on fasse, nos hommes prisonniers, nous avons voulu qu'on pût jouer une partie de paume. Le jeu est si sain, d'ailleurs, si bien inventé pour développer la force avec l'adresse! Venez-vous?

Nous suivons, et nous passons, successivement, dans toutes les salles de la caserne. Les murs sont blancs et propres, les chambres des soldats disposées comme les nôtres, avec un alignement moins scrupuleux des tuniques, des pantalons et des souliers sur les planches. Les lits se plient en deux, et se rangent autour de la pièce, laissant plus d'espace libre. J'entends peu de bruit, bien qu'il y ait des hommes disséminés partout où nous entrons, et la seule inspection rapide des physionomies révèle une race endurante, tranquille et facile, avec des dessous de passion qu'il ne faut pas heurter. Je comprends mieux ce qu'on m'a dit déjà : que la discipline en Espagne était et devait être moins rigoureuse qu'en France. Légère et paternelle, elle est acceptée : on ne sait trop où conduirait le régime des exigences outrées. Beaucoup de visages imberbes et beaucoup d'hommes de petite taille, mais presque toujours une fermeté virile de traits que je ne rencontrais pas en Italie, et comme un air de distinction naturelle. On me montre, dans le cabinet du sergent-major, le cahier de l'ordinaire. Il constate que les quatre-vingt-quinze soldats présents au fort ont reçu aujourd'hui, pour faire le *rancho*, leur nourriture ordinaire, les provisions suivantes : riz, treize kilos cinq cents ; — viande dix kilos cinq cents ; — sel, deux kilos ; — *garbanzos*, huit kilos ; — pommes de terre, quarante-deux kilos ; — haricots, treize kilos ; — graisse, deux kilos cinq cents ; piment doux, cent grammes. Tous les éléments du *rancho* sont bouillis ensemble, dans de belles marmites d'un modèle récent, je crois, que l'on veut bien découvrir pour moi. Je goûte le rata espagnol, qui est très bon. Mais ce n'est qu'en passant, et peut-être me fatiguerais-je du *rancho*, s'il m'était servi tous les jours, à neuf heures et à cinq heures. Le soldat ne s'en plaint pas. Pourvu qu'il ait son café le matin, sa cigarette et un verre d'eau à l'étape, il accomplira les plus longues marches sans un murmure, et retrouvera même, au bout, la force de chanter un refrain de son pays.

— Je vous assure, monsieur, me dit l'officier, quand nous rentrons dans la salle du rapport, que ce sont de braves gens, nos Espagnols.

— C'est presque inutile de le dire à un Français, monsieur... mais qu'est-ce que vous gardez là, dans cette boîte vitrée?

— L'ancien drapeau du corps.

— Violet?

— C'est la bannière de Castille, la bannière royale, monsieur. Les régiments d'artillerie l'avaient conservée, par privilège, et parce qu'ils étaient considérés, autrefois, comme des corps royaux. Plusieurs la gardent encore, mais l'ordre est venu de remplacer par le drapeau national, jaune et rouge, nos bannières anciennes à mesure qu'elles s'useraient. Notre bataillon a perdu la sienne, vous voyez.

Je ne questionnai pas davantage. Il me sembla seulement reconnaître, dans l'accent de l'officier, au regard qu'il jeta sur l'étoffe dont le pli retombait et s'immobilisait pour longtemps, ce regret, cette légère blessure des troupes d'élite auxquelles on enlève un peu de rouge, une soutache ou une plume.

. . . .

Et voilà le second soir qui tombe, et la seconde fête qui se prépare. Celle-ci est donnée en l'honneur des officiers des torpilleurs français. Je ne puis pas me guider sur le bruit des pétards ou des fusées. Ils éclatent au nord, au sud, à l'est, au centre de la ville. Mais de vagues accords de fanfare m'arrivent du fond des vieux quartiers. J'erre dans les ruelles, où se balancent toujours les draps et les tapis des pauvres. Je me mets, au pas de promenade, à suivre un groupe de jeunes Basques qui ont assurément une idée, et très probablement la même que moi, et j'entre sous les portiques de la place de la Constitution, tout illuminée et toute pleine de monde. Une musique municipale, rangée en cercle devant l'escalier du palais, allume ses lanternes, et procède aux essais préalables de ses instruments. Les cuivres, sous haute pression, roulent des gammes formidables; les bois murmurent. Je reconnais tous les types de chez nous : le tambour accordant sa caisse sur le genou, le trombone aux moustaches retombantes, le piston médaillé et suffisant, le fifre maigre, le petit bugle enflant et dégonflant ses joues, pour en mesurer l'élasticité, l'alto myope et plaisantin, mais ayant presque tous un degré de moins de bourgeoisie et de banalité, et une luisance des yeux qui marque une autre race. Dans la salle du premier étage, d'où s'échappe, par cinq fenêtres, la lumière vive des lustres, la municipalité offre un grand dîner aux officiers de marine et au consul général de France. La foule se promène, ouvriers, ouvrières, domestiques, marchands du quartier, joueurs de paume en béret et en veste courte. Tout à coup, la musique lance les premières mesures d'une polka lente. La promenade cesse, les groupes se dissolvent en un instant, d'eux-mêmes, par une sorte de mouvement d'ensemble, et des couples de danseurs se forment, un jeune homme et une jeune fille, deux servantes qui posent là leur panier et se prennent par la taille, plus loin deux gamins de douze ans, ailleurs deux jeunes hommes : et la place devient une salle de bal où tournent en mesure, élégantes, sérieuses, des ombres enlacées, qui vont diminuant jusqu'au bout des arcades. On sent bien que la danse est ici une passion et un art. Il n'y a que moi d'étonné. Les rares curieux massés autour des becs de gaz regardent avec des airs de juges. La musique finie, on se remet à marcher. Dès qu'elle recommence, et quoi qu'elle joue, marche, hymne ou fanfare, ce peuple chaussé d'espadrilles trouve un pas qui convient. L'heure passe. Les invités de l'ayuntamiento s'approchent des fenêtres, et font des taches noires, mouvantes, dans les rayées de lumière qui tombent sur le sable. Les fusées volent, visibles cette fois; les bombes éclatent; la foule reçoit en riant les baguettes fumantes. Au moment où elle est plus compacte, là-bas, dans un coin tout noir de bérets et de chignons, un cri part; un mouvement d'oscillation, puis une débandade joyeuse se produisent: « Le voilà! Voyez-le! C'est le grand! c'est le *Cezen-Zusko!* » Le mot de Cezen-Zusco fait retourner toutes les têtes. Une bête énorme se démène à travers les groupes, et jette des gerbes d'étincelles qui l'enveloppent d'une auréole. On l'applaudit. Elle approche, elle vient sur moi. C'est le *taureau de première classe*, en carton, cuirassé de feux d'artifice, et manœuvré par trois hommes cachés sous la carapace. La municipalité en tient plusieurs en réserve dans ses magasins. Mais elle a voulu montrer le plus beau de tous aux officiers de France. Il galope; il a l'air, poursuivi par le peuple qu'il éclaire de lueurs rouges, d'un animal de l'Apocalypse.

Et, pour finir, une pièce s'allume entre ses cornes,

et lance une boule de flamme aux trois couleurs françaises. Cela veut dire : « Vive la France! » Et je trouve, comme hier, qu'on a bonne façon en Espagne.

III

LA ROMERIA DE LEZO. — LA PELOTE.
EL BATALLON INFANTIL.

15 septembre.

Depuis deux jours, trois choses curieuses, et c'est beaucoup. La première, cependant, m'a causé une légère désillusion. On m'avait dit : « Ne manquez pas la fête de Lezo, le 14 septembre. Tout le pays basque s'y rend. Les pèlerins allument du feu dans l'église, pour y plonger la mèche des cierges achetés par centaines; les vieux costumes abondent; les danses sacrées des enfants, sur le parcours de la procession, ramènent l'esprit vers les âges primitifs... enfin, ne manquez pas Lezo. » J'y suis allé. Hélas! nous sommes nés trop tard pour jouir d'un certain pittoresque du monde. L'homme perd, sans lutter même, et partout en même temps, le sens des antiques usages et cette sorte de goût supérieur, fait de poésie et d'orgueil, qui avait choisi pour chaque race et pour chaque climat, pour une bourgade que séparait d'une autre un ruisseau de deux mètres, la coupe, la couleur et l'étoffe du vêtement. De tant de traits extérieurs qui faisaient d'un peuple un individu, et le distinguaient d'un autre, au seul aspect, combien subsistent? Quatre à peine : les voitures, les bateaux, les tombes et les coiffures. Voilà pourquoi, parmi les pèlerins de Lezo, venus à pied, en chemin de fer ou en tramway, rien ne me parut bien digne de remarque. Les bérets bleus m'étaient connus; la procession ne sortit pas; le feu n'est plus allumé dans l'église depuis plusieurs années. Mais le village vaut une visite.

Il est situé au delà de Passage, vers la frontière française, sur des vagues de terre qui longent les montagnes. L'église, très vaste, haute de voûte et sans clocher, occupe le sommet d'un mamelon. Tout près, en contre-bas, séparée d'elle par un chemin, une petite chapelle renferme la vieille image du Christ, vénérée dans les provinces basques d'Espagne et de France. C'est là que le peuple se réunit, le jour de l'Exaltation de la Sainte-Croix. Il entend une grand'messe en musique, un sermon en langue euskarienne, offre des ex-voto, puis, s'il n'y a pas de procession, comme aujourd'hui, achète, sur la place, des gâteaux de pâte dure pétrie avec du miel et recouverte de sucre, et va danser les danses du pays à Renteria, de l'autre côté de la rivière.

Quand j'arrive devant la baie sombre de la porte, que barre, jusqu'à moitié, la foule brune des hommes, et qu'étoile au-dessus, dans le recul de l'ombre, l'étincelle toute menue et rouge des cierges, l'impression se ravive en moi des pardons de Bretagne. Même presse à l'intérieur de l'humble église, avec plus de recueillement, même gravité du type, mêmes groupes de mendiants, les habits ouverts, montrant à nu toutes les plaies et toutes les infirmités humaines, mêmes marchands de pâtes un peu sucrées, un peu miellées, qui peuvent passer pour gâteaux près du pain noir des fermes, et de menus objets de toilette ou de harnais, où vit un reste d'art local : foulards, bonnets de laine, brides de mules ornées de pompons, œillères pailletées de cuivre, bâts superbes, que tendront les panses rondes des outres et des pots, bâts aux couleurs violentes, bleues et rouges, vertes et jaunes, d'un dessin capricieux, que dut tracer jadis la main fine d'un Arabe. Les maisons se courbent en demi-cercle autour des deux églises. L'un des coins s'enfonce dans la campagne montueuse, pleine de pommiers et de maïs, l'autre descend jusqu'à la baie de Passage. Là, comme à Renteria, sur l'autre bord du ruisseau, le spectacle est bien nouveau pour nous. Ce sont des bourgs nobles, des logis de paysans ayant, au-dessus de la porte, des armoiries en haut relief, une pierre de granit, d'où saillissent les casques empanachés, la ligne nette des écussons et le ruban des devises. Ils n'éveillent pas l'idée de richesse ou de puissance, mais celle d'une race toute fière, qui n'a jamais perdu le respect de ses origines, et qui eut, un moment, le loisir et la fortune qu'il faut pour produire ses titres. Alors, comme aujourd'hui, le fumier devait joncher les seuils, les poules picorer dans les cours, les vêtements de la famille sécher sur les grands balcons de bois, les bœufs sortir par couples enjugués des portes en plein cintre. Si on interrogeait les gens qui habitent là, on découvrirait des descendants authentiques de ces gentilshommes laboureurs, une caste qui n'a pas déchu, dont l'histoire dit seulement la bravoure anonyme, aux heures de crise, et se confond, le plus souvent, avec l'histoire paisible des champs et des saisons. En France, nous pourrions rencontrer des hommes de lignage noble parmi les ouvriers de la terre. Il paraît que les derniers vicomtes de Belzunce labourent aux environs d'Hendaye. Mais les ancêtres étaient à la cour... Je me suis arrêté quelques minutes dans une rue de Renteria, pour écouter deux musiciens jeunes, en culottes courtes, dont l'un jouait du tambourin et de la flûte en même temps, l'autre d'un tambour plus gros. Ils étaient appuyés au mur, du côté du soleil, et tournés vers la façade d'un de ces hôtels pauvres. Ils n'avaient pas l'air de mendiants. Je les aurais pris plutôt pour des amoureux, n'eussent été les singuliers instruments de l'aubade. Une giroflée tremblait sur l'écusson de la porte. Des moineaux s'échappaient, effarouchés, d'entre les poutres noires qui soutenaient les étages. Rien ne répondait; rien ne passait derrière les vitres des quatre fenêtres à meneaux, si ce n'est le vent des corridors et le reflet d'un feu invisible. Je savais que les Espagnols n'aiment pas les questions des étrangers. J'ai continué ma route sans en savoir plus long.

De retour à Saint-Sébastien, j'ai vu au *Jai-Alai*, précisément sur le chemin de Renteria, plusieurs de ces fameuses parties de pelote, jouées à quatre, rouges contre bleus, qui seraient des plus amusantes sans la présence et les cris des bookmakers, debout au pied des gradins, et qui hurlent, suivant les chances de la lutte : « A dix contre deux, les rouges ! A trois contre deux ! A sept contre un ! » Il se perd ou se gagne là, dit-on, des sommes énormes, et il est bien évident que l'attrait du pari amène une moitié du public, entièrement composé d'hommes. Je préfère le côté plastique de la partie engagée. Les jeunes *pelotaris*, Basques ou Espagnols, sont admirables d'attitudes, de souplesse et de vigueur. Ils attrapent la balle au vol, quand elle revient, après avoir frappé le mur avec un bruit d'éclatement pareil à celui d'un pistolet; ils la cueillent dans leurs gouttières d'osier recourbées et la relancent, et la force de leur bras est telle que la pelote de peau de Pampelune, — la ville réputée, — traverse trente, quarante et jusqu'aux soixante-cinq mètres de la piste, en suivant une trajectoire assez tendue, pour rebondir contre la pierre et revenir sur les joueurs. Plusieurs de ceux que je vois là, devant moi, sont des « artistes » aussi renommés que nos premiers jockeys de courses. Ils ont débuté dans les « frontons » des villages de Biscaye et de Guipúzcoa. Maintenant ils se font payer des honoraires considérables par les directeurs des jeux de paume des grandes villes. Car la passion de la paume, longtemps spéciale aux pays basques, s'est répandue depuis quelques années dans presque toute l'Espagne. L'importation n'a pas été directe. On sait que les habitants des provinces du Nord, et particulièrement de la région pyrénéenne, émigrent en grand nombre dans les républiques de l'Amérique du Sud. Ils y ont porté leurs coutumes, leur langue et leurs jeux. Les Espagnols de la Castille ou de l'Andalousie, émigrés avec eux, ont appris la paume à Santiago, à Buenos-Ayres, à Lima, à Rio-de-Janeiro, et l'ont acclimatée, plus tard, dans la mère patrie. Aujourd'hui, les joueurs espagnols sont au moins les égaux des joueurs basques, les frontons se lèvent d'un bout à l'autre de la péninsule, et Madrid, déjà, en compte cinq ou six. Un seul d'entre eux, celui de Fiesta-Alegre, a coûté sept cent cinquante mille piécettes.

Enfin, ce soir, qui est mon dernier soir à Saint-Sébastien, j'assiste au défilé des petits miquelets d'Alphonse XIII, de ce bataillon d'enfants de Saint-

Sébastien, formé sur le désir du jeune roi, et qu'on appelle ici : *El batallon infantil*. Je le vois dans tout son éclat, au milieu d'une retraite aux flambeaux, — il est entendu que nous sommes toujours en fête, — et je suis surpris de la tournure militaire de ces gamins de dix à quinze ans. Ils sont armés de fusils Mauser, modèle réduit, vêtus d'une tunique bleue, d'une culotte rouge, chaussés de jambières et de brodequins noirs et coiffés du béret. La tentative, qui eût peut-être échoué ailleurs, et tourné vite au ridicule, a réussi dans ce pays essentiellement militaire. On a flatté le peuple basque en lui demandant d'habiller ses enfants en soldats, de les conduire à la parade et de les faire manœuvrer sous les yeux du roi. Toutes les classes de la société sont représentées dans les rangs et dans les cadres du bataillon. Ils passent, au pas relevé, éclairés par les torches et les lanternes de couleur, tous sérieux : les huit trompettes, les vingt tambours et le tambour-major qui s'appelle Nicolas Aguirre, les vingt-six musiciens, qui ne savent que trois airs, la marche royale et deux autres, les quatre cents sous-officiers, caporaux et simples lignards, la blonde et jolie cantinière de douze ans, Constantina Serfo. La population de Saint-Sébastien les regarde avec tendresse, les reconnaît, les nomme, et les suit à travers la ville. Moi, je les regarde aussi avec plaisir parce qu'ils sont jeunes et de bonne mine, avec un peu de mélancolie quand ils s'éloignent et s'effacent, en songeant à tant d'efforts que font les rois pour se faire aimer, et à cette œuvre nécessaire, presque simple autrefois, presque impossible aujourd'hui, de l'union des esprits.

IV

LOYOLA

Bilbao, 16 septembre.

Je pars de Saint-Sébastien par le train de huit heures du matin, ligne de Madrid, et, deux heures après, je suis à Zumarraga, qui est un gros bourg pyrénéen, avec des maisons à long toit, des plumets d'arbres pointant au-dessus, des hommes qui ont l'air contents de vivre et un bruit d'eau courante, la cigale de ces pays-là. Les moulins se taisent, parce que c'est dimanche. Une diligence attend les voyageurs, ou plutôt les voyageurs attendent une diligence à cinq mules, qui porte, sur son coffre, écrit en lettres rouges : Zumarraga, Azcoïtia, Loyola, Azpeïtia. Je suppose que les modèles se sont transformés, depuis Dumas et Théophile Gautier, car la voiture ne ressemble aucunement à celles que nous voyons, dans les illustrations des voyages en Espagne, rouler dans un nuage de poussière, au tournant d'un précipice. La nôtre s'en va doucement, au trot des mules maigres. Le mayoral est en blouse, et j'ai l'honneur d'être assis à ses côtés et de jouir de l'encouragement paternel qu'il jette à son attelage, blasé sur les tendresses et les sévérités du conducteur : « *Macho ! Macho !* » Cela veut dire simplement : « Mulet ! mulet ! »

La route est jolie. Il fait grand soleil. Nous suivons le torrent de l'Urola, et, comme les montagnes, presque toutes égales, dévient alternativement l'eau du Gave, tantôt à gauche, tantôt à droite, du bout de leurs pointes vertes, nous changeons d'horizon à chaque moment, l'essence du paysage restant partout la même : des croupes de maïs, des taillis en pente raide déjà nués par l'automne, des sommets d'herbe rase, une maison çà et là, et des ponts d'une arche, pointus en leur milieu, et si anciens que les parapets sont tombés et qu'on ne voit plus qu'un petit sentier de cailloux, montant et descendant au-dessus des remous coupés de roches. Verdure, moissons, bois escaladant les cimes, voiles de brume dans les fentes d'ombre où coulent des cascades : sommes-nous en Tyrol, en Suisse, ou près de Pistoia, dans les hautes vallées de l'Apennin ? On peut choisir entre les trois. La physionomie propre du pays basque s'affirme plus nette dans Azcoïtia. La vieille Espagne héroïque y a laissé un des plus farouches monuments que je connaisse : le palais du xii® siècle des ducs de Grenade, un simple quadrilatère de hauts murs se levant parmi les maisons, mais construit en pierres d'un brun fauve, polies, luisantes comme l'émail et résistantes comme lui. La famille l'habite encore pendant les mois d'été. Nous passons. Les armoiries de haut relief, seul ornement plaqué sur la façade nue, sont recouvertes d'une draperie de deuil. Et peu après, au milieu d'une vallée semée de maïs, barrant tout l'espace entre les collines, coupant la plaine en deux, l'immense couvent de Loyola m'apparaît, longues murailles blanches avec une coupole au-dessus, qui se dessinent sur le fond bleu de montagnes lointaines. La première impression est une impression de grandeur et de sévérité. Je ne connais pas encore l'Escorial, mais je suis sûr que Loyola lui ressemble un peu. Il est en harmonie avec les lignes régulières du paysage. Pas de bois, pas de couleur violente sur les pentes des montagnes; à peine une dentelure de clochetons au bas de la coupole. Rien ne fixe la curiosité des yeux qui cherchent. On éprouve la sensation de dépaysement, le secret malaise que nous cause d'abord cette chose si peu humaine : la majesté simple. Il faut se faire à cette vue grave. Je m'y fais par degrés. Cinq minutes ne sont pas de trop. La voiture dépasse le couvent, franchit l'Urola, et me laisse devant un péristyle très orné, auquel on accède par un escalier à plusieurs branches, et dont les rampes de pierre sont gardées par des lions. C'est l'entrée de l'église publique, avançant au milieu de la façade blanche, haute de quatre étages, toute pareille à celle qu'on aperçoit en venant d'Azcoïtia. Près de moi, des dahlias maigres, deux corbeilles de zinias fanés, entourées de haies basses d'aubépine ; puis l'avenue, parallèle au couvent ; puis deux charmilles de marronniers, pour les pèlerins d'été ; puis la plaine qui continue, vert pâle, déserte de ce côté comme de l'autre. Un jardin peu soigné, celui des Pères Jésuites. L'ordre n'est pas contemplatif, cela se voit de suite. Il est militaire. Les maisons qu'il construit pour lui ont l'air plus ou moins de casernes. Aucun luxe d'alentours : pourvu qu'une bonne route y conduise, et permette d'aller par le monde, cela suffit.

Je veux visiter le couvent, et je vais à l'extrémité du long bâtiment, où est la porterie. Je me sens méditatif et songeur. Le Père qui m'ouvre ne l'est pas : un Espagnol blond, tout jeune, à physionomie virginale et souriante.

— Vous voulez visiter, monsieur ? Très bien, le Père « ministre » va être prévenu. Entrez dans le parloir.

Le parloir est une vraie cage de verre, dont les barreaux sont peints en jaune. Il a de larges fenêtres ouvertes sur les jardins, un vitrage qui le sépare de la porterie, un autre donnant sur l'intérieur du monastère, et au travers duquel j'aperçois de grands escaliers clairs, un corridor, de jeunes abbés qui passent, le parapluie de coton sous le bras. Ce sont des novices, me dit le portier, qui partent pour la promenade.

Le Père ministre se faisant attendre, je traverse la porterie, et je m'arrête sous une galerie, en face de la maison patrimoniale des Loyola, « *Casa solar de Loyola,* » qui est enchâssée dans le monastère, et, toute grande qu'elle soit, n'en occupe qu'une minime partie. Elle est carrée, avec quatre tourelles, flanquant les angles. Le mur qu'on voit encore est en pierre de taille et sans autre ouverture que la porte jusqu'au premier étage, en briques depuis le premier jusqu'au toit. Et ces briques formant des dessins, leur couleur rose, les fenêtres régulièrement disposées, l'entablement orné du toit, font un couronnement de palais à ces soubassements de forteresse. L'unique porte est ogivale, surmontée d'une inscription et des armes de Loyola, qui sont curieuses : une chaudière fermée, entre deux loups. La chaudière, d'après les vieux auteurs, voulait dire : « Gens de noblesse, vous êtes riches, et vous avez le droit de lever des troupes à vos frais. » Les loups, qui ne mangent pas, signifiaient : « Gens de noblesse, vous êtes pauvres sous le harnais de guerre. » Je songe que c'est par cette ouverture qu'à la fin de mai 1521, des soldats français apportèrent sur leurs épaules le fils de la maison, un jeune capitaine, leur ennemi, dont ils avaient admiré le courage au siège de Pampelune. Iñigo de Loyola n'était pas un saint à ce moment-là. Ses deux jambes ayant été brisées une première fois par les éclats d'un boulet, une seconde fois par les secousses de la litière, furent, paraît-il, mal ressoudées par le chirurgien d'Azcoïtia. « Qu'on me les recasse une troisième fois, dit Iñigo : avec de pareilles jambes, je ne pourrais plus porter de bottes fines. » Il était alors, ajoute un auteur espagnol, extrêmement élégant et ami des belles fêtes. Je vois en esprit la bonne dame de Loyola, Basquaise émaciée, aux cheveux gris, toute fanée par les treize enfants qu'elle avait eus, cherchant sans les trouver les volumes de chevalerie que son fils blessé demandait pour se distraire. On lisait peu dans le palais, et en ce temps-là. Toute la bibliothèque se composait de deux livres : la *Vie de Jésus-Christ* et la *Fleur des Saints*. Iñigo dut partager ses temps de convalescence, — et ce fut long, — entre la méditation de ces pages, qu'il étudiait le jour, et la contemplation des étoiles, qu'il regardait pendant des nuits entières, et qui lui donnaient une idée très petite de lui-même et de la terre. Quand il sortit de son palais, il ne pensait plus à chausser de jolies bottes fines. Il était vêtu d'un sac, dénué d'argent, renié par son frère aîné, décidé à faire de grandes choses, il ne savait lesquelles, et n'ayant changé que de maître, chercheur d'aventures braves au service de Dieu, comme il l'avait été avec l'épée au poing.

Je songe à ces fragments d'histoire qui me reviennent, mal soudés eux aussi, et à cette énergie des hommes du xvie siècle, dont les méditations avaient des conclusions autrement viriles que les nôtres, et qui ne connaissaient pas cette crainte du ridicule devant laquelle nous humilions tant de nos actes et tant de nos pensées.

Ce sac-là, par exemple, mon ami, je sens bien que je n'aurais jamais osé le mettre, fût-ce au xvie siècle, et pour aller en pèlerinage à Montserrat.

Je suis interrompu dans mes réflexions par l'arrivée du Père don Ramon Vinuesa, un grand maigre, aux yeux enfoncés, qui doit être une âme tendre à qui la vie du cloître a fait une enveloppe austère, et qui rit, d'un sourire mince, en me voyant si grave devant la porte, la chaudière et les deux loups.

— Vous m'avez « espéré » quelque temps, me dit-il en français, cependant j'en ai bien peu à vous donner. Je prêche une retraite à des laïques, et, dans une demi-heure je dois être à eux. D'ici là, je suis à vous.

Nous montons au premier étage de la *Santa Casa*, qui n'est, à vrai dire, qu'une succession de petites pièces, basses d'étage, aux plafonds très ouvragés, transformées en chapelles. On y garde des reliques et des souvenirs de toutes sortes : deux lettres de saint Ignace, encadrées; un portrait, d'après Coello, copie d'un tableau qui se trouve à Madrid, et où le saint est représenté avec le visage plein, le front large, les yeux bridés et doux, le nez aquilin si commun dans la noblesse espagnole; la chasuble que portait saint François de Borgia, le jour de sa première messe, et qu'avait brodée sa sœur, Anne de Borgia et d'Aragon; des meubles de la famille de Loyola, qui habita deux siècles encore le palais après la mort du saint.

Nous suivons les immenses corridors blancs, éclairés par des cours intérieures, sur lesquels ouvrent les cellules des religieux. Le P. Vinuesa pousse une porte, çà et là, et je vois la cellule classique, avec l'alcôve, deux chaises, une table chargée de livres. Nous montons encore, et j'entre dans la bibliothèque, pleine de lumière, de belle lumière tombée d'un ciel de montagnes. Oh! la réjouissante et savante odeur des reliures de cuir! Est-ce le vieux papier? n'est-ce pas plutôt la pensée humaine, comprimée et serrée comme une fleur entre les feuillets, qui répand ce parfum : parfum de vie, puisqu'il enivre?

Je me sens là un peu chez moi, et je m'attarde. Je demande :

— Est-il possible de voir la salle où s'est réunie récemment ce que vous appelez, je crois, la « congrégation générale » ?

— Très facile. Nous y touchons. Elle est encore meublée.

— Quand a eu lieu la dernière élection du général de l'Ordre?

— En 1892, le premier dimanche d'octobre. Ne pouvant se faire à Rome, elle s'est faite ici.

Une longue salle, presque sous les combles, très éclairée, comme la bibliothèque. Sur les murs, blanchis à la chaux, des tableaux religieux de valeur médiocre. Des pupitres noirs, tout semblables à ceux des élèves de nos écoles primaires, sont disposés sur deux rangs, en forme de fer à cheval. En face, la petite table de bois blanc du président, avec la sonnette de cuivre. Il y a en tout soixante-treize places. Des cartes, fixées aux pupitres, indiquent le nom de chacun des délégués. Je m'approche, et je lis : *P. Antoninus Cordeiro, elector Lusitaniæ;* — *P. Clément Wilde, elector Neerlandiæ;* — *P. Ambrosius Matignon, elector Franciæ;* — *P. Petrus Gallwey, elector Angliæ...* Presque tous les pays du monde étaient représentés là.

— Vous n'avez pas tout vu, me dit le Père ministre. Nos congrégations générales ont quelque ressemblance avec les conclaves. Les électeurs ne sortent qu'après l'élection faite. Regardez cette petite salle, à côté, qui n'a d'entrée que par ici. Le jour de l'élection, on y a mis du pain sec et de l'eau. Les délégués entendent une messe à cinq heures et demie du matin, font une heure de prières, prennent leurs places dans la salle de vote, et sont enfermés à clef jusqu'à la nomination du général.

— Et la dernière fois?

— Personne n'a touché au pain ni à l'eau. Tout était terminé à dix heures, par l'élection du P. Martin.

Nous descendons par un nouvel escalier. Le P. Vinuesa s'excuse encore, prend congé de moi avec une politesse d'homme du monde espagnol, ce qui n'a rien de banal, et ajoute :

— Vous devez traverser au moins la grande église du monastère. Vous la trouverez, je vous en préviens, riche et « un peu rococo ». Nous avons bâti beaucoup de nos églises à une époque où régnait le mauvais goût, et nous lui avons payé tribut.

Il avait raison, ô colonnes de marbre tordues, frontons énormes qui les faites plier, pierres admirables enlaidies de mosaïques!

Je sors de Loyola avec une impression assez différente de celle que j'avais eue en l'apercevant, de loin, du bout de la plaine. Il m'avait paru surtout très sévère. A présent, il me reste une vision de grands escaliers clairs, de salles blanches où la lumière entre à profusion. Et je comprends de moins en moins pourquoi les *Guides* s'obstinent à surnommer ce monument, remarquable par son immensité, ses belles lignes droites et par les souvenirs qu'il renferme ou qu'il rappelle, « la perle du Guipúzcoa ». La perle? On dirait avec la même justesse : « Le gentil Saint-Pierre de Rome. » Mais les *Guides* ne sont pas faits pour être ouverts en voyage : j'ai eu tort d'ouvrir les miens.

Au bas du grand escalier, un panier attelé en poste m'attend. Je l'ai loué à l'auberge voisine, car je veux me rendre à Bilbao sans regagner la ligne de Madrid. Je prendrai la route de montagne, je descendrai sur un village perdu qui se nomme Elgoïbar, et de là, par un chemin de fer à voie étroite, j'arriverai, cette nuit, dans la capitale de la Biscaye.

A peine la voiture a-t-elle tourné à droite, au milieu d'Azcoïtia, et dépassé les dernières maisons, que je sens s'éveiller l'émotion des grands paysages, le frisson délicieux qui nous avertit et dit : « Regardez, écoutez, abandonnez votre âme, voici la beauté pure! » La route n'était que jolie ce matin : celle-ci est admirable. Bordée de hêtres trapus qui joignent leurs branches pour former l'ogive, pavée de cailloux et de poussière, cloître blanc et vert lancé dans l'espace, elle remonte, elle va, contournant les montagnes, entre une pente qui se lève, hérissée de bois, et l'abîme d'un gave invisible. Des arbres que nul n'a plantés, que le vent d'hiver émonde seul, couvrent les deux murailles de la profonde gorge; ils descendent, pressés en houles, cimes rondes des chênes et des noyers, aigrettes blondes des bouleaux, écume rouge des cerisiers sauvages; ils se voilent tout en bas, d'un peu de vapeur bleue; ils remontent, en face, jusqu'aux forêts de sapins qui ombrent les sommets. Le soleil tombe par larges bandes sur ces masses de verdure. Un parfum puissant, le souffle des terres boisées, remplit les vallées, déborde les crêtes, se déverse dans le vent, et va réjouir le monde. Ceux qui le boiront ne sauront pas de quelle coupe divine il est sorti. Et je ne presse pas les chevaux, qui vont doucement, et je devine aux lignes de peupliers, tremblants au fond du gouffre, le cours de ce torrent qui n'a pas de nom pour moi, et je vois grandir la lumière, et, à chaque détour de la route, les lointains s'élargir.

Cette belle montée dure deux heures. La descente se fait parmi des terres cultivées, des vergers, des fermes assises sur des prés en bosse, où l'herbe, piétinée par les moutons, semble avoir conservé l'humidité des neiges anciennes. Elgoïbar s'agite encore aux derniers rayons du soleil. Les hommes achèvent une partie de paume, sur la place; des filles, en taille rose, promènent des bébés blancs sous les arcades, et regardent les joueurs; au bord de la rivière, qui coule d'un seul jet, de vieilles maisons de bois surplombantes, étayées, vermoulues, éventrées par le temps et peintes par la mousse, laissent pendre et flotter des hardes éclatantes. Je passe là une demi-heure, accoudé au parapet d'un pont, à faire en esprit des aquarelles. Puis je monte dans le train. La nuit est toute venue.

Comme le milieu est différent! Que je suis loin déjà de Saint-Sébastien, que j'ai quitté ce matin! Le long wagon de première classe, sans séparations, contient, je pense, quarante voyageurs, mais pas un touriste, pas un « baigneur »: des industriels, des propriétaires de mines, des avocats, des occupés, qui causent de leurs affaires. Je sens avec délices l'inquiétude et la fièvre de la vie, car les hommes qui s'amusent ne vivent qu'à moitié, il leur manque cette vigueur de ton, cette passion de l'intérêt qui rapproche les gens de conditions diverses, les met aux prises, et les met en valeur, l'un par l'autre, jusqu'à donner une physionomie, une conversation au plus obscur travailleur. Mes voisins parlent tout haut, par petits groupes serrés autour des piles de valises :

— Voilà qu'on ouvre la ligne de la Robla à Valmaceda. Excellent pour nos houilles! Tout cela va augmenter encore l'importance de notre Bilbao.

— Oui, quand les digues de pleine mer seront achevées, nous aurons le plus beau port du Nord. Savez-vous que nous exportons à présent plus de trois millions de tonnes de minerai?

— Santander ne s'en relèvera pas. Je vous verrai demain à Portugalete?

— Non, je vais aux mines.

Dans l'angle, en face de moi, une scène amusante. Un jeune homme s'avance du bout du wagon, pour saluer une famille composée du père, de la mère et des deux filles. La mère, qui doit avoir une quarantaine d'années, a conservé des yeux magnifiques, ce qu'il faut de taille pour s'habiller en jeune, et l'humeur vive de ses vingt ans qui étourdit ses grandes filles muettes. « *Buenas noches, doña Rosalia!* » Elle tourne la tête vers celui qui la salue ainsi, et, de l'air d'une déesse offensée : « Je suis donc bien vieille, que vous m'appelez doña? Si vous voulez que je vous écoute, dites, je vous prie, Rosalia tout court. » La coutume veut, en effet, dans cette Espagne où la courtoisie prend vite une forme affectueuse et familière, qu'un homme supprime le « Madame » dès qu'il a fait deux ou trois visites dans la maison. « Vous avez raison, Rosalia : je ne l'oublierai plus. »

Nous courons, dans la nuit, à travers des gorges, des vallées, des massifs de rochers percés de tunnels; la lune pose la corne de son croissant sur la bruyère des crêtes; j'entrevois des villages éclairés à l'électricité, des fenêtres rouges d'usines, des cheminées de forges, des moulins, aussitôt disparus derrière une vague nouvelle de cette terre montueuse. A dix heures du soir, je descends dans un Terminus-hôtel, très vaste, tout neuf, illuminé selon Jablochkoff, possédant l'ascenseur hydraulique et le peloton des garçons en habit, rangés sur deux lignes, et dont les masques graves, les mêmes en tous pays, bleuissent sous les lampes. Je ris, malgré moi, en entrant. Ce contraste entre le matin et le soir! Ce mot aussi, qui me revient, d'un Perrichon français arrivant dans un hôtel tout semblable, à Naples, et disant, un peu intimidé par la solennité de l'accueil : « Est-ce singulier, de se recevoir ainsi, entre hommes! »

Au fond, il avait raison, c'est singulier. Je m'endors en méditant cette parole profonde d'un homme qui avait de la philosophie, et n'y prétendait pas.

V

LES BORDS DU NERVION. — L'AUTEUR DE « PEQUEÑECES ».

Bilbao, 17 septembre.

Le premier coup d'œil sur Bilbao confirme mes pressentiments : la ville s'épanouit, déborde ses modestes limites primitives, devient une grande ville maritime. Les *Guides* lui accordent trente-cinq mille habitants : elle en a soixante-dix mille et même cent mille, si l'on compte la population des agglomérations voisines, pauvres bourgades autrefois, qui sont aujourd'hui de petites cités ouvrières de dix ou douze mille âmes, et peuvent être considérées comme les faubourgs de la capitale. Le quartier neuf, sur la rive gauche du Nervion, est extrêmement joli, largement ouvert, composé de hautes maisons aux teintes claires, dont les façades,

au premier, au second, quelquefois au troisième
étage, sont garnies de miradors vitrés. Les rues sont
égayées par le miroitement de ces balcons fermés,
derrière lesquels apparaissent des fleurs, des tentures, des cages dorées, ou des vêtements de pauvres
qui sèchent et des têtes curieuses qui regardent. La
promenade du *Campo Volantin*, sur l'autre rive, est
bordée d'hôtels qui rappellent ceux des Champs-
Élysées. Partout il y a du mouvement, des gens qui
marchent, comme des Américains, avec une seule
pensée, des crieurs de journaux, des tramways qui
passent. Les fils de téléphone et de télégraphe font
des fumées droites sur le ciel. Aux deux côtés du
fleuve, qui est étroit, jaune et profond, sont rangés
des vapeurs, chargeant ou déchargeant : pas un
voilier.

Je gravis, pour avoir un coup d'œil d'ensemble,
un escalier interminable, au bout du vieux Bilbao. Il
y a, je pense, un mendiant par marche, mais aucun
n'est « drapé dans ses haillons ». Ce sont de simples
habitués de la misère universelle, tendant la main
comme ailleurs, remerciant un peu mieux. Tout en
haut, un cimetière d'une tristesse infinie : une allée
de cyprès ; un grand cloître dont les murs contiennent des centaines de niches, creusées dans leur
épaisseur, toutes égales, toutes disposées en lignes et
recouvertes de la même plaque de marbre noir ; une
sorte de jardin inculte, au milieu, massif humide de
chèvrefeuilles, d'églantiers, d'herbes folles, et, sur la

porte, cette inscription : « Ici finissent les plaisirs des méchants, et commence la gloire des justes. » Je me rappelle le campo santo de Milan, celui de Messine, celui de tant de villes italiennes, si blancs, si bien sablés, si lumineux, qui donnent de la mort une idée moins affreuse et moins juste. Je sors et je gagne la campagne. C'est bien cela : une ville établie sur deux suites de collines, à gauche et à droite d'un fleuve coudé qu'elle étreint, plus sombre dans ses vieux quartiers, rose dans ses nouveaux, enveloppée d'autres collines en cercle, qui s'élèvent à mesure qu'elles s'éloignent, jusqu'à devenir montagnes, et sur lesquelles on distingue, après bien des vergers, bien des maisons de banlieue, vertes pour trois pieds de vignes, des pentes arides, crevassées, que tachent par endroits, comme des taupinières monstrueuses, les rejets de terre des puits de mines.

Deux lignes de chemins de fer conduisent à l'embouchure du Nervion. Je prends l'une pour revenir par l'autre. Un vrai type de fleuve ouvrier, ce Nervion, tourneur de roues, déversoir d'un nombre incroyable de chaudières, emprisonné longtemps par des quais, dragué dans sa partie basse, battu en tous sens par l'hélice des vapeurs. Ses eaux ne sont pas pures. Les poëtes bucoliques ne chanteront pas ses rives, hérissées de tant de cheminées d'usines, en un point, qu'on se croirait sur la Tamise, et qu'un nuage violet sombre y demeure toujours pendu sous l'azur ou le gris du ciel. Mais comme il est fort, actif, utile! Comme elle est belle, la baie où il se jette, toujours coupée de navires qui viennent, qui partent, qu'il a portés ou qu'il portera bientôt! Voici Portugalete, à gauche, une ville industrielle avec deux ou trois rues et un quai couverts de maisons de luxe, pour les baigneurs d'été; Las Arenas, sur l'autre rive, simple station balnéaire, de création récente, dont les villas aux toits de tuiles rougissent parmi les pins. De l'une à l'autre, il y a un pont, mais d'un modèle nouveau: on ne passe pas dessus, on passe dessous. Il a été lancé sur le Nervion, en 1893, par un ingénieur français, M. Arnodin, réalisant une idée originale d'un architecte espagnol, M. de Palacio. Deux tours de fer, découpées comme la tour Eiffel, soutiennent des rails en l'air, à quarante mètres au-dessus du niveau des plus hautes mers. Des câbles descendent de là, qui tiennent au bout de leurs griffes une assez grande cage à banquettes, si bien accrochée, si bien défendue par eux contre les écarts possibles que, n'ayant d'appui que tout là-haut, elle glisse, elle franchit le fleuve, à quelques pieds des lames, sans subir la moindre oscillation, même aux jours de tempête. Je passe le Nervion sur cette machine, en compagnie de plusieurs très jolies femmes et d'une charrette à bœufs, tout attelée et pleine de lits et d'armoires: un déménagement de paysan.

— Regardez, me dit un industriel, M. V..., à qui je suis recommandé. Tout cela, c'est l'œuvre de vingt ans. Bilbao dans le Nord, Barcelone dans l'Est, prouvent que l'Espagne est capable de rapides progrès industriels, et que certaines de nos races, tout au moins, ne sont pas douées seulement pour le travail des champs, mais pour ceux de la mine et du métier. Nos chemins de fer commencent à pénétrer au cœur de nos montagnes. Nous avons vingt mille hommes, là-haut, autour des puits.

— Mécontents ou heureux?

— Ils se plaignent moins de leur salaire que de l'exploitation des logeurs et des cantiniers. Cela suffit pour que le socialisme les tente, et fasse des recrues parmi eux. Grave danger, avec le caractère espagnol, si âpre, si énergique : souvenez-vous de Barcelone... Grave aussi parce que la propagande des idées subversives rencontre peu d'obstacles dans une foi diminuée. J'aime mieux ne pas toucher ce sujet triste. Vous vous apercevrez assez vite qu'il y a une lacune grave dans l'éducation morale de l'Espagne. Je préfère vous faire observer ceci : quand vous rencontrerez, dans le Sud où vous irez, une industrie florissante, un établissement bien tenu, une exploitation modèle, demandez de quel pays est le maître. Une fois sur deux, on vous répondra : « Il est des provinces du Nord, » ou : « Son père en était. »

Je rentre à sept heures du soir. Il fait nuit. J'avais essayé, le matin, de rencontrer l'illustre auteur de *Pequeñeces*, le roman de mœurs madrilènes dont une traduction partielle a paru dans le *Journal des Débats*. L'occasion s'était ainsi offerte à moi de visiter le collège du Deusto, le plus luxueux que j'aie jamais vu, espèce d'université libre, dont les élèves vont passer leurs examens, de droit ou de lettres, à Salamanque, mais on m'avait répondu : « Le P. Coloma est aux eaux, il ne reviendra probablement que dans deux ou trois jours, et vous serez parti. » Au moment où j'arrive au Terminus, le téléphone m'avertit que le jésuite-romancier est de retour depuis une heure, et qu'il m'attend. O chance du voyage ! Je cours, en songeant à la préface de M. Marcel Prévost et aux allusions qu'il fait à la vie, dans le monde, du P. Coloma.

Je trouve un homme d'un peu plus de quarante ans, assez grand, assez fort, d'un accueil très simple. Il a le visage carré, les traits réguliers, les sourcils nets et noirs, et une expression habituelle de lassitude, ou plutôt, il est de ces maladifs qui ont une physionomie à éclipses. Le jeu instinctif des muscles est devenu un effort chez eux. Mais dès qu'il parle, les yeux s'animent. Le sourire est fin, spirituel, je dirais presque : involontairement mondain. On sent très bien que ce religieux a souri dans un salon.

Nous causons littérature. Il me montre son manuscrit en cours de publication : de petites feuilles couvertes d'une écriture serrée, au crayon.

— Je corrige beaucoup, me dit-il, je fais au moins

trois copies de chacun de mes ouvrages. Et quand j'ai fini, je suis mécontent.

Il parle d'abord en français, mais bientôt l'idiome maternel l'emporte, et il me dit, dans un espagnol nerveux, abondant, que j'ai peine à suivre :

— On a voulu faire de ma vie un roman... des gens qui ne me connaissent pas... C'est pourtant bien simple. Si vous avez le temps de m'écouter cinq minutes, la voilà, ma vie !

Et j'écoute, et j'attrape au vol cette autobiographie :

— Je suis né à Jerez de la Frontera, en Andalousie, le 9 janvier 1851. Mon père était médecin. Il se maria deux fois, et eut vingt-deux enfants. Je suis le troisième de la seconde femme. Vers douze ans, j'entrai à l'École royale de marine. J'aurais voulu être officier. J'en sortis, au bout de cinq ans, avec le titre de *guardia marina*. Mais mon père s'opposant à ce que je suivisse cette carrière, je laissai là la marine, et je commençai mon droit, à Séville. J'avais dix-huit ans. Entre dix-sept et dix-huit, à la maison, chez mes parents, année de repos, j'écrivis ma première nouvelle: *Solaces de un estudiante*. Le prologue est de Fernan Caballero, Andalouse, comme vous le savez, avec laquelle ma famille était très liée, et qui fut pour moi comme une grand'mère. Elle corrigeait mes devoirs de style au collège; elle corrigea de même mes essais de jeune homme, et les présenta au public. En vérité, je crois que cet ouvrage est bien ignoré aujourd'hui. Le seul exemplaire que j'en connaisse est aux mains de mon élève préféré, le deuxième fils du duc de Granada (celui dont j'avais vu le palais à Azcoïtia). Vers dix-neuf ans, je publiai mon deuxième roman, dans *El Tiempo*, un journal de Madrid. Il s'appelait *Juan Miseria*. Je l'ai depuis réédité, avec corrections ecclésiastiques. J'allais alors beaucoup dans le monde, et je l'aimais. Je parle du monde élégant, de la bonne société, vous me comprenez? Rien ne me forçait à écrire, et, jusqu'à mon entrée en religion, à vingt-quatre ans, je ne publiai plus qu'une autre toute petite nouvelle. Alors, me sentant la vocation, et les jésuites étant, à ce moment, chassés d'Espagne, je partis pour la France, et je fis mon noviciat dans le département des Landes. Je savais un peu le français, qu'une de mes sœurs m'avait appris, et j'arrivai à posséder assez bien votre langue, sauf à perdre plus tard ce commencement d'habitude, comme vous voyez. Il n'était plus question de littérature, mais de philosophie. Il en fut ainsi pendant les cinq ans de mon séjour en France, et même après mon retour en Espagne, où je professai, pendant l'année scolaire de 1878 à 1879, un cours de droit romain, à la Guardia, en Galice. Je ne repris la plume qu'en 1883. Mes supérieurs me demandèrent, vers cette époque, d'écrire dans une revue mensuelle qui s'imprime ici, et qui tire à quinze mille exemplaires : *El mensajero de el Cora-*

zon de Jésus. Je le fis, j'écrivis de courtes nouvelles, *Gorriona, Pilatillo, Mal-Alma*, plusieurs contes pour enfants. J'étais connu de la clientèle du *Messager*, et d'un groupe de lettrés et d'artistes, mais inconnu du grand public. Il vint à moi tout à coup, et j'en fus surpris, lorsque je publiai *Pequeñeces*, en 1890. Tous les journaux s'occupèrent du roman, soit pour le louer, soit pour le critiquer; on voulut mettre des noms propres sur le visage de chacun de mes héros, et, comme toujours, on réussit à faire une légende autour du livre et de l'auteur. Qu'a-t-elle de vrai? Évidemment, je me suis servi de mes souvenirs de jeunesse pour composer *Pequeñeces*. Mais, désigner des personnes, je ne le pouvais, ni ne le devais. J'ai essayé de montrer certains maux trop réels de notre société, au moyen d'une fable inventée. Voilà tout. Je ne m'attendais pas à tant de vacarme. En très peu de temps, j'eus cinq éditions, la première tirée à cinq mille, chacune des quatre autres à huit mille exemplaires, ce qui est beaucoup en Espagne, où on lit peu, et des traductions anglaises, portugaises, allemandes, italiennes, françaises... A présent, cette grande vogue passée, je travaille paisiblement à une série de portraits du xviiie siècle, *retratos de antaño*.

Il s'arrêta un moment. L'unique lampe, posée entre nous deux, sur le bureau de travail, éclairait le visage du P. Coloma. Je le vis devenir grave, un peu triste même:

— Pour me punir de mon roman, dit-il, on en a fait un de ma vie. J'ai vécu dans le monde, il est vrai. Un jour, Dieu fut bon, et m'appela. C'est tout ce qu'il y avait à dire. Le reste n'est qu'indiscrétions. Laissons dormir les morts.

Il ajouta, souriant de nouveau :

— Tout cela importe peu. Je cherche à faire œuvre utile. Mes livres achevés, je les oublie. J'en demande autant pour ce qui me concerne. Je suis un écrivain par ordre, et, dans un sens, malgré moi... Vous devez aller à Santander ?

— Demain matin.

— Il y a là deux des plus grands écrivains de l'Espagne contemporaine, d'écoles très différentes, Pérez Galdós et José Maria de Pereda. Je vous souhaite, monsieur, de les rencontrer tous les deux...

Je m'en retournai, par un clair de lune qui faisait pâlir les lampes électriques, et criblait de petites flammes l'eau trouble du Nervion. Je pensais à toutes ces usines du fleuve, à tant de vies humaines, fatiguées, sombres, traînant leur boue, elles aussi, qui n'ont point de beauté par elles-mêmes, et qui s'embellissent une minute, d'un peu de joie qui descend.

VI

SANTANDER. — DEUX ROMANCIERS. — LA BAIE
DE NACRE

Santander, 18 septembre.

La meilleure route, de Bilbao à Santander, c'est la mer. Le chemin de fer fait un immense détour, et descend jusqu'à Venta de Baños pour remonter au nord. Une ligne de vapeurs dont le service n'a lieu, malheureusement, que pendant les mois d'été, suit la côte cantabrique, et met les deux villes maritimes à cinq heures l'une de l'autre.

Dès que nous sommes sortis du Nervion, le bateau tourne à gauche, et file droit à l'ouest. Les montagnes, prolongement de nos Pyrénées, ont l'air toutes proches, et sont sauvages, d'une belle teinte mordorée, sous le soleil levant, comme celles de la Sardaigne. Je ne vois pas de maisons, pas de cabanes de pêcheurs sur les falaises grises recouvertes de maquis, pas de champs cultivés. Quelques éboulements de terre, aux flancs de ces solitudes montantes, indiquent des puits de mines. A peine, très distants l'un de l'autre, deux ou trois petits ports serrés entre les roches, penchant leurs toits de tuiles au-dessus de l'eau bleue. La mer est belle, aussi déserte que la terre. Une seule voile, pointue comme une aile, s'en va, splendide de lumière.

Cette navigation, si rude en hiver, si douce aujourd'hui, se termine dans un paysage enchanteur. On double une série de caps aux falaises énormes, nues, éboulées, fendues par les lames, et, tout à coup, une baie s'ouvre, assez profonde pour qu'on n'en voie pas la fin, et les montagnes qui barraient l'horizon s'éloignent en menues dentelles mauves, et la rive droite est pleine d'ilots verts, de groupes d'arbres enveloppant de petits carrés blancs qui se rapprochent, qui se mêlent, qui deviennent une ville. Nous avançons lentement; il y a tant de lumière, tant de ciel, tant de brume fine sur les choses, que je pense aux deux écrivains, et que je comprends.

Vous devinez bien que, dans une pareille mollesse de rives, une ville ne peut manquer de s'endormir un peu. Santander est moins active que sa rivale, Bilbao; elle a de longs quais où sont amarrés quelques navires à vapeur, des voiliers, deux grands steamers qui chauffent pour je ne sais quelle des-

4.

tination lointaine; elle a des maisons de baigneurs, d'artistes, de commerçants enrichis, sur la côte élevée qui borde le golfe et qui se termine par un éperon de rochers d'un jaune ardent, flanqué de deux plages, celle de la Magdalena et celle du Sardinero.

Tout près de la première, dans un site merveilleux d'où le regard peut errer sur toute la baie, habite M. Bénito Pérez Galdós. C'est un homme de cinquante ans, à la physionomie grave, un peu froide, aux moustaches grisonnantes et retombantes, aux cheveux courts, qu'on prendrait, dans une rue de France, pour un officier de cavalerie en civil. Il est venu très souvent en France; il a voyagé; il fait d'assez fréquentes apparitions à Madrid. Sa patrie n'est pas Santander: il est né aux Canaries. Bien qu'il soit attaché au pays d'adoption dont la beauté l'a séduit, il n'est pas lié par ce joug puissant de la terre au point d'avoir donné pour cadre, à la plupart de ses romans, cette province de Santander. Il vit en province et n'est pas, au sens propre du mot, un écrivain provincial. Son œuvre est considérable. S'il m'était permis de la juger sur des impressions nécessairement rapides, sur des lectures en chemin de fer ou en bateau, je dirais que l'auteur me paraît être, en philosophie, un voltairien; en politique, un libéral; qu'il a commencé par écrire des récits patriotiques, à la manière d'Erckmann-Chatrian; qu'il a, plus tard, modifié son genre, et serait plus voisin aujourd'hui, avec toute la différence entre le génie espagnol et le génie anglais, de Thackeray ou de Dickens, je veux dire moins préoccupé des drames de l'histoire que de la peinture des mœurs et de la comédie de la vie. Le style d'un ouvrage étranger nous échappe encore davantage. Cependant, je ne crois pas me tromper en avançant que ceux de M. Pérez Galdós sont surtout remarquables par la composition, par des qualités de plan, de méthode, et par la science du mouvement. Il appartient à l'école ironiste, qui ne laisse voir l'émotion de l'écrivain que par surprise et par hasard.

Dans la conversation que j'ai eue avec lui, M. Pérez Galdós, avec une modestie charmante, m'a surtout parlé de M. de Pereda.

— C'est notre maître, m'a-t-il dit, un grand poète en prose, le plus classique à la fois et le plus novateur de nos écrivains. Je l'aime beaucoup, bien que nous ne pensions pas de même sur plusieurs points. Il a décrit, il a chanté ce pays de la Montaña sous tous ses aspects. Et remarquez-le, tout poète qu'il est, il observe scrupuleusement, il n'hésite pas à employer, dans le dialogue, le mot local, lui qui parle le plus pur castillan. Vous trouverez même dans *Sotileza*, — son chef-d'œuvre, à mon avis, — un vocabulaire de la langue de nos marins et pêcheurs de Santander. Lisez encore *Escenas montanesas* (Scène de la Montaña), et *la Puchera* (le Pot-au-feu), autant de livres de premier ordre. Et voyez l'auteur, si vous le pouvez. Il habite, à quelques lieues d'ici, sa propriété de Polanco. C'est le plus aimable et le plus accueillant des hommes.

J'avais lu, justement, en tête d'un volume : *El Sabor de la Tierruca* (la Saveur du Terroir) — le dixième des œuvres complètes de M. de Pereda — un prologue de M. Pérez Galdós, qui fait le plus grand honneur à chacun des deux amis.

M. Pérez Galdós y raconte comment la lecture des scènes de la Montaña lui donna l'envie de connaître ce pays de Santander, comment il y vint, y fut retenu, et s'y fixa.

« A la porte d'un hôtel, dit-il, je vis pour la première fois celui qui captivait ainsi mon esprit, dans l'ordre des goûts littéraires, et, depuis lors, notre amitié a été s'affirmant avec les années, et s'avivant, chose étrange, avec les discussions. Avant d'entrer en relations avec lui, j'avais entendu dire que Pereda était un ardent partisan de l'absolutisme, et je ne le pouvais croire. On avait beau m'assurer l'avoir vu à Madrid, dans les rangs des députés de la minorité carliste, une pareille idée me paraissait absurde, impossible ; elle ne m'entrait pas dans la tête, comme on dit. Quand je l'eus fréquenté, je fus convaincu de la funeste vérité. Lui-même, par ses furieuses attaques contre tout ce qui m'était sympathique, la confirma pleinement. Mais sa fermeté, son inflexibilité pure et désintéressée et la noble sincérité avec laquelle il exposait et défendait ses idées, m'émerveillèrent à ce point, et complétèrent si bien à mes yeux la physionomie de Pereda, qu'il m'en coûterait aujourd'hui de l'imaginer autrement ; je crois même que sa vigoureuse personnalité perdrait toute sa figure en perdant cette belle unité et ce ton de haut relief. Dans sa manière de penser, il y a beaucoup de sa manière d'écrire : même horreur de la convention, même sincérité... Ceci dit, j'ajoute que Pereda est, comme écrivain, le plus révolutionnaire de nous tous, le moins attaché à la tradition, l'émancipateur par excellence. A défaut d'autres mérites, il aurait encore droit au premier rang par la grande réforme qu'il a faite, en introduisant le langage populaire dans la langue littéraire, en les fondant avec art, en conciliant des formes que nos maîtres de rhétorique les plus distingués déclaraient incompatibles... Une des plus grandes difficultés auxquelles se heurte le roman espagnol, consiste dans le défaut de souplesse de notre langue littéraire pour reproduire les nuances de la conversation courante. Les orateurs et les poètes la maintiennent dans ses anciens moules académiques, la défendent contre les efforts de la conversation, qui tente de la tirer à soi ; le fâcheux régime de douane de ces esprits cultivés la prive de flexibilité. D'autre part, la presse, sauf de rares exceptions, ne se met pas en frais pour donner au langage courant la couleur littéraire, et, de ces vieilles antipathies entre la rhétorique et la conversation, entre l'académie et le journal, résultent d'irréductibles différences entre la manière d'écrire et la manière de parler, ce qui fait le désespoir et l'écueil du romancier. Pour vaincre ces difficultés, nul n'a été plus hardi que Pereda ; il a obtenu de merveilleux succès et nous a offert des modèles qui font de lui un vrai maître en cet art redoutable... Autre chose : Pereda ne vient jamais à Madrid. Pour le voir, il faut aller à Santander ou à sa maison de Polanco, où il vit la majeure partie de l'année, dans une aisance matérielle, un luxe, qui ajoutent un trait de plus à son originalité. C'est un écrivain qui dément, mieux que tout autre en Espagne, la prétendue incompatibilité entre la richesse et le talent... »

Pouvais-je passer près d'un pareil homme, que je n'avais aucune chance de retrouver à Madrid, sans essayer de le voir ? J'avais un mot pour lui. J'ai pris rapidement mon parti, et je suis allé à Polanco. Là, parmi des collines arrondies et largement ouvertes, dans une atmosphère d'une limpidité admirable, un parc entouré de murs, planté de grands arbres que dominent des eucalyptus, s'élève sur une colline; quelques maisons de village s'abritent en arrière. L'une d'elles, près de l'entrée, reconnaissable à son architecture ancienne, un peu plus décorée que les autres, est la *casa solar* des Pereda, et porte, sur sa façade, les armes de la famille. La porte du parc est ouverte. J'entends des rires. Sous les charmilles, deux jeunes filles et un garçon d'une douzaine d'années jouent au croquet. C'est lui qui court prévenir son père. J'avance, par l'allée tournante, dans l'ardente chaleur où monte le dernier parfum des fleurs d'automne, et, à peine suis-je rendu devant le perron d'une villa carrée, de construction récente et soignée, que je vois arriver... J'ai cru d'abord que c'était don Miguel de Cervantès lui-même. Jamais encore je n'avais rencontré ce pur type espagnol, le hidalgo complet de l'histoire et de la légende : le visage long, les cheveux gris en broussailles, le grand nez busqué, les moustaches fortes, la barbiche toute blanche, et des yeux noirs très fins, très bons en même temps, et ce geste noble de la main, qui salue de loin et dit d'avance : « Ma maison est vôtre, monsieur! » M. de Pereda, en veston du matin, était occupé à surveiller des ouvriers qui travaillaient dans un coin du parc. Il m'emmène dans son cabinet, une pièce vaste du rez-de-chaussée, pleine d'objets d'art et de photographies d'artistes.

Nous causons longuement. Il m'interroge sur la littérature de France, et je le questionne sur la littérature d'Espagne. Je l'ai prié de parler lentement, — et pour cause. Mais il a vite oublié. Les phrases lui viennent, abondantes, et je les sens littéraires, lors même que des mots m'échappent, et je reconnais l'éloquence naturelle de la race, rehaussée par le goût d'un esprit cultivé. Sa belle voix grave a des ardeurs de jeunesse. Il ne pose pas. Il parle de lui-même avec simplicité, de son pays avec un enthousiasme mêlé d'un peu de regret. Quand nous en sommes venus là :

— Ah! monsieur, me dit-il, la distance est grande déjà entre la province de Santander que j'ai peinte et celle que vous voyez! Avez-vous rencontré des costumes? Si vous demeuriez parmi nous, pourriez-vous observer ces locutions, ces mœurs toutes particulières qui donnaient leur physionomie originale à nos marins, à nos paysans? Non, tout cela existait dans ma jeunesse, il y a trente ans. Et tout cela disparaît. A peine reste-t-il des traces de ce qui fut une poésie. J'ai essayé de noter, afin de les conserver en quelque manière, ces traits de la vie du peuple, qui allaient s'effacer. Par la psychologie, mes romans sont de tous les pays; par le cadre ils sont de ce pays-ci. J'ai peint la mer et nos marins, la campagne de la plaine, la campagne des monts cultivés. A présent je veux finir par les cimes, et j'écris le roman de la haute montagne, des quelques-uns qui vivent tout là-haut.

Ce que je connaissais des œuvres de M. de Pereda m'avait appris qu'il était un grand artiste, un styliste achevé et un écrivain fécond à la fois. J'avais présente à l'esprit cette description d'un chêne-rouvre, par où débute *El Sabor de la Tierruca*, et qui tient trois pages, des plus fortes qu'on puisse lire. En voyant l'homme, mon impression première s'affirmait. Oui, j'avais devant moi, et j'en ressentais pour lui une sorte de respect ému, un de ces esprits d'élite, faits pour voir, pour comprendre et pour révéler à lui-même le monde qui s'ignore, un de ceux, plus rares encore, qui, possédant cette richesse, n'en ont pas abusé.

— Je sais que vous êtes très aimé, lui dis-je. Vous vivez, dans ce cabinet de travail, au milieu de souvenirs de vos admirateurs. Il y en a qui sont un hommage bien délicat, et qui doivent vous toucher : ce grand tableau, par exemple? Une scène de *Sotileza*, n'est-ce pas?

Nous traversâmes ensemble l'appartement. Au fond, occupant presque tout le panneau, une grande marine représentait une barque, lancée par dix rameurs, gouvernée par un vieux pêcheur debout à l'arrière, et qui franchit les deux lames de la barre de Santander. Au bas, un cartouche portait ces trois mots : « *Jesus, y adentro!* »

— C'est un présent de la ville de Santander, me dit M. de Pereda, qui me fut offert, par souscription, quand je publiai *Sotileza*. Vous voyez, l'homme de barre, le vieux, qui a la responsabilité de la manœuvre, vient de jeter l'invocation traditionnelle, à laquelle ne manquent pas nos marins, même aujourd'hui, par beau ou par mauvais temps; elle est difficile à traduire, elle signifie, à peu près : « Jésus! et confiance maintenant, nous entrons au port! » Voulez-vous voir un autre souvenir donné à l'occasion du même roman?

Sur un chevalet, M. de Pereda désigne un plat d'acier, artistement ciselé, dans un encadrement de bois noir et de velours cramoisi.

— Je tiens beaucoup à cet objet, monsieur, car il me rappelle, mieux que tout autre, la province que j'ai décrite. La petite ville de Torrelavega, la plus voisine de Polanco, et ma capitale, à moi, me l'a donné. Regardez : les titres de mes romans sont gravés au trait, sur les marges, entre les portraits de quatre écrivains, Cervantès, Calderon, Garcilazo et Quevedo, dont les trois derniers sont nés dans cette province ; le bois, sombre comme l'ébène, a été trouvé dans des fouilles, près d'ici, parmi des débris de l'âge romain ; les quatre clous d'airain qui tendent le velours ont été enlevés à une ancienne porte de la ville ; l'acier même du plat provient des minerais de nos montagnes.

Nous continuâmes un peu cette revue, qui prolongeait ma visite et ma joie. M. de Pereda me reconduisit, à travers le parc, sous le couvert des arbres où les cris d'enfants ne montaient plus. Nous nous quittâmes comme ceux qui commencent à s'aimer, et qui ne doivent plus se revoir.

Si vous voulez maintenant, mon ami, savoir ce que j'ai trouvé de nouveau dans ces lieues de campagnes, traversées au trot lent de ma voiture, je vous dirai que c'est d'abord la route elle-même, défoncée, poussiéreuse, bordée d'arbres souffrants ; puis, des bois d'eucalyptus dont il y a une profusion sur les côtes, bois très hauts, touffus seulement de la pointe, sentant l'aromate et sombres comme des futaies de pins qui n'auraient pas d'étincelles aux feuilles; une femme portant, sur sa robe usée, le cordon noir d'un tiers-ordre; des hommes en blouses très courtes, couleur saumon à rayures noires, ou bleues à rayures blanches; une niche de chien, devant une ferme, avec l'inscription : « Garde juré »; un étalage de cruches faites en forme d'oiseaux, ayant, autour du col, un cercle de peinture rouge, et jolies à ravir; des maisons pauvres qu'on dirait abandonnées, laissant pendre au bord du chemin leurs cordons d'oignons roux et de maïs doré.

Sur le quai de Santander, où j'achète un cigare, la marchande me salue de cette formule charmante de congé : « *Vaya usted con Dios!* — Allez avec Dieu! » Un douanier se promène, à l'endroit où eut lieu l'explosion. Il est drapé dans un manteau écarlate et noir, qui lui donne un faux air de Turc. De la terrible catastrophe du 4 novembre 1893, à peine quelques traces, çà et là : un trou dans l'appontement auquel était amarré le navire chargé de dynamite; des barres de fer tordues, éparses sur la voie ou dans les jardins négligés de la cathédrale. Les vingt-trois maisons, détruites par l'incendie, ont été rebâties plus belles qu'auparavant. Les morts sont oubliés. Il fait une nuit lumineuse, tiède, d'une paix presque trop grande, au-dessus de ce théâtre de tant d'agonies. Les quais s'en vont vers le large;

l'œil les suit à la traînée des becs de gaz de plus en plus rapprochés et voilés ; la baie, d'un bleu irréel, transparente, sans une ride, éclairée par la lune, réfléchit les navires, les feux de bord, les étoiles ; on devine confusément, sur la rive opposée, des montagnes qui ont des formes de nuages et des sommets d'argent. Cela ressemble à ces paysages romantiques, tracés en mosaïques de nacre, sur les guéridons d'autrefois. J'ai ri, le premier, de leurs couleurs invraisemblables. Et voilà que je rencontre ici, dans cette nuit d'automne, le rêve réalisé des ouvriers de Nuremberg.

VII

DE SANTANDER A BURGOS. — UN SOLDAT.
LA CATHÉDRALE ET LA CAMPAGNE

Burgos, 20 septembre.

Quatorze heures de route, de Santander à Burgos. C'est un peu long. Je ne la décrirai pas. Mais je tiendrais volontiers le pari que les routes les plus renommées de la Suisse ne sont ni plus grandioses, ni plus variées.

Je ne m'éloigne pas sans un vif regret de ne pouvoir visiter les Asturies, et surtout la Galice, province oubliée dans l'ouest, dont mes amis d'Espagne m'ont raconté des merveilles. L'image de la façade de Saint-Jacques de Compostelle, entrevue sur une page d'album, me poursuit en chemin. Ma pensée reste en arrière, dans ces défilés de Covadunga, près d'Oviédo, où vit encore le souvenir du roi Pélage.

Il s'était réfugié là, le roi vaincu, traqué par les Sarrasins. Avec trois cents compagnons, la dernière espérance de l'Espagne, il se cachait dans des cavernes, et les torrents, pour le mieux défendre, débordaient au pied des rochers. Il se rencontra, dans les villages voisins, des traîtres pour le vendre, et, même aujourd'hui, les habitants de ces villages maudits vivent à l'écart, méprisés, rejetés à cause de la trahison de l'an 737. Un voyageur que j'ai interrogé avait passé là. Il m'a dit la beauté sauvage du pays, les costumes, les vieilles mœurs, les expéditions contre les ours, les semaines dans la montagne, les nuits dehors. Cependant, je ne puis pas m'enfoncer dans cette pointe de la grande Espagne. Le temps me manque. Burgos est devant moi, et Salamanque, et Madrid, et Séville, et Grenade, et le reste. Mais, je ne sais pourquoi, il y a des espérances qui ne consolent pas tout à fait : et je suis triste.

Nous escaladons des rampes formidables, avec des vues de hauts pâturages où errent des troupeaux de juments. Peu à peu, et à force de me voir vis-à-vis de lui, immobile dans mon coin de wagon, un officier supérieur d'infanterie espagnole m'adresse la parole. Il est en civil. Je lui fais compliment de son chapeau de feutre gris, à larges bords plats, d'une forme autrefois « lancée » je crois, par les toreros, et très à la mode en Espagne, depuis quelques années. Aussitôt, il se lève, prend le chapeau qu'il avait posé dans le filet, et me le présente : « Il est à vous! » me dit-il. Je suis tenté de sourire, en pensant à la figure qu'il ferait, si j'acceptais. Je connais l'usage, et je remercie. Nous conservons chacun notre chapeau. Mais la glace est rompue. Elle se brise entièrement quand j'ai accepté un œuf dur, car il y a peu de buffets, sur cette longue ligne. On trouve seulement, çà et là, aux stations, des marchands qui vendent un verre d'eau glacée, colorée et parfumée avec un doigt de liqueur d'anis, ou légèrement sucrée avec une de ces petites meringues, qui fondent instantanément, et qu'on nomme *azucarillo*. L'officier, comme mes autres voisins, a emporté son déjeuner. Quand il l'a terminé, en buvant un gobelet de cette délicieuse *licor de Ojen*, qui ne franchit guère nos frontières, et qu'il a proposée, d'ailleurs, à tout le wagon, pour répondre à de multiples propositions de poulet froid et de jambon, il est d'humeur causante. Ses traits durs, un peu lourds, se sont détendus. Je vois l'homme tel qu'i. doit être dans sa famille ou parmi ses camarades : très franc, de jugement sain, assez drôle et peu rieur, vite emballé, bon homme au fond. Il se plaint qu'on n'augmente pas assez les forces militaires de l'Espagne.

— Nous devrions avoir une forte marine, pour appuyer notre politique extérieure. Car nous avons des ambitions, et vous devinez lesquelles, mais nous n'avons pas assez de navires pour les appuyer.

Quant à l'armée de terre, elle a trois rôles à jouer, chez nous : donner aux autres nations une idée suffisante de notre puissance pour qu'on tienne compte de l'Espagne ; défendre le territoire en cas d'invasion ; réprimer les soulèvements, soit ceux du midi républicain, soit ceux du nord carliste, soit ceux que des causes occasionnelles, — la misère par exemple, — peuvent susciter. Eh bien ! je crois que nous n'avons rien à redouter de l'étranger. On sait la belle contenance que fait l'Espagne en pareil cas. Mais, si nous avions une guerre intérieure, toujours possible, malgré l'apaisement actuel, je dis que nos postes ne sont pas assez nombreux, et que nos contingents ne sont pas assez forts.

Je ne pouvais rien répondre sur ce point. Je demandai :

— Vous avez des soldats de toutes les provinces, dans les mêmes régiments. Comment se comportent-ils les uns vis-à-vis des autres, et quelle est leur valeur militaire ?

— Vous n'ignorez pas que les Espagnols possèdent deux des qualités de premier ordre qui font le bon soldat : ils sont sobres, et ils sont résistants à la fatigue. Cela est vrai des Espagnols de toutes les classes sociales et de toutes les provinces. Nos soldats supportent donc, sans se plaindre, les plus longues marches, la chaleur, le froid, les irrégularités même de l'intendance, et peu importe la nationalité : qu'ils soient Andalous ou Navarrais,

Galiciens ou Aragonais. Tous ont cette vigueur de tempérament, de même qu'ils ont tous, étant jeunes et exempts de soucis, la gaîté. Ils chantent à la caserne, en promenade militaire, à la salle de police, et j'en ai entendu chanter après la bataille, en Afrique, lorsqu'ils avaient, cependant, perdu de leurs camarades. Simple effet de soleil, monsieur, et besoin d'expansion d'une race méridionale. Mais, à part ces points communs, il est vrai de dire que les hommes de provinces différentes offrent des types bien tranchés, de valeur militaire inégale. C'est l'histoire de l'Italie, de l'Allemagne...

— Même un peu de la France. Et quel est le meilleur de tous?

— Le Castillan.

— Vous en êtes un?

— Oui, monsieur. Je suis castillan de Castille. Je ne fais que répéter une vérité banale en vous disant que le soldat de mon pays est supérieurement brave. Il est capable de cette bravoure froide qu'il a montrée à Rocroy, et de cette impétuosité dont il a fait preuve dans l'attaque de Tétuan. Au régiment, nous le trouvons obéissant et surtout d'humeur égale. Sans aimer l'aventure, il ne déteste pas l'inconnu. Il s'accoutume vite, et comprend de même le métier. Je donnerais le second rang aux Navarrais et aux Aragonais, bons soldats aussi, mais plus durs, plus orgueilleux, portés à résister, quand un ordre ne leur paraît pas entièrement justifié.

— Et les Galiciens, auxquels j'ai tant songé aujourd'hui ?

— Oh ! attendez ! Après les Castillans, les Navarrais et les Aragonais, je crois que nos meilleurs contingents nous viennent des côtes du Levant. Les hommes de ces provinces, Alicante, Valence, Barcelone, sont, en général, très dociles et pleins de bonne volonté. Leur formation militaire est plus lente. Ils sont excellents après deux ans de service. Vos amis les *Gallegos* ont, au contraire, de gros défauts, et qui durent. Ce sont nos Auvergnats. J'ignore si la réputation des vôtres est méritée. Celle des Galiciens l'est assurément. Ils ont la tête dure ; ils passent pour extrêmement intéressés. De plus, ces pauvres conscrits, qui nous arrivent de leur province reculée, où les habitudes de la vie sont tout à fait à part, comme le climat et le paysage, souffrent cruellement du mal du pays, de la *morriña*, comme ils disent. Dans les premiers mois de leur service, ils ne peuvent se décider à sortir de la caserne. Beaucoup sont atteints de maladies de poitrine. Beaucoup dépérissent. Je les préfère pourtant au soldat andalou. Celui-là ne manque pas de gaîté, ni de décision, ni de brillant. Mais quelle mobilité ! quelle indiscipline native ! quel sentiment de l'individualisme hérité des Arabes ! Et le pis, c'est que l'Andalou, dans nos régiments, donne le ton, comme les ouvriers de Paris dans les vôtres, qu'on imite sa façon de parler, de se tenir et de penser.

— Et quand ces races se rencontrent, monsieur, s'accordent-elles?

— Toutes ne sympathisent pas à la caserne. Les malentendus sont fréquents entre Aragonais et Galiciens, entre Andalous et Catalans. Mais, en campagne, ou même en marche, il n'y a plus que des soldats espagnols.

— Et qui chantent? Je voudrais bien entendre vos chansons de soldats!

— Je n'ai pas de voix, sauf celle de commandement, dit l'officier, avec un bon sourire sous ses grosses moustaches. Sans cela...

Il réfléchit quelques minutes, en regardant, par la portière, les horizons qui changeaient et s'élargissaient en grandes plaines.

— Je me rappelle quelques couplets... parmi ceux qu'on peut répéter. En voici deux d'une *jota* : « Un artilleur vaut mieux, — vêtu de son bourgeron, — que quatre cents fantassins, — en tenue de gala. — L'artillerie, c'est de l'or, — la cavalerie de l'argent, — les chasseurs et les fantassins, — c'est de la monnaie qui ne passe pas. » Je n'ai pas besoin d'ajouter, monsieur, que ce ne sont pas nos soldats d'infanterie qui chantent cela. J'entends encore plus souvent la chanson élégiaque.

— Par exemple.

— Ce couplet d'une *petenera* : « Quand je passe par la rue, — j'achète du pain, et je vais mangeant,

— pour que ta mère ne dise pas — que je viens là pour te voir. »

— Très joli !

— Ils sont amoureux, nos conscrits. Ils ont le cœur espagnol, très tendre, occupé de bonne heure d'un rêve féminin, et exprimant ce rêve, à la manière arabe, sur un mode très triste. Leur grande joie est de sortir avec la *novia*, la fiancée, quelquefois avec les *novias* entre lesquelles ils choisiront un jour. Aussi, la punition par excellence consiste à les consigner au quartier. Tenez, cette *playera* encore, qui doit être bien ancienne. Je vous préviens que je change un peu la fin : « Je te promets de t'envoyer, — quand j'irai à la bataille, — plus de cent cœurs de Maures, — dans un panier. — Dans un panier, — ô trésor de ma vie, — afin que tu en paves ta cour, — et que tu craches dessus ! » Et les Andalous ont aussi leur refrain favori, où revient sans cesse le nom de Séville. Je voudrais vous faire entendre ceci, dit par une voix jeune et bien timbrée : « Séville de mon âme, — Séville de ma joie, — qui ne voudrait être à Séville, — dût-il y dormir sur la terre ! »

. . . .

Cette rencontre, cette conversation, ces paysages, tout cela, c'était hier. Aujourd'hui, je suis à Burgos. Je traverse, en plein jour, cette ville aperçue vaguement sous la lune. Je marche dans le vent qui crible les yeux de poussière fine, et met une neige grise aux frontons de toutes les portes. La voilà donc, la Castille, terre dure et illustre! Je monte, pour en voir plus grand, au sommet des tours de la cathédrale. Étrange pays! La ville, aux contours nets, et puis plus une maison, pas un groupe d'arbres, pas une haie : rien qu'un cercle de plaine nue, désolée et ardente. Les pentes de chaume montent de toutes parts à la rencontre du ciel bleu. Les guérets nouveaux font parmi comme des coulures brunes. En fermant à demi les yeux, tout se mêle en une teinte sans nom, celle de la sécheresse et de l'aridité. Burgos est au milieu, mais on le voit à peine. Le regard est attiré par ce désert immense qui l'enveloppe, où le soleil partout rayonne également, où l'absence de limites, marquant les héritages, laisse flotter dans l'esprit une vision de royaume. La poussière qui vole indique seule les routes. Quand elle a disparu, l'étendue est sans chemins. C'est la triste Castille, la contrée de hauts plateaux pierreux, semés de blé, où il n'y a pas de fermes, mais des bourgs espacés. Le muletier découvre, le matin, le pueblo où il couchera le soir. Il l'a devant lui tout le jour, et il va, n'ayant d'autre ombre autour de lui que celle de son chapeau, des oreilles de sa mule, du manche de son fouet, ou d'un nuage qui file dans la poussée du vent de nord.

Quand on descend des tours, avec la campagne de Burgos encore présente à l'âme, on comprend mieux ce prodigieux monument qu'est la cathédrale, une des plus vastes, la plus sombre et la plus ornée de celles que j'ai visitées. Sans doute la foi l'a bâtie. Elle a été l'inspiratrice, la trésorière, puis la gardienne du chef-d'œuvre. Elle lui a donné les proportions colossales qu'elle avait elle-même ; elle a signé les statues lancées dans les airs, au sommet de la coupole, si haut qu'on ne les voit plus, et les frises au bas des portes, cachées dans la poussière et heurtées des passants. On reconnaît, dans la profusion des richesses accumulées, l'esprit des vieux Castillans, qui disaient tous, homme du peuple ou hidalgos, ce mot que l'Espagne d'aujourd'hui répète encore avec orgueil : « Peu importe que ma maison soit étroite et pauvre, pourvu que celle de Dieu soit riche ! » Cependant là n'est pas toute l'explication, et le génie des artistes qui édifièrent à Burgos cette merveille du monde, et la générosité de ceux qui donnèrent sans compter et sans se lasser pendant deux siècles, obéissaient encore à d'autres influences. La Castille était déjà sans arbres et triste comme à présent. Ses habitants vivaient déjà étroitement confinés dans leurs villes, sans châteaux ni maisons de plaisance ; même on n'y voyait pas, dans toute la plaine, une seule de ces belles promenades, où la foule va chercher le peu de rêve et de repos qu'il lui faut pour porter la vie. L'église qu'on bâtissait fut la grande revanche. Elle fut le jardin, la forêt, l'ombre, l'eau vive, le paradis qui ouvre les joies qu'on n'a pas eues. Elle eut plus de colonnes et de

colonnettes que les futaies n'ont de branches ; plus
de feuilles sculptées, en bas, en haut, sur le bois
des autels, sur la pierre des murs, sur les retombées
des chapiteaux, qu'il n'en pousse en une saison de
printemps dans la vallée d'un fleuve ; elle eut plus
de fleurs ouvertes, dessinées, peintes ou taillées dans
le marbre et plus d'oiseaux qu'on n'en vit jamais
dans la morne Castille ; les vitraux donnèrent leurs
clartés d'aurore ou de couchant, leurs chutes de
rayons clairs pareilles à celles des gaves ; les anges
s'envolèrent et se rangèrent en cercle autour de la
coupole ; les clochetons montèrent au-dessus des
toits, pressés comme des pointes d'arbres : et les
habitants de Burgos, entrant dans leur cathédrale,
trouvèrent qu'il ne manquait rien à qui la possédait.

Vraiment, cette cathédrale est tout Burgos. L'idéal
de plusieurs générations d'hommes s'est exprimé
par elle. Je ne puis toucher sans émotion ces
grilles de fer forgé qui ferment les chapelles, travail admirable dont le mérite disparaît dans la
splendeur de l'ensemble ; je pense aux ouvriers qui,
patiemment, tordaient et limaient ces rosaces, ces
pampres de métal, destinés à garder seulement
d'autres trésors, et qui devaient coûter tant de
peine, et donner si peu de gloire. Pourtant, pas
une imperfection ne s'y montre. Et ces retables, qui
portent, jusqu'à la naissance des voûtes, leurs histoires en bas-reliefs, dont les dernières sont noyées
d'éternel crépuscule ! Et ces colonnes du chœur,

dont tant de détails sont perdus dans l'ombre ! Voilà ce qu'un passant comme moi n'aura jamais fini de voir, et ce qui fait qu'on s'accuse, en descendant les marches qui ramènent dans la rue, d'une sorte d'ingratitude. N'avoir donné qu'une heure ou deux à l'œuvre de tant d'années, n'avoir que deviné ces artistes de génie, dont la pensée est là, entière et méconnue ! C'est un regret qui vous suit.

Burgos n'est pas pour le dissiper. La ville n'a pas conservé sa physionomie de cité capitale. Elle a peu de palais anciens, peu de balcons de fer avançants. Une porte monumentale, un mur coupé de torsades élégantes ou décoré d'armoiries, s'élèvent çà et là entre des files de maisons de date récente, mais dont aucune n'est jeune. La poussière a donné la même teinte jaunâtre aux constructions de tous les âges. Des allées d'ormeaux tristes, sans autres promeneurs que les muletiers qui cheminent, espacés, vers les campagnes où ils se perdront bientôt, longent un moment le bord de l'Arlanzon, filet d'eau tout menu dans un grand lit de cailloux. Le silence seul de cette ville et l'espèce de recueillement qu'on y respire rappellent sa dignité passée. Elle ressemble à une veuve très fidèle. Ceux qui connaissent bien Burgos affirment que ses habitants ont encore la vie simple, retirée et religieuse qui fut celle de toute l'Espagne, aux grandes époques. Beaucoup de familles nobles y gardent les anciens usages. Le carlisme y compte des adhérents nombreux. Ils y vivent comme y vivaient les ancêtres. Le monde seul a changé autour d'eux, et les hommes que j'ai vus là m'ont donné l'impression que les provinces d'Espagne, quelques-unes du moins, conservaient encore une aristocratie, nullement dégénérée, tenue en disponibilité par sa faute ou, si l'on veut, par sa volonté, mais capable d'en sortir et de jouer, dans l'État, le rôle qu'elle a déjà tenu.

J'ai retrouvé, à l'hôtel, mon ami, M. d'A..., qui doit faire désormais avec moi une partie du voyage. Ensemble nous avons visité le couvent de las Huelgas, monastère de dames nobles, au bord des campagnes poudreuses, puis, revenant dans l'intérieur de la ville, au coucher du soleil, je l'accompagne chez un de ses parents, avocat des plus distingués de Burgos. La conversation s'engage sur des questions de droit rural. J'apprends que ces vastes espaces, qu'on dirait sans aucune séparation, sont au contraire possédés par un nombre incroyable de propriétaires ; qu'on rencontre fréquemment des propriétés foncières d'un ou de deux sillons, et des ventes immobilières dont l'enchère se monte à quatre-vingts ou cent pesetas. Notre hôte m'explique les transformations profondes qu'a subies la campagne de Castille : division du sol ; abandon des pueblos par les anciens seigneurs qui vivaient parmi les paysans, confinés là par la tradition et par la difficulté des voyages ; déboisement des montagnes, ininterrompu depuis des siècles, et devenu un mal peut-être sans remède. Je l'écoute, puis je demande brusquement :

— Cette Espagne, qui fut à la tête des nations, la plus riche et la plus puissante, comment a-t-elle perdu son rang? Depuis que je l'étudie, je crois voir que la race ne s'est pas abâtardie, ce qui eût été une explication. Pourquoi alors n'a-t-elle pas retrouvé tout son passé?

Celui à qui je m'adresse me considère une minute, le temps de mettre un peu d'ordre dans les pensées qui traversent son regard, en beau tumulte, et il a l'air de se contenir encore lorsqu'il parle, et il est d'une éloquence fougueuse, qui m'enchante comme tous les cris d'âme.

— Vous devriez plutôt me demander, monsieur, pourquoi elle n'est pas morte! Vingt autres nations auraient succombé, quand la nôtre a résisté. Nous avons eu tout contre nous, la corruption, les armes, les divisions intérieures, et nous vivons! Vous parlez de notre richesse après la découverte de l'Amérique? Ç'a été la plus redoutable des invasions, celle de l'or, qui nous arrivait à pleins navires. Elle déshabitua ce pays du travail. Il a cru que la fortune continuerait à affluer vers lui, comme un tribut perpétuel payé à celui qui avait donné au monde un monde nouveau, et, à l'heure où les industries se développaient chez les autres peuples, elles dépérissaient chez nous. Nous souffrons encore de cette gloire d'avoir découvert l'Amérique! Et depuis, que de secousses, que de bouleversements! L'Espagne était appauvrie, et les guerres l'ont ruinée. Comptez seulement les crises que nous avons traversées en ce siècle! Comme alliés de la France, nous perdons notre flotte à Trafalgar. Dès le lendemain, les rôles sont intervertis. Vos armées violent notre territoire, prennent et pillent nos villes, les trésors de nos cathédrales et de nos musées. Les Anglais, au contraire, deviennent nos alliés. Mais quels alliés! Vous autres, vous détruisez avec une rage aveugle. Eux, ils rasent les fabriques de coton, sous prétexte de nous défendre, ils tuent en germe la concurrence future, ils brûlent Saint-Sébastien qui pouvait leur porter ombrage. L'histoire n'a pas dit toutes les ruines qu'ils ont faites. Elle n'a parlé que des vôtres. Amis et ennemis nous ont été funestes, cependant, et nous n'avons pu nous délivrer ni des uns, ni des autres. L'Angleterre a gardé comme avant, Gibraltar, et vous nous avez laissé vos idées, ferments de divisions, causes nouvelles de faiblesse. Les révolutions ont achevé l'œuvre : guerres carlistes, insurrections populaires, pronunciamientos de soldats, essais de république, restaurations de monarchie absolue, régimes constitutionnels, rois indigènes, rois étrangers, nous avons tout connu, mais surtout le mal que font tant de changements. Étonnez-vous, après cela, que l'Espagne ne possède pas un commerce florissant, une industrie développée, et qu'il y ait de la poussière dans les rouages de son administration!

— J'avais entendu raconter, lui dis-je, qu'il fallait aller chercher l'éloquence dans le midi de l'Espagne. Je vois bien que le nord n'en est pas dépourvu.

Il me tendit la main, affectueusement, et reprit, poursuivant son idée :

— Vous avez raison de croire à la vitalité de l'Espagne. Elle n'a jamais été une nation déchue. Elle a été une nation blessée.

VIII

VALLADOLID. — LA FORTUNE D'UN TORERO.
LA CORRIDA INTERROMPUE

Valladolid, 23 septembre.

Une ville très étendue, celle-là, de figure moderne, l'une des plus importantes garnisons de l'Espagne. Elle est vivante. Je l'ai vue dans la fièvre des fêtes. A onze heures du soir, hier, les rues étaient pleines de beau monde, qui bavardait, et de pauvres gens qui faisaient leur lit. J'ai pu observer que les riches Espagnoles s'habillent bien, — puisqu'elles nuancent, à leur usage, les modes de Paris, — et qu'elles ont une manière de regarder qui n'est pas celle d'une Parisienne. A Paris, c'est le feu à éclats. Un éclair bleu, vert, jaune pâle, vite détourné. Le navire est averti. ci les yeux vous suivent un moment, tout ouverts, très noirs, un peu hautains, et on a l'impression qu'on est photographié. J'ai surpris beaucoup de ces photographies avec pose, car les jeunes filles étaient nombreuses sous les arcades, et les jeunes officiers également. Pour quelques-unes, il faut croire que l'épreuve était mauvaise, car on les a recommencées. Et j'admirais la splendeur sombre et l'espèce de passion grave et contenue de ces yeux, tandis que les lèvres, et le port de la tête, et le mouvement de l'éventail, et la grâce de tout le corps, demeuraient spirituels, animés et souriants. Près de cette foule, sur la place, au bord des trottoirs, des marchands de légumes, des paysans, des bourgeois de la campagne, qui n'avaient pu trouver place dans les posadas, se roulaient dans leur couverture, et s'endormaient. Deux enfants et leur mère, vendeurs de ces melons dont on mange la pulpe, au cirque, et dont on jette la coque aux toreros malheureux, s'étaient entourés de quatre murs de fruits verts, et, étendus au milieu, la tête sur un melon, attendaient le petit jour. Je les ai enviés. J'ai dû coucher sur une table de café. Les hôtels avaient loué jusqu'aux fauteuils des salons d'attente. Et la raison, vous la devinez, n'est-ce pas? Reverte, Guerrita, et six taureaux de Veraguas.

Je m'étais promis de ne pas parler des courses de taureaux. Je croyais cela possible. Mais non, j'ai tout de suite senti, en pénétrant en Espagne, que je ne pourrais pas tenir ma promesse. La corrida est bien plus qu'un amusement: c'est une institution.

Je ne veux rien juger encore. J'attends Madrid ou Séville. Mais je veux dire au moins quelques jugements de la presse, concernant Guerrita, et raconter l'incident dont tout le monde s'entretient aujourd'hui.

Applaudir Guerrita, l'honneur n'est pas mince. Le célèbre torero a sans doute ses ennemis et ses jaloux, qui l'accusent de ne pas être classique, et de manquer de sérieux avec le taureau, qui n'en manque jamais. Ils murmurent que le grand art disparaît ; mais leurs protestations se perdent dans le bruit des acclamations et le tintement des pièces d'or. Guerrita est, de beaucoup, le plus occupé de la corporation. Je viens de lire que son gain probable de la saison, — non encore terminée, — sera de trois cent quatre-vingt mille francs ; qu'il a dépêché, cette année, deux cents taureaux, et doit en tuer encore une vingtaine. Depuis qu'il a reçu l'*alternativa*, depuis qu'on l'a armé chevalier, le nombre de ses victimes peut s'évaluer à plus de mille quatre cents, et ses économies à plus de trois millions. On invente pour lui des qualificatifs admirables ; — défiez-vous, d'ailleurs, de cette grandiloquence, que nous prenons trop au sérieux, et que souligne, le plus souvent, un petit sourire que je connais. Un journal l'appelle : « *El monstruo Cordobés*, le monstre de Cordoue » ; un autre « l'unique représentant du grand califat de Cordoue »; un autre loue « sa suprême intelligence », et déclare que, dans la dernière course, il s'est montré napoléonien, *napoleónico*.

Je l'ai vu dans la belle arène de Valladolid, bâtie, selon la coutume, à l'une des extrémités de la ville. Il était, comme toujours, d'une élégance raffinée, mais nerveux et mécontent, car de grosses bourrasques passaient dans le ciel de Castille ; la pluie gâtait les costumes brodés d'or et d'argent, et mouillait le terrain. A plusieurs reprises, Guerrita avait levé son front soucieux vers les nuages, et le public avait frémi à la pensée que les courses pourraient être interrompues. Des groupes d'hommes, debout sur les gradins, signalaient du doigt les éclaircies qui venaient entre deux giboulées. Quatre taureaux étaient déjà morts. Le président, impassible dans sa loge, ne paraissait pas s'apercevoir des marques d'évidente mauvaise humeur que donnaient les espadas. Entre le quatrième et le cinquième Veraguas, il y eut cependant un intervalle. Une énorme nuée tendait déjà la moitié du cirque d'un voile couleur de plomb. La cuadrilla de Reverte était en rang de bataille en face du toril. Tout à coup, la sonnerie d'usage retentit, le taureau s'élance. A peine a-t-il franchi au galop le premier tiers de l'arène, qu'il s'arrête, saisi et comme cloué à terre par une pluie torrentielle. Tous les parapluies s'ouvrent, mais personne ne s'en va. Guerrita se baisse, prend une poignée de terre, et la jette aux pieds de Reverte. Puis il fait signe aux picadors, aux banderilleros, à son camarade, de se retirer aussitôt. En quelques secondes, toutes les capas rouges, les manteaux brodés, tous les mollets tendus de soie rose ont disparu de l'arène. Le taureau reste seul, immobile et stupide. Des clameurs de colère s'élèvent de tous côtés. On se précipite vers les portes. J'arrive à temps pour apercevoir deux voitures pleines de toreros, qui filent grand train vers la ville. Le président, dont l'autorité a été méconnue, s'est fâché. Il envoie des gendarmes à cheval à la poursuite des fugitifs. Ceux-ci ont eu le temps de gagner leur hôtel. Ils y sont arrêtés. Guerrita, qui n'a pas quitté la *plaza de toros*, est également appréhendé au corps. Le représentant du grand califat de Cordoue rejoint ses camarades à la prison. Tout Valladolid est en émoi. Des dépêches sont lancées dans toutes les directions. On ne cause plus que de l'incident de l'après-midi. Quelqu'un près de moi, dans un café, annonce que Guerrita vient d'expédier un télégramme à sa femme, pour la rassurer. A dix heures du soir, on apprend que les délinquants ont été relâchés, après un interrogatoire sommaire du juge d'instruction. Les journaux répètent les mots de Guerrita. Il a subi dignement l'épreuve. Sa gloire le met au-dessus des rancunes vulgaires. Il a dit, en franchissant le seuil de la prison : « S'il plaît à Dieu, je n'en tuerai pas moins le taureau, l'an prochain, sur la place de Valladolid

IX

LES DEUX PAYSAGES

En chemin de fer.

Vous m'aviez demandé, mon ami : « Regardez bien ces paysages de Castille dont on dit tant de mal, afin de me les décrire. » Je puis vous répondre déjà. J'ai traversé un coin du Léon et une moitié de la Vieille-Castille ; je sais que la Nouvelle ressemble à celle-ci ; que la plus grande partie de l'Estramadure n'en diffère pas beaucoup. Et il est permis d'affirmer, je crois, en élargissant la question, que, — si l'on excepte les contrées du nord et du nord-est, qui sont pyrénéennes, et l'Andalousie sœur de l'Afrique, pays de contrastes, pays de palmiers et d'œillets rouges au pied des montagnes neigeuses, de roches brûlées et de prairies vertes, — l'Espagne n'a que deux paysages.

Le premier, le moins commun, est la forêt, non pas la forêt de France, faite de chênes, d'ormes, de hêtres élancés, mais le bois clairsemé, le maquis sans routes, planté de chênes-verts aux formes rondes, qui dessinent des courbes sur le bleu net du ciel. Dans la saison d'automne, le soleil a fané la moisson d'herbes poussée entre les troncs des arbres. Il reste des tiges de lis rouges devenues couleur de terre, des touffes sèches de lavande, des chardons de six pieds de haut, si bien branchus, si dignes, si castillans d'attitude, qu'on les prendrait pour des candélabres d'église qui ne seraient jamais époussetés. Mais la verdure des chênes ne change pas. A peine se ternit-elle, à cause de la poussière soulevée par les troupeaux, bandes de porcs noirs ou bruns errants à la glandée, bandes de moutons et de chèvres, que mène, au petit pas, un berger coiffé d'un chapeau pointu, enveloppé d'un manteau de bure traînant sur l'herbe. La forêt, inexploitée, pillée plutôt par les habitants des bourgs voisins, solitaire, sans maisons de garde ni huttes de bûcherons, donne une impression de sauvagerie et d'abandon que ne donnent pas les nôtres.

Parfois, si elle couvre, comme il arrive, un plateau de montagne, elle descend tout à coup la pente d'un ravin, et laisse apercevoir, dans l'ouverture dentelée des chênes-verts, de grands espaces de nuances claires, qui sont les plaines d'en bas, et où l'ombre des collines, les routes, les rochers, sont mêlés et disparaissent dans le poudroiement du soleil.

Dès qu'on sort de la forêt, c'est le grand plateau désolé, pierreux et cependant cultivé. La Vieille et la Nouvelle-Castille, l'Estramadure, presque une moitié de l'Espagne n'est ainsi, au printemps, qu'un vaste champ de blé vert; en été, qu'un vaste champ de chaume, à l'horizon duquel se profilent, vifs ou brumeux d'arêtes, des cercles de montagnes. Parfois la plaine est tout unie jusqu'à son extrême bord; les nuages pèsent sur la terre même, et le soleil se lève droit au-dessus d'un sillon. Tristes étendues, dont la Beauce elle-même ne peut donner l'idée. Il n'y a pas d'arbres, mais pas de fermes non plus. Les hommes qui labourent ce sol viennent des bourgs très éloignés l'un de l'autre, bâtis en pierre jaune ou en briques, et qu'on distinguerait à peine de la terre, sans la tour du clocher, rose dans la lumière. Ils arrivent le matin, les paysans de Castille, à cheval sur leurs petits ânes; ils descendent de leur monture; déchargent les provisions qu'elle porte dans les deux bâts attachés à son dos, et l'attellent à la plus primitive des charrues : un simple soc de bois muni d'un seul manche, avec lequel ils feront sauter, tant que le jour durera, un peu de poussière fertile et beaucoup de cailloux. Après les semailles, après la récolte, pendant des mois, l'espace, où rien n'est semé que le froment, le seigle et l'orge, demeure sans mouvement, comme un grand miroir craquelé par le soleil.

La moindre tache, sur cette nappe d'un seul ton, attire aussitôt le regard : c'est une caravane de mulets noirs, qui passent, pomponnés de rouge, partis dès le matin, à l'heure où, dans les lointains immenses, on commence à voir le village, l'unique village de la plaine, plus petit et plus pâle devant soi qu'une fleur de centaurée sauvage; c'est un troupeau de bœufs broutant, au ras des pierres qui font de l'ombre, les brins d'herbe échappés à la chaleur de midi; c'est un simple sentier tracé dans les mottes, par la fantaisie des hommes et des bêtes, où bien encore une fissure profonde, large de plusieurs mètres, aux bords de boue séchée, par où se sont précipitées, en hiver, les pluies dévastatrices. Bien souvent, il y a moins encore : un petit épervier, poursuivant je ne sais quoi dans cette désolation, glisse et semble porter, sur ses deux ailes fauves, toute la vie de la plaine. Je me suis endormi en chemin de fer, au milieu de ce paysage, que je retrouve au réveil, identiquement le même, comme si de toute la nuit nous n'avions pas bougé.

Le proverbe espagnol, d'un mot, dit tout cela :

« L'alouette qui voyage à travers la Castille doit emporter son grain. »

X

SALAMANQUE LA VILLE ROSE

Salamanque, 24 septembre.

Salamanque est située dans une de ces plaines mornes. Beaucoup de voyageurs ne la visitent pas, parce qu'elle se trouve en dehors de la ligne de Madrid et assez loin dans l'ouest. De plus, si, pour une cause ou une autre, on s'arrête à Medina del Campo, tête de l'embranchement, et le plus affreux des villages, on n'a que le choix entre un train à deux heures et demie du matin et un autre à cinq heures et demie du matin. Enfin la route est triste, en avant, en arrière et sur les deux côtés.

Mais la ville, dès qu'elle se montre, dédommage de tous les sacrifices qu'on a faits pour l'atteindre. Elle sourit à celui qui vient. Oh! oui, les villes ont un regard, qu'on rencontre tout de suite, sévère ou accueillant, et qui laisse deviner d'avance l'impression que nous emporterons d'elles. Et Salamanque est souriante. Au milieu de la plaine, dans la lumière fine, elle lève les toits rapprochés de ses maisons et de ses palais, masse dentelée qui monte, couronnée par la cathédrale, et qui ressemble à un grand diadème, couleur de rose-thé, posé sur la terre sans arbres. Ce n'est point une illusion de la distance ou de l'heure. Entrez, parcourez cette ville qui pourrait loger la population de deux ou trois de ses voisines sans bâtir un pan de mur; longez ces rues qui ne sont souvent bordées que de deux monuments, de styles différents et d'égale majesté; voyez l'ancienne cathédrale, qui est une forteresse, la nouvelle qui est une dentelle avec deux clochers dessus; l'Université; la *Maison des Coquilles*, rêvée par un pèlerin de Jérusalem; descendez sur la rive du Tormès, où se dressent des fragments de remparts éboulés; remontez vers les boulevards nouveaux, d'où la vue plonge sur des cascades de toits et des terrasses unies : vous ne sortirez pas du rose. Elle vous poursuivra, elle vous réjouira, la jolie teinte de la pierre du pays, ou de la poussière, ou du ciel, car je ne sais d'où elle vient, et vous aurez la sensation que j'ai eue : celle d'un immense atelier de sculpture, où sécheraient encore des milliers de terres cuites, pendues le long des murailles, à la lueur du couchant.

On disait autrefois : « A Salamanque, vingt-cinq

paroisses, vingt-cinq couvents d'hommes, vingt-cinq couvents de femmes, vingt-cinq collèges, vingt-cinq arches de pont. » Sauf le vieux pont romain, que les eaux du Tormès ont aminci par la base, mais n'ont pu renverser, tous ces monuments ne sont pas restés debout. Les uns ont été détruits pendant l'invasion française, au temps de cette *Francesada* dont le nom, que j'ai entendu prononcer par des gens du menu peuple, au fond d'un village perdu dans la campagne de Burgos, résonnait tristement à mon oreille, comme une plainte amère et juste; les autres, plus nombreux qu'on ne l'a dit, ont été démolis par les acheteurs de biens d'Église, et leurs belles pierres ouvragées sont à jamais ensevelies sous le ciment d'un mur de jardin. Il en reste assez pour la gloire de Salamanque, assez pour donner place à cette douce ville parmi celles qui forment le musée du monde, et qui sont en dehors de la lutte moderne, dispensées de service par leur glorieux passé.

Aussi, je m'indigne quand on m'apprend que certains Salamanquinais rêvent pour leur patrie un avenir industriel, qu'ils énumèrent avec complaisance les fabriques d'amidon, les fonderies, les tanneries, qui se cachent, paraît-il, dans le dédale des rues roses; je refuse de les croire; et, pour m'assurer que Salamanque est bien encore le vieux docteur, à l'âme spéculative, qu'on salue avec une idée respectueuse d'in-folio dans l'esprit, je tente une expérience : je fais le tour de la Plaza Mayor.

Ce pâtissier, par exemple, dont la boutique est si bien située, au centre des arcades, et, comme disent les affiches, « au centre des affaires », serait-il un novateur, un convaincu des progrès de son art? J'entre, et, parmi les petits gâteaux, d'espèces classiques, notamment les choux à la crème, qu'on appelle ici d'un nom français, « petits choux », j'aperçois une assiette de morue frite, une autre de sardines grillées, ce qui est tout bonnement conforme aux anciennes traditions espagnoles. On aurait pu voir cet étalage, et ces voisinages curieux, du vivant du mathématicien Pedro Ciruelo, que l'Université de Salamanque voulut bien céder à sa sœur de Paris.

A côté, je m'arrête devant la boutique d'un libraire. Il a peut-être des trésors cachés. Mais les livres exposés ne le disent pas. Ils ont été choisis avec un éclectisme généreux : c'est tout le mérite de la montre. Je compte jusqu'à neuf volumes : les *Mémoires* de Stuart Mill; *Rome*, par Taine; *le Caucase*, par Léon Tolstoï; *le Suicide*, par Caro; *un Nid de seigneurs*, par Tourguéneff; *les Salons célèbres*, de Sophie Gay; un livre de l'Italien Lombroso; les *Souvenirs* de Wagner, et une mince brochure, la seule espagnole, du marquis de Molins. Rien que des nouveautés, comme vous voyez.

Un peu plus loin, je lis, à la porte d'un hôtel des Postes, que les employés se tiennent à la disposition du public de huit heures à dix heures du matin, et de six heures trente à huit heures trente du soir. J'ai quelques lettres à retirer, mais je repasserai à six heures trente. On est toujours supposé avoir le temps d'attendre ou de revenir, dans ce cher pays d'Espagne.

Enfin, mon compagnon de voyage me permet de compléter l'épreuve. Il veut acheter un traité publié par un professeur de l'Université de Salamanque. Deux libraires, auxquels nous avons fait la demande, ont répondu qu'ils ne possédaient pas le volume. Aucune proposition, bien entendu, de s'informer, de se procurer l'ouvrage et de nous le remettre. Nous nous décidons à un voyage de découverte : nous cherchons l'éditeur. Il habite loin, dans une rue où le soleil n'est pas troublé par l'ombre des passants. Voici la porte indiquée. Elle est ouverte. Nous entrons : un grand couloir, de grands ateliers d'imprimerie, d'où ne sort aucun autre bruit que celui des papillons enfermés, battant de l'aile contre les vitres. Une servante accourt : « Que voulez-vous ? — M. l'éditeur. — Il n'est pas là. — Quand rentrera-t-il ? — On ne peut pas savoir. Revenez dans une demi-heure. » La demi-heure passée, nous trouvons, non pas l'éditeur, non pas sa servante, mais sa femme, en train d'endormir un enfant, sur le seuil de l'atelier vide. « Il n'est pas rentré. Je pense qu'il rentrera avant la nuit. Repassez ce soir. » La troisième tentative est couronnée de succès. L'éditeur est chez lui. Quand nous pénétrons dans son bureau, il a l'air étonné d'un homme pour qui ce n'est pas là un événement ordinaire. La chaleur a été grande. Nous le troublons dans la songerie lasse qui suit les journées chaudes. « Vous avez édité tel volume, n'est-ce pas, monsieur? » Il passe une main sur son front : « Peut-être bien. — Combien vaut-il? — Je ne me souviens pas; il faut que je regarde au dos. Ça doit y être. » Je me demande comment il eût fait, si le prix n'avait pas été marqué. Quand nous nous retirons, nous semblons le délivrer d'une visite légèrement importune. Et il a dû reprendre son somme, au-dessus de son imprimerie muette, dans le rayon d'or qui venait par la fenêtre, et qui repose les hommes du souci des affaires.

Non, Salamanque n'est pas commerçante. Comme beaucoup d'autres dans la vieille Espagne, ses habitants ignorent ce que c'est qu'être marchand. Ils vendent quelque chose pour vivre, mais ça ne les intéresse pas. Si le client n'est pas content de leur assortiment, qu'il s'en aille. S'il demande autre chose que ce qu'on a, c'est sa faute; qu'il cherche chez le voisin : on ne lui indiquera pas l'adresse, on ne lui promettra pas d'être mieux en règle une autre fois. Si, par bonheur, l'acheteur réclame un paquet de chandelles, et qu'il y en ait dans la boutique, on cédera la marchandise, au prix courant depuis cinquante ans, et de l'air dont on rend un service presque désagréable. Pour moi, je n'en fais pas un reproche à l'Espagne, encore moins à Salamanque la rose : la race est douée pour autre chose, et sa mission n'est pas de vendre.

Entre mes courses chez l'imprimeur, j'ai visité l'Université. Elle a sa petite entrée en face du portail de la cathédrale. On pénètre sous une voûte, et presque immédiatement dans un grand cloître à deux étages, dont les baies sont vitrées, et autour duquel sont distribuées des salles de cours et la chapelle en bas, d'autres salles et la bibliothèque en haut. Les étudiants viennent de rentrer. Ils sont répandus par groupes, le long des cloîtres, attendant le résultat des examens que passent leurs camarades. Les épreuves ne sont-elles pas publiques, ou est-ce une coutume de laisser le candidat seul devant ses juges ? Je l'ignore. Mais, quand j'ai tourné le bouton d'une porte, je me trouve dans une vaste pièce, garnie de madriers profondément entaillés, sculptés, perforés, qui sont des bancs, peut-être du XVIe siècle, au fond de laquelle trois professeurs luttent contre l'accablante chaleur, et interrogent tour à tour un tout petit candidat que j'aperçois de dos. Pas un témoin : le groupe a l'air perdu dans l'espace. Dans le promenoir, les étudiants continuent de causer. Ils sont, en majorité, plus jeunes que les nôtres, car les études secondaires finissent plus tôt, et l'on commence, d'habitude, celles de la licence ès lettres ou de la licence en droit vers quinze ans. La tenue la plus ordinaire me parait être la jaquette et le chapeau mou ; le chapeau rond et dur indique un degré d'aisance. Je ne rencontre nulle part le stagiaire parisien, arrivant au cours de droit les mains gantées, le chapeau de soie luisant et la fleur à la boutonnière. Nous sommes dans la patrie du pauvre bachelier. Un huissier me fait visiter la chapelle. Elle a grand air encore, toute tendue de pentes de velours rouge, sur lesquelles se détachent les bannières de l'Université. Mais on n'y célèbre la messe qu'une seule fois par an. L'air y est comme mort, et je ne sais quel instinct avertit de la permanence de l'ordre qu'on y voit.

Je monte le bel escalier de pierre blanche, où les docteurs de jadis devaient avoir bonne mine, couvrant les marches des plis de leurs robes. Le même cloître carré s'ouvre de nouveau, mais plus riche et mieux conservé. Tout un côté possède encore son antique plafond de bois à caissons; les murs sont couverts de bas-reliefs d'une fantaisie délicieuse, de fleurs, de feuilles, d'oiseaux, et aussi de chimères poursuivant des amours, comme si ça n'était pas le contraire dans la vie. La lumière entre par les larges baies. Du fond de la cour intérieure, des arbres poussent librement, et montent jusqu'à moi. Leurs pointes vertes tremblent sur les vitres. Une vieille poussière savante danse dans les rayons de soleil.

Et la bibliothèque est une fort belle salle bien cirée, toute pleine de livres peu lus. Elle garde, en un coin, le petit coffre, aux ferrures puissantes, qui renfermait le trésor de l'ancienne Université. On l'a ouvert pour moi : il était vide.

Hélas ! de son ancienne opulence, la célèbre Université n'a pas gardé grand'chose. Les révolutions, dont c'est le premier besoin de toucher aux propriétés collectives, parce que l'individu défend mal les droits qu'il partage, ont confisqué les biens des grandes et des petites écoles de Salamanque. Il ne reste rien des fondations anciennes, rien des collèges qui étaient une invitation permanente aux étudiants étrangers. J'ai bien vu douze beaux jeunes gens blonds, en jaquettes, qui étaient pensionnaires du collège des Irlandais, mais ils étudiaient la théologie, et se rattachaient au séminaire diocésain, non à l'Université. Même, des quatre facultés que celle-ci possède encore, facultés de droit, de lettres, des sciences et de médecine, les deux dernières ont été abandonnées par le gouvernement. La province n'a pu les conserver qu'en leur allouant, chaque année, un crédit de trente mille francs.

Les élèves ne sont pas nombreux. Je crois qu'en attribuant de quatre cent cinquante à cinq cents étudiants présents à l'Université de Salamanque, je ne lui fais aucun tort [1]. Et quelles études sont les leurs ! Il m'est impossible de ne pas le dire en pas-

---

[1] Les statistiques officielles portent ce nombre à plus de six cents, mais je ne crois pas que ce chiffre puisse s'appliquer aux étudiants présents dans la ville.

sant : le système adopté dans les écoles d'enseignement supérieur, en Espagne, n'est pas digne d'une grande nation ; il est une cause de faiblesse, et, tant qu'il subsistera, toutes les brillantes et les fortes qualités intellectuelles de cette race ne donneront pas tout ce qu'elles peuvent donner. Ce n'est pas qu'il manque de décrets et de circulaires ministériels sur la matière. Mais tous les changements paraissent se réduire à l'élimination progressive de l'élément religieux dans l'éducation, phénomène bien étrange, quand on songe que toute la grandeur historique de l'Espagne a procédé de la grandeur de sa foi ! Pour tout le reste, il y a eu immobilité. Le fond de la méthode est demeuré le même. Et il consiste en ceci. Le professeur compose un manuel, ou, plus rarement, adopte le manuel d'un collègue. Il explique le « livre de texte », le paraphrase plus ou moins, indique une leçon, et la fait réciter. Où est la liberté du maître et de l'élève, la variété, le renouvellement d'idées qui sont la marque et la vie de l'enseignement supérieur ? En quoi le cours d'université, ainsi compris, diffère-t-il d'une classe d'école primaire ? Quelle ouverture d'esprit peut-on attendre de la majorité de ces jeunes gens, asservis au livre de texte, voyant le monde à travers la même lucarne, et apprenant des leçons quand il faudrait tous ensemble, étudiants et professeurs, chercher des chemins nouveaux ? Les hommes les mieux informés et les plus patriotes ont déploré devant moi le coup fatal que cette routine portait à toute initiative. Ils m'ont dit que les facultés de médecine commençaient à réagir, et que la vieille méthode disparaîtrait bientôt, pour le plus grand bien de l'Espagne. Je le souhaite avec eux, et je reviens aux étudiants.

Quelques-uns disposent de trois à quatre francs par jour. Ce sont les riches, qui, pour ce prix-là, trouvent une pension complète, et jouissent d'une réputation de nababs, auprès des pauvres bacheliers. Ceux-ci, les plus nombreux et les plus travailleurs, cherchent des bourgeois de Salamanque qui veuillent bien les recevoir, comme on dit ici, *a pupilo*, dans des conditions infiniment plus modestes. Il y a le pupille à un franc cinquante par jour. Il est logé, nourri, éclairé, mais il doit apporter son lit et faire blanchir son linge à la maison paternelle. Les moins bien pourvus par la fortune seraient reconnus tout de suite, par le pauvre bachelier de Le Sage, pour des frères et des continuateurs. Ils réduisent la dépense dans des proportions qui tiennent de la légende. On les voit arriver, au commencement de l'année scolaire, du pueblo lointain de la Castille ou du Léon, avec leur lit, leur provision de *garbanzos*, — ce sont des haricots tout ronds, — de *chorizos*, ce petit saucisson espagnol qui est excellent, de lard, de morue sèche. Ils achèteront les légumes verts ; l'eau sera leur boisson ordinaire, et, pour la cuisine, l'éclairage et le loyer, ils paieront à leur hôte une somme qui varie entre sept et dix francs pa mois.

Ils ne font plus guère parler d'eux, dans la ville qui ne fait plus parler d'elle. Quelques fêtes, quelques séances solennelles, des nouvelles d'examens ou de concours dont le bruit franchit parfois les murs de l'Université, et c'est tout. Ainsi j'apprends qu'aujourd'hui, les candidats aux bourses pour le doctorat ès lettres ont commencé les épreuves du concours, et que les trois sujets de dissertation proposés étaient ceux-ci : « Influence des Bénédictins sur la civilisation européenne ; — la France sous le règne de la Pompadour ; — les poèmes d'Homère et leur influence sur les épopées postérieures. »

D'ordinaire, les bacheliers ni les licenciés ne troublent donc plus le sommeil des bourgeois. Quand le soir tombe, la ville s'assoupit rapidement. Sauf aux environs de la Plaza Mayor, où la foule se promène, écoutant la musique municipale, les rues deviennent silencieuses. Elles prennent un aspect de décor romantique. J'ai passé longtemps, ce soir, à contempler une place bordée de vieux logis sur arcades, vivement illuminés par une lampe électrique invisible, et qui semblaient, dans l'encadrement de la voûte sombre où je m'abritais, la scène déserte d'un théâtre au lever du rideau. J'ai continué ma route, et la cathédrale s'enlevait sur le ciel profond, tendue, à la hauteur où commencent les tours, de deux draperies de guipures superposées, dont la première était la balustrade de pierre blonde, et la seconde, un peu grise et argentée, l'ombre de ces mêmes pierres allongée sur les toits. Et les heures sonnaient aux cloches fêlées de toutes les paroisses.

Elles s'envolaient dans l'air très pur, et avant que le crieur de nuit n'eût commencé sa tournée, elles disaient déjà à leur manière : « *Sereno ! sereno !* » sérénité du temps, sérénité des pauvres endormis après le travail, et des routes dont la poussière repose enfin sous la lune.

Elles se disaient cela, l'une à l'autre, et leurs voix s'en allaient bien loin dans la campagne, à travers les grands espaces où les feuilles n'arrêtent pas le bruit.

Alors, je la retrouvais, la Salamanque du xvie siècle ; je la repeuplais de ses dix mille étudiants ; je les entendais répéter, drapés dans leurs manteaux : « Paris, Salamanque, Oxford, Bologne, les quatre reines de la science » ; je songeais aux vieux docteurs traducteurs d'Averroès, pâlis sur les textes arabes ; à ceux dont le monde connaissait jadis les noms, et qui travaillaient, dans le calme d'une nuit pareille, à la grande théologie en dix volumes in-folio que peu de mains ont feuilletés de nos jours ; je revoyais la silhouette voûtée d'un moine à barbe blanche, qui pouvait dire, presque seul dans la grande ville, à l'heure où monte dans l'esprit le souvenir du jour fini, et du passé lointain : « J'étais de ce conseil, tenu au siècle dernier, dans le couvent de Saint-

Dominique ; j'y entendis parler Don Christophe, le découvreur de l'Amérique, et, pour la joie de ma vie, je fus de ceux qui l'encouragèrent à partir sur les caravelles. »

XI

UN DOMAINE SEIGNEURIAL EN ROYAUME DE LÉON

Du 25 au 28 septembre.

Le lendemain, 25 septembre, nous entreprenons, mon ami et moi, une longue expédition, un peu moins glorieuse que celle de D. Christophe, mais d'un succès également incertain, où nous sommes poussés par un certain goût d'aventures. Mon ami est propriétaire d'un domaine de huit mille hectares, dont l'usufruit et la gestion appartiennent à l'une de ses parentes.

« C'est le fond de la vieille Espagne, me dit-il, un ancien majorat intact, situé hors des routes, qu'il faut aborder à travers champs, où l'on trouve à peine un morceau de lard à acheter et un lit pour dormir. On peut s'y croire loin de l'Europe, en tout cas loin du xixe siècle. Voulez-vous venir? »

Une invitation, dans ces termes, ne pouvait être refusée. Nous allons trouver un gros maître de poste, dont l'énorme poitrine a bu longtemps l'air des grands chemins, et qui est assis sur le seuil de sa porte, paisible, heureux, tenant, à bout de lèvres, une toute mince cigarette, dont la fumée se tord sur ses joues rebondies. Il salue de la tête, sans lever son chapeau de feutre à grands bords, orné d'une houppe noire. Mon ami lui expose notre plan : prendre la route de Vitigudino, faire un relais dans un village, atteindre, le soir, le gros bourg où nous coucherons, pousser, le lendemain matin, jusqu'au domaine, et revenir deux jours après.

Le maître de poste médite un moment, et propose un prix si fort que nous nous récrions. Lui, nous laisse partir, philosophiquement, sachant bien que les voituriers espagnols sont des puissances devant lesquelles il faut capituler, et c'est ce que nous faisons dix minutes plus tard. Alors, l'homme se lève, nous assure, avec des gestes nobles et des formules discrètes, que nous sommes désormais confiés à son honneur, que nous arriverons, dussions-nous mettre deux ou trois de ses mules sur la paille, et que nous reverrons la lumière du soleil au-dessus des tours de Salamanque.

Je lui donne rendez-vous à l'extrémité du pont du Tormès, et, pendant que mon ami s'occupe des préparatifs du voyage, je descends les rues mal pavées, puis une rampe tournante, bordée de cabarets et de boutiques de maréchaux-ferrants. Il est neuf heures du matin, et le temps est au beau fixe. Je me sens au cœur la petite inquiétude joyeuse des départs. De plus, j'ai un faible pour ce pont du Tormès, qui est si drôle, coudé en son milieu, et si étroit, et si long. Il a l'air d'une baïonnette sur laquelle on passe. L'empereur Trajan savait bien que les naturels du pays voyageaient à dos de mules. L'eau coule, rapide et claire, entre la ville dont les toits font un glacis rose, que le fleuve réfléchit, et la seconde rive, très plate, et verte par hasard. Il a poussé là des peupliers, au seuil du grand désert ; des saules leur font suite, et accompagnent le courant pendant un court chemin. Les paysans, les *charros* de Salamanque arrivent au marché. Ils sont superbes, hauts de taille, maigres, réguliers de traits, tous habillés à la vieille mode : bottes fendues sur le côté, culotte noire, ceinture de cuir dur, large de trente centimètres, sur laquelle retombe la petite veste généralement noire et d'étoffe lisse, quelquefois de laine brillante et frisée comme l'astrakan, chemise blanche sans cravate, attachée par un bouton de métal, cheveux roulés dans le foulard rouge, et large chapeau noir à calotte pointue Quelques-uns vont à pied ; la plupart montent des mules, chargées par devant et par derrière de sacs de grains, de poches éclatantes, et enfoncent.

solidement leurs bottes dans des étriers de cuivre en
forme de sabots. Peu de femmes parmi eux. En voici
deux cependant : l'une, qui doit être la maîtresse,
une *charra* très riche, est assise dans une selle
carrée, à rebords de cuir jaune et de velours grenat.
Elle est belle encore, très fière et conduit d'une
main aisée un cheval noir, au poil moiré de lumière.
La servante la suit péniblement, à califourchon sur
un cheval blanc, et presque toute disparue entre des
piles de paniers et des gerbes de légumes, céleri,
raves et choux feuillus. Elles ont dû quitter, de
bonne heure, le pueblo éloigné, et faire la route
ainsi, au petit pas. Je les regarde un instant, monter
parmi les premières maisons de la pente. Et voici
que notre voiture descend, et s'arrête près de moi.
Maître de poste, mon noble ami, vous avez bien fait
les choses! Vos mules sont maigres, mais il y en a
sept bien comptées, et celle de flèche, noire à pieds
blancs, a l'air enragée. Pour la voiture, vous auriez
pu la fournir de moindre taille. C'est une ancienne
diligence en retraite. Je crois remarquer qu'un des
ressorts, éclaté, n'est retenu que par des cordes
de sparterie, et que deux des glaces sont brisées.
A l'intérieur, où douze personnes tiendraient à l'aise,
je ne vois que mon compagnon de voyage et D. Antonio, l'administrateur du domaine. Mais nous pour-
rons, s'il le faut, dormir sur les banquettes : mon
noble ami, nous allons, grâce à vous, courir l'aventure dans l'Espagne inconnue, soyez-en remercié!

Les mules vont vite. Nous gagnons le large, nous sommes dans la plaine ondulée, immense, nue et jaune. Et toujours, pendant des heures, à l'horizon, derrière nous, la silhouette claire de Salamanque se lève dans l'air léger. Elle nous poursuit, en s'embrumant peu à peu, comme Saint-Michel en grève dominant les terres basses. Enfin, nous la perdons de vue. Le voyage continue sur les routes défoncées. Nous soulevons royalement la poussière. Quand les sept mules et les quatre roues ont passé dans une de ces flaques de poudre blanche, dormantes et lisses comme de l'eau, impalpables comme le vent qui recouvre les fondrières, le *charro* qui nous croise semble habillé de toile neuve. Quelques chênes-verts clairsemés varient un peu, sans la rompre, la monotonie du paysage. Des troupeaux de porcs, d'un brun sombre, trottinent sous les branches. Plus loin, ce sont des troupeaux de bœufs, arrêtés, le mufle tendu, près des seuls abreuvoirs qu'ils connaissent, des mares croupies, restes des dernières pluies, achevant de s'évaporer dans les trous des rochers.

A la nuit, les maisons de Vitigudino se profilent en grosse masse, au bas du ciel. C'est le bourg où nous devons coucher. Il a, en Espagne, la réputation imméritée qu'ont, en France, Landerneau, Quimper-Corentin et d'autres villes encore. On dit, dans le pays de Salamanque : « *Si quieres ser fino, vete a Vitigudino*; si tu veux avoir de l'esprit, va-t'en à Vitigudino. » Aux deux bords des ruelles tournantes, le roulement de la voiture, les claquements du fouet assemblent de vagues silhouettes de paysans.

Nous nous arrêtons sur la chaussée détrempée par le fumier des chevaux, des mules et des ânes. Nous sommes, paraît-il, devant la posada *de Entisne*. Dans les ténèbres, mon compagnon, M. d'A..., nous précède. Il pousse une porte. O romantique Espagne, c'est toi tout entière ! La pièce où nous entrons est pleine de fumée et presque aussi obscure que la rue. Chambre, écurie, cuisine? on ne le sait pas. Des poutres surgissent vaguement de l'ombre, en haut. Il y a, par terre, sur le sol battu, au milieu, un feu presque éteint et, autour du feu, douze *charros* de la contrée, enroulés dans leur couverture, la tête près des cendres, appuyés sur un coude et surveillant chacun le petit pot où se mijote leur souper. Ils ont apporté leurs oignons, leurs piments et leur pain ; l'hôte a fourni le vase et allumé le feu. Tout à l'heure ils mangeront la soupe, rapprocheront les tisons, se retourneront bout pour bout, poseront les pieds là où ils ont la tête, et le lit sera fait, et la nuit commencée. Le lumignon d'une lampe primitive, pendue au fond de la salle, n'éclaire qu'un tout petit rond de mur, couleur de boue. Les têtes seules des douze paysans du Léon ressortent un peu, dures et immobiles, rougies d'un vague reflet. Je m'avance entre ces corps étendus : « Caballeros, voulez-vous

me permettre de me chauffer un moment? »
Deux des hommes s'écartent. Deux ou trois autres
lèvent leur face rasée, pour voir. Ils se remettent
bientôt à surveiller leur souper. Nous leur sommes
absolument indifférents. Nous n'obtenons pas un
regard de curiosité de ces gens qui, de leur vie,
n'ont pas rencontré un Français. J'observe alors
qu'au-dessus du foyer central le toit monte, s'allonge,
s'étire en tuyau de cheminée, au bout duquel il y
a quatre étoiles.

Dix minutes se passent; mes compagnons ont
disparu avec le maître de la posada. Tout à coup ils
m'appellent; une traînée de flamme vive s'échappe
d'un angle de la pièce, et je vais vers cette baie
lumineuse, et je trouve une salle blanchie à la chaux,
carrelée, — le cabinet particulier de Vitigudino, —
avec une vraie table servie, de vraies chaises, un
dîner presque excellent, une lampe à pétrole: enfin
toute la civilisation. J'en éprouve une déception. Je
commence à ne plus croire à la pampa, je me figure
que ces douze marchands de moutons ou de bœufs
étaient là pour le décor, et qu'ils sont payés pour
venir ainsi dormir en rond tous les soirs, « pendant
la saison des bains ».

J'ai honte d'ajouter que nous avons couché sur
des sommiers. Parfaitement! à Vitigudino, à soixante-
dix kilomètres à l'ouest de Salamanque!

Cependant, le matin, dès l'aube, je retombe en
pleine série pittoresque, et toute la journée n'est

plus qu'une longue surprise, parmi des hommes nouveaux et des choses nouvelles.

Les coqs chantent la retraite des étoiles, et s'envolent dans les chaumes; le ciel est d'un bleu de métal, sombre et froid; le sabotement pressé des mules qui vont aux champs claque dans toutes les rues de Vitigudino, quand nous sortons de la posada pour monter en voiture. Nous avons encore cinq lieues à faire, mais cinq lieues sans route. A la porte, un homme nous attend, monté sur un petit cheval bai. C'est le *montaraz*, le garde chef de la propriété, en grand costume, escorté de son fils, un jeune gars de dix-sept ans, également à cheval. Tous deux sont vêtus à la mode des *charros*, mais le père l'est magnifiquement. Au-dessus de ses bottes en imitation de maroquin, la culotte collante de velours noir s'attache par trois boutons d'argent; le gilet est bleu ciel; au centre de la ceinture de cuir fauve luit une rosace de métal; des soutaches de velours ornent la veste courte, et le foulard de soie rouge, qui enveloppe les cheveux de l'homme, a dû être acheté au dernier marché du bourg. La diligence s'ébranle, les deux cavaliers partent en avant, Vitigudino se met aux fenêtres, nous tournons à droite, et bientôt nous nous enfonçons dans le désert de chaume.

Il n'existe pas de route, c'est vrai; mais d'autres voitures ont passé par où passe la nôtre, et des mules, et des hommes à pied. Une sorte de sentier a été tracé ainsi, et le regard peut le suivre, descendant ou montant les croupes basses, teintées de rouge par les labours récents ou de jaune pâle par les blés anciens. Pendant quelque temps, la voiture suit le lit d'un torrent desséché, encombré de fortes pierres. Nous sautons en mesure, et je remarque que le ressort consolidé avec de la sparterie se comporte mieux que les autres. L'administrateur a la chance d'être assis au-dessus, et il saute moins haut que nous. Un bon coup de collier des sept mules nous tire du ravin, nous rentrons dans le chaume, et le village, centre du domaine sur lequel nous trottons depuis une heure déjà, se lève au sommet d'une ondulation large des terres. Tout autour, le sol est plus aride qu'aux environs de Vitigudino. Le rocher gris affleure en maint endroit. Les maisons basses, couvertes en vieilles tuiles à peine roses, sont tapies et comme écrasées contre le sol. Les cheminées, — une seule au centre de chaque toit, — se dessinent à peine sur le ciel, comme de pauvres tas de poussière coniques. Au loin, s'étend une lisière de forêt, à perte de vue.

Mon ami a défendu qu'on vînt le chercher en cavalcade, selon les traditions féodales du pays. Nous entrons à pied, car les rues sont trop mauvaises pour qu'on puisse s'y risquer autrement. Mais le bruit de notre arrivée s'est répandu. M. d'A... est entouré d'une foule de gens, hommes et femmes, qui le saluent, et l'interrogent sur sa famille, et lui parlent tout de suite de leurs affaires, avec cette espèce de joie et d'orgueil dans les yeux, que devait produire, autrefois, la visite d'un seigneur très bon au milieu de ses vassaux. Les uns et les autres sont habillés de la même bure d'un brun foncé, fabriquée dans la paroisse, avec la laine des moutons. Mais les hommes sont très beaux, grands, maigres, naturellement majestueux dans leurs gestes, tandis que les femmes, presque toutes laides, n'ont pas même un costume seyant. L'unique ornement de leur jupe collante est une bande de laine noire posée en bordure, et les cheveux sont cachés par un mouchoir noué sous le menton.

Tout ce monde nous accompagne au *palacio*. N'imaginez pas une construction élégante et ornée. Non : le palais n'est qu'un cube en pierres de taille, assez élevé, mal percé de quelques fenêtres, coiffé d'un toit de tuile presque plat, et situé au milieu du bourg. Aucun jardin autour, aucun espace enclos servant à la promenade. J'ai là l'exemplaire assez maussade et intact de ces demi-forteresses, aujourd'hui abandonnées, qui sont les seuls châteaux en Espagne, et qui correspondent si peu à l'idée que ce mot éveille chez nous. J'entre par un portique délabré, dans une cuisine monumentale, — douze mètres sur quinze, — meublée d'une table, de quelques bancs de quatre-vingts centimètres de largeur, sur lesquels dorment toutes les nuits les fils du garde chef. Une femme est occupée, devant la cheminée, grande comme une chambre ordinaire, à des préparatifs de cuisine. Il y a une seconde pièce d'égales dimensions, au rez-de-chaussée, et le premier étage ne fait que répéter cette distribution primitive.

M. d'A..., entouré de solliciteurs ou d'amis, me fait signe qu'il lui est impossible de se soustraire, pour l'instant, à cette bienvenue mêlée de questions d'affaires. Je le laisse, et je parcours le village avec le garde chef, homme froid, pratique et très intelligent. Elles ne sont pas belles, les rues, et ne rappellent qu'en un seul point le boulevard de la Madeleine ou la rue de Rivoli. Si misérables qu'elles soient, n'eussent-elles que dix pas de longueur, et ne fussent-elles qu'un étroit couloir entre deux maisons de paysans, elles portent, au coin, une belle plaque de faïence bleue, avec un nom écrit en lettres blanches. J'ai, d'ailleurs, observé ce phénomène dans plus d'un bourg écarté de la Castille : on soigne peu la voirie, on méprise l'alignement, on ignore l'hygiène, mais toutes les ruelles sont baptisées.

Les habitants qui passent, le manteau sur l'épaule, — cette espèce de haïk arabe qu'ils ne déploient jamais, — lèvent courtoisement leur feutre pointu. Ils ont l'air très médiocrement riches, et suffisamment heureux. Toutes les dents de ce pays sont blanches comme du lait. Je cause avec le garde, en faisant le tour de ces centaines de petits jardins cernés de murs, qui s'avancent en coins dans la plaine, maigres jardins sans arbres, et voici ce que j'apprends. Le domaine est une de ces grandes terres, de plus en plus rares en Espagne, qui s'appellent un *pueblo de señorio*, et où tout appartient au même maître, non seulement les champs, mais l'église, la mairie, les maisons particulières. On dit encore *termino redondo*, pour exprimer que le territoire est sans enclave. Celui de mon ami comprend environ huit mille hectares, dont trois mille labourés, deux mille en pâturages, le reste en forêts et en roches arides. Le village est de deux cents feux, soit à peu près neuf cents habitants, entre lesquels la terre est divisée. Chaque famille cultive un lot, dont la grandeur varie avec le nombre des bras, et que désigne l'administrateur. Les pâturages, au contraire, sont communs, ainsi que le droit d'aller, dans la forêt, faire la récolte des glands. Je demande :

— Et le revenu du domaine, quel est-il ?

— Dérisoire, monsieur. Les fermages se payent à la Toussaint. Ils consistent en douze cents *fanegas* de seigle, soit un peu plus de six cents hectolitres ; chaque feu y contribue, d'après l'importance des parcelles concédées. La rente des prés est de quatre mille francs, que le maire répartit entre les habitants, suivant le nombre de bestiaux que chacun possède. Et c'est une bien faible redevance, pour ces deux mille hectares, où paissent six ou sept cents bœufs ou vaches et dix mille moutons. Les propriétaires ne font rien payer pour les glands dont se nourrissent plus de deux mille porcs. Le bois est pour ainsi dire donné, car nous laissons emporter de la forêt, pour le prix d'un franc cinquante, autant de bois qu'il en peut tenir dans une charrette attelée de deux bœufs. Somme toute, je ne crois pas que nos maîtres touchent annuellement, pour le loyer d'une terre qui est sans doute la plus grande de la province, plus de dix-sept à dix-huit mille francs. Il est vrai qu'ils n'ont aucun impôt à payer, qu'aucune réparation n'est à leur charge, et qu'ils bénéficient des constructions nouvelles.

— Qu'ils louent, comme les anciennes?

— Non, monsieur, aucune n'est louée. Ils doivent le logement, sur le domaine, aux paysans qu'ils emploient, mais le paysan peut agrandir sa maison.

— Mais enfin, quand une maison brûle?

— Monsieur, nous servons tous ici le même maître, et ce sont les mêmes familles, depuis longtemps, qui vivent sur le domaine, et nous sommes loin de tout. Aussi, nous nous associons, non seulement pour le paiement des fermages, mais pour bien d'autres choses. Quand un dégât se produit chez le voisin, tous le réparent, chacun fournit sa petite part d'indemnité. Nous payons au maire notre contribution annuelle, pour avoir droit aux consultations du médecin, qui passe ici toutes les semaines, et se tient à la disposition du public dans une des salles de la mairie. Ce médecin soigne, par abonnement, cinq ou six communes, qui lui offrent en retour tout le blé pour son pain, tout l'orge pour son cheval, et quatre mille francs d'argent. De même, nous faisons ferrer nos bêtes chez le maréchal-ferrant, sans rien lui devoir pour sa peine. Ce sont là des employés de la paroisse.

Le garde me raconte encore que les traditions, pour la culture des céréales, veulent que la terre de labour soit divisée en lots et ensemencée, une première fois, toute en blé; la seconde année moitié en blé, moitié en seigle; la troisième année toute en seigle. Puis elle se repose trois ans. Et, grâce à ce repos, malgré l'insuffisance des outils, des charrues notamment, qui grattent à peine le sol, les moissons réussissent. Enfin, j'apprends que l'instruction est très répandue, dans ce coin sauvage de l'Espagne, que tous les paysans, sans exception, savent lire, écrire et compter.

— Désirez-vous faire la preuve? dit le garde. Holà, Dionisia!

Nous touchons le dernier mur de pierre sèche qui termine le bourg, du côté le plus bas. Par-dessus le mur, nous apercevons un jardin petit, planté de choux et de *garbanzos* altérés de pluie, et une masure qui n'a qu'une fenêtre et une porte. Une jeune fille, de quinze ans peut-être, qui n'a pas l'affreux mouchoir noué sous le menton, et dont les cheveux, bruns à reflets d'or, font deux bandeaux sur les tempes et se relèvent en chignon pointu, s'encadre dans l'ouverture de la porte.

— Vous cherchez mon père? dit-elle. Il est avec ses moutons, dans la forêt, et je ne crois pas qu'il revienne avant la nuit noire.

— Voyez comme elle parle bien! murmure le garde, en poussant la barrière à claire-voie. Elle est intelligente comme un ange, cette petite!

Je ne puis juger que du timbre de la voix, qui est musical, et de la légèreté des mots qui ne tiennent pas aux lèvres, et s'envolent sans effort.

Nous pénétrons dans la chambre, en terre battue, assombrie par la fumée et par les peaux de bique, les vêtements, les vieilles outres pendues aux solives. Mademoiselle Dionisia s'est appuyée au chambranle de la cheminée, qui occupe un grand tiers de la chambre, et qui ressemble à une alcôve, avec trois bancs autour du foyer. On doit être là comme dans une étuve, les soirs d'hiver.

— N'est-ce pas, Dionisia, que tout le monde sait écrire ici?

— Pourquoi non?

— Toi surtout, ma petite. Cela t'arrive souvent d'écrire, même en France! Figurez-vous, ajoute-t-il en se tournant vers moi, qu'elle a un *novio*, à son âge, qui est parti pour travailler dans une carrière des Pyrénées. Le facteur connaît bien l'adresse!

Le jeune visage, d'un blond pâle, devient rose du coup; les yeux brillent; Dionisia se recule un peu, comme blessée.

— Non, dit-elle, il ne connaît pas l'adresse! Car

mes lettres ne parviennent pas. En voilà trois que j'écris sans réponse !

Elle est haletante, nerveuse, décidée à quelque chose qui lui coûte. Elle se tait un moment.

— Si vous vouliez, me dit-elle, mettre vous-même ma lettre à la poste, au bureau de Salamanque... je serais plus sûre.

J'accepte, mais le garde chef, qui s'amuse à la taquiner, reprend :

— Bah ! depuis six mois qu'il est en France, il a eu le temps d'oublier ; il ne sait même plus l'espagnol, je le parierais.

Alors, toute révoltée, les bras croisés, la tête haute, la petite lui jette ce mot superbe :

— Il saura toujours assez d'espagnol pour comprendre ce que lui diront mes yeux !

Nous la laissons, tragique, dans l'ombre de sa grande cheminée. Dehors, le soleil de midi dessèche les dernières feuilles des *garbanzos* du jardin. Nous rentrons au palacio, où nous attend un déjeuner seigneurial dont voici le menu : perdrix en ragoût, cochon de lait grillé, chevreau rôti, piment doux en salade. Je goûte le vin du cru, mais j'avoue qu'il est difficile de l'aimer, et surtout d'y revenir, quand on sait qu'il est fabriqué de la manière que voici. Les habitants ne possèdent rien de ce qu'il faut pour faire du vin, si ce n'est le raisin blanc de leurs treilles. Ils le tassent et le foulent dans des mortiers, ou, si l'on veut, des citernes en pierre, retirent le plus gros du marc, et vont, quand il leur plaît, puiser avec un pot dans le récipient qui est ainsi, tout à la fois, pressoir, cuve et barrique.

Après déjeuner, un belle chevauchée à travers la forêt, très clairsemée, comme celles que j'ai vues déjà, mais plantée de chênes ordinaires, rabougris, et de genévriers. On peut malaisément s'imaginer la solitude de ces croupes de terre, toutes égales, toutes vêtues pareillement de hautes herbes et d'arbres ramassés et tordus. L'horizon ne varie pas, du haut de chacune d'elles. La verdure est ternie par la chaleur de l'interminable été. Les troupeaux, que nous tâchons vainement de découvrir, ont été emmenés dans les parties les plus reculées de la forêt par les paysans, par le père de la petite Dionisia et ses camarades, intéressés à cacher le nombre exact de leurs bêtes. Mais, de presque toutes les touffes de genévriers que frôlent nos chevaux, des perdrix partent, des rouges, extrêmement communes ici, que les braconniers du domaine prennent au lacet, et vendent dix sous la couple au marché de Vitigudino. Les anciens seigneurs aimaient à forcer la perdrix à cheval, et la tuaient d'un coup de gaule, quand, fatiguée de ses longs vols, elle se rasait dans l'herbe. Nous pourrions en faire autant, si nous avions le loisir de nous arrêter vingt-quatre heures de plus dans le pays. Mon ami s'entretient avec l'administrateur. Moi, je m'emplis l'âme de cette sauvagerie, de la liberté de cette course à travers les halliers sans fin, et du parfum qui sort des herbes inconnues que foulent nos trois chevaux.

Quand la nuit a couvert d'ombre tout le domaine, et que les dernières lampes ont été soufflées derrière les fenêtres du village, nous veillons seuls, mon ami et moi, dans la grande cuisine du palais. En attendant l'heure du sommeil, nous causons, éclairés seulement par le feu qui flambe sous la cheminée conique. Le vent s'est levé et souffle régulièrement, sur toute l'immense plaine, comme sur la mer où nul obstacle ne l'arrête et ne le brise. Il ne siffle pas. On dirait le roulement ininterrompu des marées qui montent sur les plages très grandes. Mon ami me parle des anciens seigneurs, ses parents, qui, jusqu'à une époque bien voisine de nous, rendaient la justice devant la population assemblée au pied de la tour, et condamnaient à l'amende les laboureurs qui avaient contrevenu aux usages de culture. Il m'assure qu'aujourd'hui même, peu de mariages se décident avant que les maîtres du vieux fief aient été consultés.

— Vous vous trouvez ici, me dit-il, pour une nuit, dans un des rares coins du monde qui aient conservé des mœurs originales. Déjà vous avez pu observer ou apprendre quelques-uns des traits qui étaient communs autrefois, dans l'Espagne d'il y a cent ans. Laissez-moi vous en raconter un autre. Je l'ai vu de mes yeux, il m'a fait une impression que je n'oublierai jamais.

8

Le vent soufflait. Le bruit des mots rebondissait trois fois contre les murs de la salle nue.

— Si nous étions venus visiter le domaine un peu plus tard, au commencement de novembre, vous auriez pu assister à cette cérémonie qui avait lieu jadis tous les ans, et qui se répète encore de temps à autre, le jour de la Toussaint. Cela s'appelle la *funcion del ramo*. Dans l'après-midi, le curé en chape, accompagné du maire, viennent, avec tout le peuple, chercher le seigneur au palais. Ils sont précédés d'un jeune homme, qui tient un bâton enguirlandé, et de huit jeunes filles portant, deux à deux, un cerceau couvert de fleurs et de rubans. Le maître du domaine se place entre le maire et le curé, et la procession se dirige vers l'église que vous avez vue, pauvre et petite comme une grange. Les jeunes filles chantent, sur un ton triste, une complainte qui commence ainsi :

« De la maison de la tante Jeanne — nous sommes sorties huit jeunes filles ; — toutes pareilles nous entrerons au ciel, — en coupant les lis. — Allons, mes compagnes, allons ! — Qu'aucune de nous ne s'intimide, — car les âmes bénies — vont nous venir en aide. — Grâce à Dieu nous arrivons — aux portes de cette église ; — nous lui demandons licence, — pour pouvoir entrer dedans [1]. »

---

[1] Voici les premiers fragments de ces chants populaires, que j'ai pu me procurer, manuscrits, bien entendu.

» L'église est fermée; le cortège s'arrête; le jeune homme qui le conduit déclame une pièce de vers, où il expose que tout ce peuple vient prier pour les morts, et que les trépassés, les âmes bénies, comme il dit, attendent ce moment. Qu'on ouvre donc les portes.

» Elles sont ouvertes. La foule emplit entièrement l'église, dont les fenêtres sont tendues de noir, et qui se trouve ainsi dans l'obscurité complète, sauf au milieu, où se dresse un catafalque entouré de cierges jaunes, et sur le haut duquel on a posé une tête de mort et des ossements desséchés. Les jeunes filles et le jeune homme se placent, avec leurs cerceaux fleuris, dans la pâle lumière, autour du catafalque. Tour à tour ils récitent à haute voix des poésies, où ils exposent les souffrances des âmes qui n'ont pas encore satisfait à la justice de Dieu, demandent pour elles la commisération des vivants, déplorent l'oubli où nous laissons nos plus chers parents après que nous avons cessé de les voir, et l'oubli même où nous sommes habituellement de notre fin certaine. « A quoi pensons-nous, dit l'une

---

« De casa de la tia Juana, — salimos ocho doncellas; — asi entremos para el cielo, — cortando las azucenas.

» Vamos, compañeras, vamos, — no acobardarse ningunas, — Que las animas benditas — llevamos en nuestra ayuda.

» Gracias a Dios que llegamos, — a las puertas de este templo, — a Dios pedimos licencia — para poder entrar dentro. »

des jeunes filles, jeunes hommes et demoiselles, — vous qui êtes de mon âge? — Nous pensons seulement — à faire comme l'hermine, — à bien garder notre couleur, — à aimer la toilette, — à façonner des nœuds de rubans, — à soigner nos nattes et nos bandeaux, — à bien ajuster nos tailles... — O corps qui si rapidement, — et quand tu es le mieux paré, — peux tomber là, comme une pierre! » Alors, la dernière de toutes, une orpheline, se penche sur le catafalque, prend le crâne du mort dans une main, les ossements dans l'autre, les élève au-dessus de sa tête, et s'en va à travers l'église sombre, chantant à peu près ceci : « A qui appartenaient ces os blancs? Peut-être à un laboureur ou à un berger? A quelqu'un dont les amis étaient nombreux parmi nous? Peut-être qu'ils sont là encore, ceux qui l'ont traité d'aïeul, de frère, d'oncle, de cousin? Il était brave et nous n'y pensons plus, il était bon et nous l'avons oublié. Pauvre ancien du pays, qui étais-tu? » Elle est revenue près du catafalque. Des sanglots éclatent. Elle regarde un moment la tête décharnée qu'elle tient dans ses mains, l'approche de son visage, la baise sur ses dents blanches : « Peut-être tu étais mon père! » dit-elle. Et elle la repose sur le cercueil... Je vous assure, mon ami, qu'on a beau être un homme, il est impossible de se défendre en ce moment d'une émotion poignante. Ces chants lugubres sortis de l'âme populaire, cette obscurité, ce recueillement, ces larmes qu'on devine, cette jeune fille, image de la vie dans son premier épanouissement, embrassant la mort et appelant son père, tout cela compose un souvenir d'une horreur puissante et ineffaçable.

» Vous connaîtriez mal l'Espagne, d'ailleurs, si vous pensiez que la fête est ainsi terminée. C'est le premier acte. Le second se passe sur la place. On a prié pour les morts, maintenant la joie humaine reprend ses droits. Le curé, qui n'a enlevé que sa chape s'asseoit sous le porche, avec le maire; devant eux est le maître du domaine, et, sur la terre battue, en plein soleil, au milieu du cercle que forme la paroisse assemblée, la jeunesse danse le *pas du cordon* et la *rosea*. Les vers profanes succèdent à la poésie sacrée, et les mots d'amour montent avec les rires dans l'air presque toujours pur de la grande plaine du Léon.

Nous continuâmes à causer fort tard, mon ami et moi. Quand nous montâmes dans la chambre du premier, les étoiles étaient au complet, et le vent semblait les attiser, tant elles luisaient. Le lendemain nous regagnions Salamanque, et je mettais à la poste la lettre de la petite Dionisia. Est-elle arrivée? La réponse est-elle enfin venue? Qui le saura jamais?

XII

AVILA

Avila, 29 septembre.

Avant de quitter Salamanque, j'avais voulu visiter encore, à vingt-cinq kilomètres dans le sud, cette petite ville de Alba de Tormès, qui fut le berceau des ducs d'Albe, et qui garde le tombeau de sainte Thérèse. Le long de la route, un doute me tenait. Je me souvenais du mot de la grande sainte espagnole : « Peu importe de déjeuner avec la moitié d'une sardine, pourvu que ce soit devant un beau paysage. » Et je me demandais, tandis que les chardons fuyaient derrière moi, décorant les talus de leurs tristes bras de cendre, comment le vœu de cette âme tendre avait pu être exaucé, et quel pouvait être le paysage qu'elle avait contemplé dans ses dernières heures? Les bois à moitié chauves, les champs pierreux qui se succédaient, me faisaient mal augurer de la réponse. Je me trompais. Le fleuve, depuis longtemps perdu de vue, réapparait tout à coup. Un amas de vieilles maisons se presse sur l'autre bord, montant en désordre, dominées par une tour en ruine. Et de là, du couvent des Carmélites bâti à mi-hauteur, le regard prend en enfilade une large vallée verte coupée par le Tormès, oui, verte d'une verdure fraîche, saine et reposante, verte à droite et à gauche, où s'étendent des prés semblables à ceux de nos rivières, où paissent des troupeaux de bœufs, où l'herbe se renouvelle et fleurit trois fois l'an. Vous ne sauriez croire, mon ami, la douceur du vrai vert, couleur d'enfance pour nos yeux, et qui leur manque vite, et dont ils cherchent vainement la joie dans la grisaille des olivettes ou dans la fourrure sombre des pins. Cette Alba de Tormès évoque en mon esprit une idée d'émeraude.

Et voici qu'aujourd'hui, devant Avila, berceau de la sainte, après avoir traversé le palais, converti en chapelles, où l'une des âmes les plus exquises du monde prit sa forme terrestre, je demeure également frappé de la beauté du site, et d'une autre chose encore, plus singulière, je veux dire de l'étroite ressemblance entre Avila d'Espagne et Assise d'Italie. Je veux bien admirer l'église fortifiée; ses chevaliers de granit, debout, en cottes de mailles, sur la façade; les ogives fines; la pierre jaspée, blanche et rouge, qui jette, du haut des voûtes, de si riches reflets sur les dalles du chœur ; ces murailles intactes qui enserrent la petite ville, leurs créneaux à la mode arabe, leurs portes aiguës, dont l'ouverture encadre si nettement des lointains aux nuances pâles : mais le souvenir de l'Ombrie est plus fort que tout. Le dessin des deux plaines est absolument le même. La ville de sainte Thérèse, comme celle de saint François, guerrière, délabrée, grimpée sur un piédestal de roches fauves, regarde une grande vallée calme, enveloppée de montagnes bleues. Ici, la montagne est plus dentelée peut-être, la vallée plus froide. Une rivière, une intention d'eau et de fraîcheur, serpente à travers les espaces blonds. Mais comme je retrouve ce silence, cette belle forme oblongue du paysage, cette couleur d'une terre profonde où il semble que tout germe et meure sans effort, et cette transparence de l'air qui fait qu'on marche en rêve jusque sur l'horizon ! Quel lieu d'élection pour naître, et pour grandir ! Et quelles méditations, dans ce jardin fermé, à la fois si intime et si large !

J'arrête, dans la rue, une femme à laquelle je demande des renseignements. Elle a un reste de jeunesse, et des traits fiers, et deux yeux ardents, qui brillent sous le capulet noir, cette mantille des très pauvres. Je lui dis que j'admire la sainte d'Avila.

— N'est-ce pas ? fait-elle.

Un instant elle se tait, pour voir si je comprends ces choses, et elle ajoute :

— Nos aïeules, avant sa mort, l'avaient priée de nous obtenir deux faveurs : la persévérance dans la foi,... et la beauté.

— Eh bien, madame?

— Nous avons été exaucées, dit-elle en se détournant...

Maintenant, je vais reprendre la route du Sud. Des visions nouvelles vont se dresser devant moi. Par delà Madrid, où nous serons ce soir, j'aperçois déjà par le désir Lisbonne, et Séville, et Cadix. Je confie cette pensée à mon compagnon de voyage, qui sourit :

— Attendez-vous, me dit-il, à ce que la nature endorme peu à peu les hommes. Vous ne trouverez plus Bilbao. J'avais un grand-oncle, Espagnol, qui prétendait qu'on pouvait reconnaître les différentes régions de l'Espagne à l'attitude des chiens. Dans le Nord, le chien près duquel on passe se lève, court, et aboie; le chien de la Castille se lève, aboie, mais ne court pas; le chien de Tolède remue encore la tête, mais ne se lève pas; le chien de l'extrême Sud ouvre un œil, un seul, le referme et se rendort.

XIII

MADRID

Madrid, jusqu'au 8 octobre.

J'ai rencontré assez d'hommes en Espagne pour juger que l'accueil espagnol est bien différent de l'accueil italien. L'Italien est prévenant ; l'Espagnol est d'une politesse exacte, qui répond à la vôtre, et ne fait pas d'avances. Si vous êtes présenté à un Italien, vous serez immédiatement charmé par sa grâce enveloppante. Il vous étudiera en vous donnant déjà des noms d'amitié, et, dès que sa perspicacité, merveilleusement exercée, lui aura révélé en vous un homme utilisable, soit pour une affaire d'intérêt, soit pour la gloire du pays, il n'est pas d'idées ingénieuses qu'il ne cherche et ne trouve, pour vous plaire et vous amener à servir son dessein.

Habileté noble, d'ailleurs, en bien des cas! Je ne puis me rappeler sans une pointe d'émotion ce vieux sénateur de l'ancienne Vénétie, qui, malgré l'âge et la chaleur, et mille occupations dont il était chargé, se fit, pendant deux jours entiers, mon cicerone, et me dit, le soir où nous nous séparâmes : « N'aurez-vous pas bon souvenir de ma petite patrie? » Cette récompense lui suffisait. Il était heureux de n'avoir pas ménagé ses forces, si l'étranger, grâce à lui, disait du bien des collines de la cité natale, et des monuments d'autrefois, et des œuvres nouvelles. L'Espagnol est plus réservé. Sa froideur est tout extérieure, mélange de souvenirs, d'insouciance personnelle et d'orgueil national. Il a de beaux usages, il est simple, il est droit, et, qu'il soit hidalgo ou homme du peuple, on pourra bien rarement dire qu'il a manqué de courtoisie. Interrogé, il répondra. Prié de rendre un service, il ne refusera pas, en général. Mais, pour les raisons que j'ai dites, il n'ira pas au-devant de vos désirs. L'action lui coûte, l'étranger lui est suspect, et la pensée de se concilier l'esprit d'un passant lui paraît négligeable. Car c'est là le plus curieux aspect d'une âme espagnole : aucun peuple n'a, peut-être, une plus fière idée de la patrie; les Espagnols d'aujourd'hui se sentent les descendants légitimes, et nullement dégénérés, des Espagnols du temps de Charles-Quint, et il faut compter avec la susceptibilité d'un fils de croisés. Leur noblesse n'est pas à établir, elle s'impose; elle est trop grande et trop ancienne même pour qu'il soit digne des titulaires actuels de se donner de la peine et d'en exposer les preuves. Tant pis pour qui ne les verrait pas! Son témoignage serait sans valeur, contre la conscience du pays et l'évidence des faits.

Un tel état d'esprit fournirait l'occasion de plus d'une observation intéressante. On pourrait prétendre, non sans raison, je crois, qu'un peuple n'a jamais cette mémoire historique et cet orgueil de son passé, lorsqu'il a perdu les énergies qui lui valurent sa gloire. La confiance même qu'il a en soi est un signe de force latente. Les symptômes de décadence seraient bien plutôt le mépris de la tradition, l'engouement de la mode changeante, la recherche puérile et obstinée de la louange. Rien de pareil en Espagne : l'admiration de l'étranger touchera les cœurs comme un hommage, mais on ne la gagnera, on ne veut la gagner par aucun artifice et par aucune réclame. Je laisse ce point aux psychologues. Et je veux seulement noter de quels éléments est faite la réserve d'un Espagnol vis-à-vis d'un Français.

Nous avons contre nous, d'abord, les souvenirs de la *francesada*, puis, dans les campagnes surtout, le continuel passage de gens sans aveu, Français de naissance peut-être, qui se disent réfugiés, et qui mendient, et qui donnent une idée fâcheuse de la France aux paysans des villages, jusqu'à plus de cent lieues de nos frontières. Mais le plus gros grief, ici comme ailleurs, c'est notre esprit de moquerie, l'éternelle et ridicule habitude que nous avons de comparer Paris avec les moindres bourgs, d'exalter nos goûts, nos chapeaux, nos chemins de fer, nos hôtels, notre cuisine, de parler du Clos Vougeot quand on nous offre du Valdepeñas, et du beurre d'Isigny en présence d'une omelette à l'huile, comme si nous voyagions à l'étranger pour l'unique plaisir de regretter la maison. Si vous êtes mal, pourquoi le dire? Allez-vous-en tout muets. Vous êtes venus pour votre plaisir, partez du moins sans offenser. Que de sympathies de plus nous nous serions acquises, si nous ne manquions pas un peu de cette faculté d'adaptation, qui est une des formes de la bienveillance, — et si souvent de la justice!

Parmi les Français qui habitent Madrid, plusieurs m'ont fait l'éloge de cette grande ville. « Il n'en est guère, m'ont-ils dit, où la vie soit plus facile, plus simple, mieux entourée. Les relations y sont les plus aisées du monde, et deviennent vite des amitiés, à une condition, celle de comprendre le caractère espagnol et d'adopter les usages, avec la langue et le climat. Sous l'écorce un peu rude des hommes, nous avons découvert très vite des natures éminemment généreuses et dévouées. Nous avons eu des deuils de famille, et je vous assure qu'en France les sympathies n'eussent pas été, autour de nous, plus nombreuses ni plus vives. Les diverses classes de la société se mêlent plus aisément que chez nous. La grandesse n'a aucune morgue avec les humbles. Tout le monde se coudoie, se salue et fraternise au moins d'un petit geste, au passage, à la promenade. C'est quelque chose. Nous regretterons, lorsque nous reviendrons en France, cette atmosphère de cordialité. Nous regretterons aussi, peut-être, la bonne humeur de ce peuple pauvre, qui n'a pas besoin qu'on l'amuse, qui sait encore, l'un des derniers, s'amuser seul, fermer boutique quand il lui plaît, et se faire autant de dimanches qu'il en trouve l'occasion. »

Les rues de Madrid, ni même ses monuments, n'ont jamais, je crois, ébloui personne. Elle est vivante, mais elle manque de couleur, presque partout. Je l'ai parcourue en tous sens, et, si j'ai surpris bien des scènes de mœurs, plus ou moins drôles, je n'ai rapporté de mes courses que deux ou trois paysages vraiment beaux. L'un d'eux, c'est la vue du haut de la terrasse du palais royal. On traverse la cour d'honneur, celle où se fait, chaque matin, la parade militaire; on pénètre sous la galerie qui termine, vers le couchant, le palais et la ville, et, entre les piliers blancs des arcades, toute une vallée verte s'encadre, vallée profonde qui descend par étages jusqu'au Manzanarès, couverte de jardins et de parcs, et qui remonte sur l'autre rive, et, par une succession de bosquets et de grands bois, va rejoindre des montagnes, pierreuses en leurs sommets. Les lignes sont très nobles, la teinte générale est infiniment curieuse. Elle aide à comprendre les tableaux de Velasquez, qui peignait des lointains immenses, d'un vert triste confinant à des bleus sans éclat.

J'aime aussi, d'un amour singulier, la rue d'Alcalà. Il faut la voir aux dernières heures du jour, et d'en bas, de la place de la Independencia. Elle tourne, en montant vers la Puerta del Sol. Elle est large, bordée de palais. Le soir, un côté est dans l'ombre ; l'autre, d'un jaune léger, s'infléchit avec une grâce heureuse, coupé, çà et là, par une façade rose, et tout en haut, à l'endroit où les toits touchent le grand ciel clair, la poussière du jour lui fait comme une gloire. J'ai passé de longs quarts d'heure à regarder cette belle rue fuyante. Les petites Madrilènes, habituées du Prado, qui trottinaient devant leurs mères, avaient l'air de ne pas comprendre.

Cette rue d'Alcalà est, d'ailleurs, l'une des plus animées de Madrid. Les tramways la traversent et conduisent au Prado, au jardin del Buen Retiro, à la Plaza de Toros. Elle possède plusieurs des cafés les plus fréquentés de la ville, l'Académie des Beaux-Arts avec la *Sainte Élisabeth* de Murillo, deux ou trois ministères, et le rez-de-chaussée étroit et sérieux où Mariquita vend le meilleur chocolat de l'Espagne, et cette église de Calatrava, où, le dimanche, vers neuf heures, on voit tant de belles Madrilènes arriver, exactes, pour entendre la messe, et tant de beaux messieurs arriver en retard, pour guetter la sortie.

Enfin, elle est une des dix rues qui déversent, jour et nuit, le peuple de Madrid dans la Puerta del Sol.

Je ne crois pas qu'on puisse éviter ce lieu fameux, étroit, encombré de voitures, de camelots, de filous, d'innombrables gens qui passent et de groupes d'oisifs qui forment comme des îles parmi ces courants noirs. Il a été trop célébré pour des mérites qu'il n'a pas. L'aspect est médiocre : une place à peu près ovale, avec une fontaine au milieu et des maisons tout autour, hôtels, banques ou palais qui sont de la même hauteur et recrépis en rose pâle. Aucune percée sur la campagne ou sur un jardin, aucun monument d'art. Le grouillement de la foule, ni son bruit, ni la poussière qu'elle soulève ne me semblent justifier les étonnements littéraires dont on nous a comblés. Mais la Puerta del Sol est amusante parce qu'elle a des habitués, un régime, presque une philosophie. Je l'ai étudiée, de ma fenêtre de l'hôtel de la Paix, souvent guidé par les conseils d'un Madrilène érudit. C'est tout un monde. Il appartient, de six heures à huit heures du matin, aux marchands de café et de beignets soufflés, à leur clientèle ouvrière, aux *novios* qui croiraient avoir perdu la journée s'ils ne la commençaient pas sur un mot d'amour à la *novia*. Ce qu'on en voit, de ces idylles brèves, au tournant des rues, sous l'abri des porches, autour des fontaines ! Ce qui se murmure de choses tendres, toujours les mêmes, avant que la grande ville soit éveillée ! Les bois, au temps des nids, en entendent seuls davantage. On se sépare sur un geste de la main, on se retourne, on se regarde encore. L'employé court à son bureau, l'ouvrière à son atelier. Vers neuf heures la chaleur est douce. Les amateurs de soleil, qui ont dormi sur les bancs, ou le long des portes, et soupé la veille d'un pauvre *puchero* aux entrailles de poulet, se retrouvent sur le trottoir, du côté de l'hôtel de la Paix. Ils ont des airs songeurs, et des capes misérables. Trois ou quatre agents de la sûreté, des habitués, eux aussi, échangent leurs impressions matinales, et observent d'un œil de tuteurs inquiets les premières belles breloques portées par un étranger et hasardées dans la foule des gueux. Un groupe d'ecclésiastiques en redingote, chapeau de soie et col droit, stationne au garage des tramways. La place s'emplit de minute en minute d'un plus grand nombre d'êtres humains. Vers cinq heures du soir, c'est une fourmilière. On ne voit plus les pavés : rien que des têtes en mouvement autour de rares points fixes, et dont les glissements compliqués, tournants, difficiles à suivre, font penser aux remous des écluses, quand toutes les vannes sont ouvertes. Les cafés sont pleins. Des toreros en petite veste et grand chapeau gris discutent devant la porte du *Levante*. On crie les billets de loterie, le programme de la prochaine corrida, les fleurs, les romans illustrés, l'eau fraîche, les journaux du soir. Des équipages traversent au pas. Les grandes dames vont au salut, ou faire un tour aux Récollets, ou prendre un consommé chez Lhardy. Aux oisifs du matin se sont joints les errants de la politique, les familiers les plus nombreux de la Puerta del Sol, les fidèles des ministères morts, les dévots besogneux de la sainte espérance : les *cesantes*.

En France, nous connaissons, hélas ! l'ouvrier sans travail. Mais Madrid nous offre un autre type : l'employé sans bureau. A chaque changement de ministère, le personnel est renouvelé. Conservateurs, libéraux, radicaux, tous les chefs de groupes ont leur clientèle de gratte-papier, de comptables, d'appariteurs, d'estafettes, qui chasse les titulaires en place, triomphe avec le ministère et succombe avec lui. Autrefois, les postes les plus humbles étaient, comme les autres, soumis à la loi cruelle des ras de marées parlementaires. Tout tombait à la fois. Les balayeurs passaient le balai quand le ministre passait le maroquin. Le mal est moindre aujourd'hui. Les infiniment petits se sont consolidés. Il n'en reste pas moins, sur le pavé de Madrid, une vingtaine de mille hommes, titulaires dépossédés de l'écritoire officielle, aspirants perpétuels, guetteurs de nuages politiques, dont la vie est précaire et dont l'avenir se joue à la bourse des nouvelles. Ils prennent l'air de la politique à la Puerta del Sol. Ils n'ont pas d'autre métier. Ce sont des bureaucrates en interrompu. Leur dignité ancienne, toujours près de reparaître, leur défend un travail manuel. Leur misère présente excuse les petits moyens, la mendicité déguisée, les expédients douteux, le *sablazo*, le « coup de sabre » qu'ils donnent avec maëstria. L'un d'eux, par exemple, — j'en sais quelque chose, — un vieux très digne et portant beau, vous aborde, la main tendue : « Eh ! cher, comment allez-vous ? — Mais, monsieur... — Vous ne me remettez pas ? Le vieux picador du café de Madrid, avec lequel vous avez causé... — Pardonnez-moi. — Vous m'avez oublié, je le vois bien !... Je suis, monsieur, un pauvre employé, qui espère la chute de Sagasta... » Il aura de quoi dîner ce soir, et peut-être de quoi acheter une place de soleil pour les *toros* de demain.

Vers la même heure, le samedi, la reine régente, en grand apparat, se rend par la Puerta del Sol à l'église del Buen Suceso, qui est aujourd'hui la paroisse du palais royal. Elle assiste au chant du *Salve Regina*, selon une coutume très ancienne, à laquelle les souverains d'Espagne n'ont jamais manqué, pendant leur séjour à Madrid, depuis le règne de Philippe IV. Ce n'est qu'une cavalcade rapide, qu'une coupure brillante dans les remous sombres qui s'agitent. L'instant d'après, la place reprend son aspect accoutumé.

Et c'est ainsi jusqu'à une heure très avancée de la nuit. Car Madrid, l'été surtout, est noctambule. Les marchandes de fleurs sont devenues plus nombreuses. Elles n'ont plus que trois brins de tubéreuse fanée pour excuser leur promenade parmi les groupes. Des femmes passent, deux par deux, un peu raides, la tête enveloppée de la mantille. L'une est jeune; l'autre pourrait être sa mère, et l'est peut-être, hélas! La poussière, au-dessus de la Puerta del Sol et des rues avoisinantes, fait trembler les étoiles. Il faudra, pour qu'elle s'abatte, que le jour soit près de naître.

Alors si vous sortez, enveloppé, dans le froid glacial de ces heures douteuses, vous rencontrerez des vieux et des tout petits, gîtés aux encoignures des portes, adossés contre une borne, achevant leur triste nuit. Dans la même guérite, auprès d'un ministère, je me souviens d'avoir vu deux enfants qui dormaient, frère et sœur sans doute, pressés l'un contre l'autre, les jambes ramenées sous eux, les deux visages rapprochés, si pâles et si bien pareils!... On a beau invoquer la douceur du climat, ce qui est un mensonge, et l'habitude de coucher dehors, et tout ce qu'on voudra, moi j'avais envie de crier: « Élargissez-vous encore, bras sacrés de la charité, et abritez ces pauvres ! »

Les maisons de Madrid sont, presque partout, très élevées. Les étages se désignent ainsi : *primero, principal, segundo, tercero,* etc. Le *principal* correspond à notre premier, dans les belles rues. Les locataires se connaissent tous. L'usage, du moins, leur fournit l'occasion de se connaître. Il veut qu'en prenant possession d'un appartement, on envoie sa carte aux habitants des autres étages, qui rendent immédiatement visite. Dans les provinces, à Séville, par exemple, dès qu'une famille nouvelle s'installe dans une rue, tous les voisins s'empressent de saluer la maîtresse de la maison. On sonne à la grille ouvragée du patio : « Qui est là? — C'est le numéro six, ou le numéro quinze, ou le numéro neuf, qui vient offrir sa maison. » L'étiquette commande, en effet, et cela dans toute l'Espagne, qu'on n'achève pas cette première entrevue sans avoir dit : « Vous m'êtes très sympathique; souvenez-vous qu'au numéro six, ou au numéro quinze, ou au numéro neuf, ou au troisième étage, vous avez une maison et une amie. » N'est-ce pas d'une jolie courtoisie?

Le même sentiment chevaleresque et magnifique a réglé ce petit débat, tout de forme, qui se reproduit chaque jour. Vous admirez un bibelot quelconque, un tableau, une bague. Le possesseur doit se hâter de dire : « Il est à vous! » et vous de répondre : « Mille grâces, il est trop bien là où il est! »

A la promenade, aux portes des églises, on est sûr de recueillir, sur le passage d'une jeune fille ou d'une jeune femme, l'une de ces exclamations : « Est-elle jolie! Mais voyez donc, quelle grâce! quelle beauté! quelle robe bien choisie! *que bonita! que guapa!* » Les mères entendent, et restent dignes; les filles écoutent, et le coin de leurs yeux s'amincit. J'ai demandé à un élégant de Madrid :

Vous connaissiez mademoiselle X...?

— Non, puisque je ne l'ai pas saluée.

— Et vous avez dit : *Que guapa!*

— C'est l'habitude.

— Mais vous avez répété à sa voisine : *Que bonita!* Elle était beaucoup moins bien. Où est la sincérité?

— Que voulez-vous, nous autres, à Madrid, nous ne pouvons pas nous en taire : elles ont toutes quelque chose!

Les formules épistolaires ou oratoires ne sont pas moins tendres, galantes ou nobles, suivant les cas. J'en ai fait collection. On écrit à un supérieur : « Mon très seigneur et de ma plus grande considération; » à un homme, on baise les mains, toujours en abrégé : « Q. b. s. m. *Que besa sus manos;* » à une femme, on baise les pieds : « Q. s. p. b. » Mais les plus belles qualifications sont réservées aux corps délibérants et aux villes. Les conseils municipaux, par exemple, ont droit au titre d'illustre, d'illustrissime ou d'excellentissime. Et comme ils constituent une personne morale, on s'adresse à eux au singulier : « Excellentissimo monsieur le conseil municipal. » Pour les villes, il faudrait un dictionnaire. Elles possèdent chacune, outre leurs armes, une sorte de légende héroïque, vraiment de belle allure, qui accompagne leur nom et résume leur histoire. Et ne croyez pas que la tradition soit brisée, qu'il s'agisse uniquement d'usages anciens, d'une liste fermée, destinée à perdre avec l'âge, un à un, ses alinéas. Je viens de lire un décret qui accorde nom d'excellence à un ayuntamiento, et celui de villa à deux pueblos.

Madrid est *imperial, coronada, muy noble, muy heróica y excelentissima villa;* Malaga, *siempre la primera en el peligro de la libertad y excelentissima ciudad;* Jaen, *muy noble, muy leal, guarda y defensa de los reinos de Castilla, y excelentissima ciudad;* Barcelone, « deux fois très noble, deux fois très fidèle, cinq fois notable, insigne tête et colonne de toute la Catalogne, éminente et excellentissime cité; » Séville est « très noble, très loyale, très héroïque, invaincue et excellentissime ».

Je suis frappé de cette politesse grandiose des hommes entre eux. J'y crois voir, beaucoup mieux que dans la familiarité, le signe de mœurs démocratiques, parce que le sans-gêne des appellations est un mensonge qui ne satisfait personne, un sacrifice dont la vanité se venge immédiatement par d'autres ambitions.

Le théâtre de l'Apolo donne, en ce moment, avec beaucoup de succès, *la Verbena de la Paloma,* c'est-à-dire la Fête de la Vierge de la colombe, une sorte de vaudeville populaire, tout à fait dans le goût espagnol. On y voit un pharmacien goguenard et potinier, un vieux monsieur noceur qu'une fille abandonne pour un jeune amoureux, une brave cabaretière vite apitoyée par les misères de cœur, des buveurs, des mantilles, des commères de faubourg, qu'un air de guitare fait encore danser, des serenos avec leur lanterne. Et tout le monde rit. Les jeunes filles savent la partition par cœur, et la chanteraient, au besoin, avec les acteurs J'ai passé là une heure très agréable, dans une jolie salle, pour le prix modeste de soixante-quinze centimes. La soirée était divisée en quatre spectacles différents. On pouvait retenir son billet pour l'une ou l'autre des quatre pièces. Il y avait foule. J'ai attendu sous le péristyle. Les spectateurs de la première pièce sont sortis par une porte, nous sommes entrés par une autre. Aucune bousculade ne s'est produite. Et j'aime assez cette manière de prendre le théâtre par petites tranches, à l'heure que l'on choisit, pour une somme qu'on ne regrette jamais.

Sauf exception, — et je citerai parmi les exceptions, les hommes politiques, devenus cosmopolites quant aux usages, — les Espagnols reçoivent assez rarement un étranger à leur table. Ils l'invitent à l'hôtel. Pour quelles raisons? Pour celle-ci, d'abord, que le luxe des repas est moins répandu en Espagne que chez nous; et pour cette autre encore, plus profonde à mon avis, et plus vraie, que l'intimité est, traditionnellement, plus étroite et mieux défendue. On reçoit plus volontiers le soir, très simplement, sans gâteaux ni thé. Vers dix heures, on passe un verre d'eau. La conversation est cordiale, enjouée, souvent spirituelle. Les femmes possèdent un répertoire très étendu d'histoires locales, car on connaît un peu tout le monde et tous les mondes, à Madrid.

Elles racontent bien, et elles ont un si joli rire qu'on ne sait trop d'où vient le plaisir qu'on éprouve, de la drôlerie des mots ou du rire du conteur. J'assistais, hier soir, à l'une de ces réceptions familiales. La fille de la maîtresse de la maison m'a dit :

— Je regrette que vous ne soyez pas arrivé quinze jours plus tôt. Je vous aurais fait voir une de nos amies qui est une des beautés de Madrid. Mais elle est fiancée, et son novio ne veut pas qu'elle sorte.

— Et elle obéit?

— Sans doute; cela rentre dans les droits du novio. En général, il est parfaitement renseigné sur les moindres démarches de sa fiancée; il sait qu'elle passera à telle heure, par telle rue et pour telle raison, et il s'arrangera pour la rencontrer. Si la visite lui déplaît, il l'interdira. Dans les bals, dans les réunions, il accompagnera sa novia. Celle-ci ne dansera qu'avec lui, ou avec ceux qu'il aura désignés, et qui ne sont jamais nombreux.

— Alors les fiançailles ne durent guère?

— Pardon, monsieur, elles durent souvent deux ans, trois ans et plus. Parfois nous nous lassons de nos novios, s'ils sont trop exigeants, et nous les remercions. Mais c'est pour en prendre un autre. Les familles ne sont pas toujours averties. Plusieurs de mes amies ont eu des novios qui n'étaient pas reçus dans la maison, des novios par correspondance... Il est tombé bien des billets dans les rues de Madrid... Les chapeaux de nos papas en ont porté plus d'un...

Elle ajouta, d'un air entendu :

— Ces novios-là sont les plus jaloux.

— Mais, mademoiselle, je suppose une contredanse illicite, avec un inconnu...

Je vis ses yeux noirs s'agrandir encore; sa main mignonne se tendit vers moi, comme pour prêter serment; mademoiselle Juana cessa de sourire un tout petit instant :

— Il y a parfois des drames! fit-elle.

Je me suis renseigné depuis. Mademoiselle Juana m'avait dit vrai, au moins en ce qui concerne les fiançailles dans un certain monde, celui de la classe moyenne.

Un homme du monde, très lettré, a fait devant moi, aujourd'hui, une sorte de distribution de prix littéraires, qui devait être équitable, car il était compétent et désintéressé. « Notre littérature, disait-il, quoique peu répandue au dehors, mériterait une étude attentive. Plusieurs pays, qui passent pour féconds, vous rendent simplement vos idées en travesti: ils habillent les poupées qui sortent de vos maisons de fabrique. Nous aurions à vous offrir, au contraire, je ne dis pas des chefs-d'œuvre, mais, dans chaque genre, des œuvres moins servilement imitées des vôtres. Ainsi, le théâtre espagnol, qui n'a jamais été pauvre, à aucune époque, pourrait être considéré, aujourd'hui, comme un théâtre riche, lors même qu'il n'aurait, pour le représenter, que ces deux hommes : Tamayo, le secrétaire de notre Académie, l'auteur de cette merveille un peu ancienne déjà, *un Drama nuevo*, et notre étonnant Echegaray, à la fois ingénieur, financier, homme d'État, dramaturge, poète, et que je préfère, comme plus Espagnol, à Tamayo lui-même, un peu teinté d'idéalisme allemand. Dans le roman, j'accorderais la première place *ex æquo* à Pereda, notre grand écrivain du nord, et à Juan Valera, le souple Andalou, dont nous avons fait notre ambassadeur à Vienne. Pérez Galdós marcherait sur le même rang, styliste moins parfait peut-être, mais ouvrier consommé dans l'art de conduire une nouvelle. Et que d'autres on pourrait citer après ceux-là! Je vous nommerai, par exemple, madame Pardo Bazán, la romancière des mœurs galiciennes, dont le salon est un des plus recherchés de Madrid; Leopoldo Alás, esprit mordant, critique redouté, romancier à ses heures, très connu sous le pseudonyme de Clarin; Octavio Picón, et aussi le P. Coloma, qui me semble un satirique sans rival et un romancier de second ordre. Je ne parle pas de nos orateurs, dont la réputation a franchi la frontière, ni même de nos savants. Vous n'ignorez pas, j'en suis sûr, le nom de D. Marcelino Menendez y Pelayo, le premier et le plus jeune de nos érudits et de nos historiens littéraires, qui, à vingt-quatre ans, avait achevé la publication de ses *Eterodoxos españoles*, trois gros volumes, où se trouvent analysées, avec une clarté admirable, toutes les hérésies soutenues en Espagne, pendant le cours des âges. Il travaille en ce moment à une histoire de la poésie lyrique nationale, dont le cinquième volume va paraître. Croyez-moi, monsieur, les hommes ne nous manquent pas! »

J'ai eu l'heureuse fortune d'être présenté à M. Menendez y Pelayo et à M. Echegaray. Le premier est un homme de trente-huit ans, long de visage, portant la barbe en pointe et les moustaches tombantes, extrêmement nerveux, un pur intellectuel, dont la redingote professorale se plisse en vain pour chercher le corps et ne le rencontre pas. L'œil est voilé, à la fois très affiné et très fatigué par la lecture. Sa main, quand elle feuillette un livre, caresse involontairement les pages, et joue avec les chapitres, aussi sûre d'elle-même, aussi légère et amoureuse que les doigts d'un grand artiste touchant une mandoline. M. Echegaray, beaucoup plus âgé, a dû être blond, et l'est encore un peu. Il ressemble à Mistral, sauf par les moustaches, qui sont roulées : tête énergique, militaire, les yeux clairs et vivants, d'un vert pâle qui change vite, des manières aisées, et l'air d'un de ces esprits libres, doués pour comprendre toute la vie, à qui tout est facile. On le trouve, chaque après-midi, à ce très beau cercle de l'Ateneo, dont les Madrilènes sont justement fiers, où l'on prononce des discours politiques, où on ne joue pas, où les associés ont à leur disposition quarante mille volumes, et tous les journaux, et toutes les revues, pour dix francs par mois.

Le musée de Madrid m'a produit une impression que ni le Louvre ni aucun musée italien ne m'avaient donnée. Nous sommes trop préparés, en général, aux émotions artistiques. Des souvenirs, des images, des comparaisons, empêchent l'étonnement et déflorent toute nouveauté. Ici, vraiment, deux peintres se révèlent, s'imposent par toutes leurs œuvres entassées devant nous : Velasquez et Murillo. Les tableaux isolés de l'un et de l'autre ne m'avaient rien appris. Et je crois bien que je comprends le premier, que je ne suis pas indifférent à la sûreté de son dessin, à l'aisance cavalière de ses grands seigneurs si laids de visage et pourtant de si haute mine : mais je sens que j'aime mieux le second. Les critiques d'art ne sont pas de mon avis. Ils ont des raisons, assurément meilleures que les miennes. Moi, je ne suis que la foule qui passe, l'âme ouverte, et si j'admire *les Fileuses* de Velasquez, j'ose le dire, c'est qu'elles rappellent par leurs tons mêlés, leur lumière venue d'en haut, leur grâce populaire et non apprise, les toiles où l'autre peignait une humanité supérieure en de très pauvres corps, et mettait sur le visage des bergers à la crèche, ou dans les yeux d'une gueuse regardant sainte Élisabeth, l'émotion que l'habitude des cours a tuée, paraît-il.

Je préfère ne pas écrire ce que je pense de Goya.

Mais je soutiendrais volontiers que le musée de Madrid possède le plus beau tableau de Raphaël : simplement le portrait d'un cardinal inconnu, dont la tête patricienne exprime toute l'Italie. Que de chefs-d'œuvre aussi, de l'école flamande ou allemande ! Ce vieux van Eyck, par exemple, dans la salle Isabelle II : une femme assise lit un livre enluminé, un livre d'Heures. Elle a un visage en losange, pâle, transparent et doux, coiffé d'une mousseline à grandes ailes, à peine un peu plus blanche ; sa robe bleue, son manteau vert aux plis cassés, rehaussé de broderies d'or, se tassent à ses pieds et font comme un massif autour de la haute chaise de bois. Ce doit être la fin de l'hiver. La jeune femme tourne le dos à un feu très soigné par le peintre, gerbe de flammes rouges, crochues, sifflantes, léchantes, qui montent entre deux chenets, dans la cheminée aux chambranles immaculés, lavés toutes les semaines. Elle n'attend personne ; son cœur bat lentement ; elle a fermé sa porte. Pour symboliser encore mieux la paix réglée de cette maison, son élégance très sage et la jeunesse pourtant qui fleurit en serre close, le maître tout naïf a mis près de la fenêtre, au fond, sur les dalles, un iris incliné, veiné de mauve délicat, et dont la tige plonge dans une eau invisible, qu'on devine toujours fraîche.

Ce tableau m'avait pris les yeux. J'avais vécu plus d'une demi-heure en Flandre. Quand je descendis les marches du musée, le soleil éclaboussait de rayons les façades du Prado, et, sous les arbres fanés de chaleur, les Madrilènes buvaient délicieusement la poussière.

Les jeunes gens qu'on est convenu d'appeler de famille, que je rencontre ici plus nombreux peut-être qu'à Paris, offrent ce singulier phénomène de ne pas être complètement antipathiques. Les plus occupés sont titulaires d'un coin de bureau où ils ne vont pas. Pour la plupart, une utilité quelconque serait une déchéance. Ils éprouvent pour toute profession un dégoût instinctif renforcé par des traditions séculaires. Et malgré ce long désœuvrement de la race, le type est demeuré énergique. L'expression est souvent fade, les traits ne le sont presque jamais. On devine, chez ces jeunes gens, un capital inutilisé de vaillance héritée. Ils ont l'air de bonnes épées qui ne servent pas. Supposez que l'éducation, lentement réformée, leur rapprenne la loi du travail, quel merveilleux tiers état surgirait dans ce peuple !

J'ai fait une autre observation d'esthétique. La différence caractéristique entre les races espagnoles et la nôtre me semble être dans l'inflexion du sourcil. Chez l'Espagnol, le sourcil n'a qu'une pente ; il descend régulièrement vers les tempes, de sorte qu'aucune partie de l'arc ne dépasse le point d'attache près du nez : signe de gravité et de volonté. Chez nous, il est presque toujours aigu en son milieu, ironique, batailleur, spirituel et léger.

On m'avait bien recommandé d'aller, au café de la Péz, voir les danses et entendre les chants populaires. J'y suis allé. C'est, dans une rue borgne, un café aveugle, où il doit faire nuit en plein jour, bas d'étage, enfumé, dont les becs de gaz se mirent dans des glaces suintantes. De neuf heures à minuit, des filles fardées, vêtues de pauvres robes voyantes, crient tour à tour des paroles d'amour désespéré, sur des airs qui commencent dans les hauteurs de la voix, pour tomber en cascade jusqu'aux profondeurs du contralto; ou bien elles se tordent et se déhanchent, au rythme des *olé! olé!* poussés par les autres femmes et par des messieurs à casquettes de soie, assis en rond au fond de l'estrade.

Les spectateurs, la bohème assez sombre de Madrid, applaudissaient en jetant, sur le marbre des tables, les soucoupes de métal où pyramident les trois morceaux de sucre. L'unique compensation à cette vulgarité du spectacle et de la salle, consistait dans l'incroyable tristesse de ce divertissement. Les mélopées se traînaient, lamentables, et finissaient en l'air, sur une note boiteuse. Je pensais que l'Orient était là, le génie des peuples du Midi, qui pleurent dès qu'ils chantent. J'étais même un peu emballé dans cette voie de rêverie. Au moment où je sortais, je croisai, dans un couloir, une des danseuses, qui me demanda pourquoi je m'en allais. Je lui répondis qu'elle dansait bien.

— Alors, fit-elle en riant, bonsoir, monsieur!

— Vous parlez français?

— Parbleu! Mais j'ai dansé au Casino de Paris!...

Et les étrangers continueront d'être introduits, avec précaution, au café de la Pez, pour y voir ce qui reste de la couleur locale et de l'Espagne primitive....

La reine régente ne sera pas de retour à Madrid avant la fin du mois. J'espère avoir l'honneur de lui être présenté, lorsque je reviendrai d'Andalousie. J'ai fait, à cette intention, quelques visites, et, au cours de l'une d'elles, un homme d'État espagnol m'a longuement parlé de Marie-Christine.

— Vous l'admirez, m'a-t-il dit, et votre admiration serait plus vive encore si vous saviez toutes les difficultés que cette femme extraordinaire a pu vaincre ou tourner. C'est une question que j'ai étudiée de près, à laquelle le hasard de la vie politique m'a mêlé. Eh bien! la réponse a été, de ma part, un dévouement absolu à la reine régente. Songez donc à cette sombre situation, et, je puis dire, à cette incertitude tragique des premiers jours! Alphonse XII venait de mourir au Pardo, le 25 novembre 1885. Grâce à la fermeté de M. Canovas del Castillo et du conseil des ministres, la régence avait été proclamée sans trouble. Mais la jeune régente avait tout contre elle. Étrangère, — ce qui est un défaut grave en Espagne; — seconde femme du prince, et, par là même, associée seulement, dans l'opinion, à la partie la moins populaire du règne; tenue jusqu'alors à l'écart des affaires; en butte à l'hostilité sourde ou déclarée d'une fraction de la cour, elle se trouvait presque seule, inconnue, accablée de chagrin, grosse de trois mois, avec la perspective presque assurée de ne pas garder le pouvoir, si le dernier enfant à naître d'Alphonse XII était encore une fille. Les préjugés ont été assez vite dissipés. On a dû reconnaître, chez la régente, une intelligence, un tact supérieurs, une aptitude naturelle au maniement des choses politiques. J'ai même pensé quelquefois que les souverainetés constitutionnelles, dont le propre est de conférer peu de droits certains avec beaucoup d'influence possible, sont mieux appropriées au tempérament féminin, et que les femmes s'en tirent plus habilement que les hommes. Mais peu importe. Ce qui ne désarme pas, monsieur, devant une preuve de courage et d'intelligence, ni même devant l'évidence du bien public, ce sont les ambitions, les basses jalousies. Les ennemis de la régence ont parfaitement compris que la force de ce gouvernement résidait surtout dans la haute valeur morale de la souveraine. Marie-Christine, par sa vertu, par sa dignité dans le malheur, en imposait aux partis. Soupçonnée, elle eût été perdue. Vous devinez pourquoi je n'insiste que sur les conclusions: la reine a su déjouer tous les calculs, s'il y en a eu; jeune et très charmante, aucune médisance ne l'a jamais atteinte, et si l'on me demandait sur quoi s'appuie la monarchie actuelle, dans un pays où les républicains sont nombreux, et les carlistes encore puissants, je dirais que c'est d'abord sur le respect pour une femme. Oui, nous bénéficions de la trêve du respect. Bien peu de gouvernements peuvent en dire autant. Nous-mêmes nous n'avions pas l'habitude. Mais nous commençons à reconnaître qu'il y a là un secret de gouvernement d'une puissance singulière. Nous lui devons neuf années de paix. Et chaque jour accroît les chances de durée, l'autorité, le renom dans le monde de la régence d'Espagne... Tenez, je suis sûr que, pour Marie-Christine, toute l'armée se ferait tuer !

Un autre homme politique m'a dit :
— Jamais peut-être les relations n'ont été aussi bonnes, entre l'Espagne et la France. Les signes en sont nombreux. Vous avez pu en voir un dans la cordialité de la réception faite, par la reine et par la population de Saint-Sébastien, à vos officiers de marine. Effet de l'apaisement général qui semble détendre les rapports de peuple à peuple; effet surtout de causes plus particulières et plus profondes. Je ne sais pas si vous vous rendez compte de cette vérité, que l'étranger vous estime beaucoup moins d'après l'éclat de vos modes et de votre esprit que d'après votre fidélité, plus ou moins grande suivant les temps, à votre caractère et à vos traditions nationales. Vous êtes entourés de peuples moins mobiles que vous. Entre les Espagnols et les Français,

il y a cette communauté de sang latin qui a bien son importance, quoi qu'on dise, et qui prédispose à une entente. Encore faut-il que nous reconnaissions dans votre politique, même intérieure, ce souci de la continuité, ce respect du droit, je dirais même volontiers cette pointe de chevalerie qui sont merveilleusement compris en Espagne. Si vous voulez un exemple, je vous avouerai que votre charité si grande, si spontanée, si naïve, quand un malheur la sollicite, nous rapproche de vous, et que l'œuvre mesquine et souvent violente de vos Chambres nous en écarte. Il y a encore cette défense des intérêts catholiques, à laquelle, par un phénomène étrange et heureux pour votre nation, vous restez fidèles, à l'extérieur. C'est là un lien dont la puissance n'échappe pas assurément, aujourd'hui, à quelques-uns de vos hommes d'État. Quand le pape s'adresse à la France, et manifeste publiquement cette espèce de confiance et de préférence qu'aucune de vos erreurs ne vous a encore enlevée, l'Espagne, qui est croyante, écoute la réponse. Elle est impressionnée par l'idée qu'il a de vous. La mémoire lui revient de ce que firent, dans le passé, les deux nations, sœurs dans la foi, et cette fraternité aussi se réveille et nous tend vers vous. Ne croyez pas que j'exagère. Je suis, par tempérament, si éloigné même de toute sentimentalité, dans les questions de cet ordre, que j'aime mieux m'en tenir à cette simple indication. Je vous répéterai seulement un mot qui me fut dit, voilà quelques semaines, par un prélat italien. Je causais avec lui d'une affaire, où la France et l'Espagne avaient agi d'un commun accord. « Ah! s'écria-t-il la France et l'Espagne, à elles deux elles meublent le cœur du Saint-Père! » Mot très italien, c'est-à-dire, si vous y réfléchissez, coloré d'un peu d'imagination, mais plein d'un sens exact et profond. Il y a enfin ceci, monsieur, pour nous faire entendre, que nos ambitions nationales ne sont pas opposées aux vôtres. Elles sont très franchement avouées. Si vous lisez, ce que je vous conseille, l'intéressante brochure intitulée: *Las Llaves del estrecho* (les Clefs du détroit), vous les trouverez exposées, dans une préface, par le ministre de la guerre lui-même, général José López Dominguez. Nous en avons trois: la reprise de Gibraltar, une union politique étroite avec le Portugal, et une situation privilégiée au Maroc. Elles sont naturelles, et ni l'une ni l'autre ne menace un de vos droits ou ne contrarie un de vos projets. Je suppose, en effet, que votre action, au Maroc, tend uniquement à retarder l'époque du partage, et, l'échéance venue, à vous assurer un bon voisin: et j'estime que nous devons être ce bon voisin, et que vous devez nous aider à le devenir. Notre intérêt, je n'en parle même pas. Mais le vôtre, le voici: avant cinquante ans, l'Afrique aura été colonisée par l'Europe. Chaque nation d'Europe créera sa route, et battra la caisse, pour tâcher d'attirer à elle les caravanes de l'immense inconnu du milieu. Vous aurez votre voie de pénétration, et nous aurons la nôtre. Mais remarquez que nous sommes, en ligne droite, à trois quarts d'heure de Tanger, et que la nature elle-même nous a désignés pour être le trait d'union entre les deux continents. Nos chemins de fer attireront, plus sûrement que les navires, les marchandises et les voyageurs, et, au bout de ces chemins de fer, qu'y a-t-il? la France, qui bénéficiera de notre établissement sur la terre d'Afrique.

Comme dans les autres capitales de l'Europe et dans plusieurs villes d'Orient, la France d'autrefois avait fondé des œuvres d'assistance à Madrid. La France d'aujourd'hui les a adoptées et développées. On est fier de l'y retrouver fidèle à sa double mission de charité et d'enseignement. Et la plus ancienne de ces œuvres est celle de Saint-Louis-des-Français, dont l'origine remonte aux donations et legs de Henri de Savreulx, gentilhomme picard du commencement du xviie siècle, qui fut d'abord soldat, et mourut chapelain de Sa Majesté catholique. Elle comprend une église, celle de Saint-Louis-des-Français, *calle de las tres cruces*; un hôpital pour nos nationaux, avec refuge de nuit et consultations gratuites; un externat tenu également par les sœurs de Saint-Vincent de Paul, et qui compte de cent quatre-vingts à cent quatre-vingt-dix élèves. Quelques difficultés étant survenues, relativement à l'administration des biens de l'hôpital, une convention a été signée, en 1876, par les représentants des deux gouvernements. Je l'ai lue. Il y est dit que le gouvernement français et le roi d'Espagne sont co-patrons de l'hôpital; que l'établissement est propriété française; que le Patriarche des Indes a la haute juridiction en ce qui concerne le spirituel; que toute l'administration temporelle relève de la France; que le personnel, exclusivement français, sera nommé par l'ambassadeur, et que les quatre députés désignés, selon le testament de M. de Savreulx, pour veiller à l'administration de l'hôpital, seront pris parmi les Français les plus distingués qui soient à Madrid.

Une autre œuvre est due à l'*Alliance française*. La *Société française de bienfaisance, d'assistance mutuelle et d'enseignement de Madrid* possède aujourd'hui sa maison, son école primaire de garçons, où sont instruits de cent trente à cent quarante enfants, en majorité espagnols, et qui contribue puissamment, avec l'école de filles dont j'ai parlé, à répandre la langue française en Espagne. J'ai relevé, dans le dernier compte rendu, ce fait assez éloquent que, sur vingt-huit boursiers de la Société, quatorze étaient Français et quatorze Espagnols.

Il y aurait un bien joli et bien touchant livre à écrire sur nos fondations à l'étranger. L'histoire en est presque partout intéressante. Et puis, comme ce serait doux de voir vivre cette France du dehors, réduite souvent à quelques poignées d'hommes, mais unis, sentant bien la nécessité, sous l'œil de l'étranger, de ne pas se diviser, et faisant tous effort, avec peu de ressources, pour garder à la chère patrie lointaine son vieux renom de nation très puissante, très juste et très aumônière.

XIV

L'ESCORIAL

Tous les *Guides* laissent entendre que l'excursion peut se faire, de Madrid, en une journée. Ils font humainement. Je suis allé à l'Escorial sans enthousiasme, et j'en suis parti avec joie. Non que j'éprouve cette sorte de crainte frelatée qu'affectent certaines personnes au seul nom de Philippe II. « L'atmosphère qu'il a respirée, monsieur ! » Je crois à des temps très différents du nôtre. Mais je crois peu aux monstres, à celui-là un peu moins qu'à d'autres. On finit par leur trouver un cœur, tôt ou tard. Non, le souvenir du prince qui l'habita n'est pour rien dans l'impression pénible que j'ai ressentie. Elle est attachée au spectacle de toutes les demeures royales ou impériales abandonnées. Ces palais, bâtis uniquement pour l'homme, et pour le plaisir ou l'orgueil de l'homme, ne vivent qu'autant que lui et meurent quand il s'en va. Les forteresses féodales en ruine, les églises à demi détruites, les monastères qui servent de granges ou d'écuries, ont encore une âme. Le grand train d'une cour, les affaires d'Etat, la vieillesse d'un souverain, ne laissent qu'un vide immense, impossible à repeupler. Rappelez-vous Versailles.

Le site où est bâti l'Escorial donne, d'ailleurs, à cet ennui, beaucoup de solennité. La montagne espagnole, rude, colorée de grandes taches de bois, d'un vert éteint, enveloppe le quadrilatère de granit gris, percé de onze cent dix fenêtres; — je n'ai pas compté. Je suis monté à pied, de la gare, par des avenues où le soleil, doucement, achevait de jaunir les feuilles. Mais déjà le froid de ce glacier de pierres, là-haut, me pénétrait. Comme j'étais recommandé, j'eus pour cicerone extraordinaire et fort aimable un jeune religieux augustin, Frère Juan Lascano, qui s'imagina, je ne sais pourquoi, que je savais l'arabe. J'eus beau m'en défendre, comme il était arabisant, il me montra les plus rares manuscrits, dans une bibliothèque magnifique, semblable à une galerie d'Apollon où il y aurait des livres.

L'Escorial est, en effet, divisé en trois parties, depuis qu'un seul homme ne le remplit plus tout entier. La première a été concédée par Alphonse XII aux religieux augustins, qui ont la garde des sépultures royales. Dans les étages, ils ont établi un collège, espèce d'université libre, qui prépare aux examens de droit, de lettres et aux écoles militaires. La seconde partie appartient aux morts : c'est le *panthéon des rois*. La troisième renferme les « appartements du fondateur », et les chambres et salons que ses successeurs ont la liberté d'occuper, quand il leur plaît, droit dont ils n'usent plus guère. La reine régente, m'a dit un des employés, n'est venue à l'Escorial que deux après-midi : une première fois après son mariage, une seconde fois après la mort d'Alphonse XII.

La chambre où « le fondateur » recevait les ambassadeurs est blanchie à la chaux, carrelée, meublée de tables et de pupitres en mauvais bois peint. Mais, sur une porte, une inscription dit : « Ici mourut Philippe II... Sa manière fut si haute, qu'en lui l'âme vivait seule, et qu'il n'avait plus de corps quand il acheva de mourir. » On vous introduit, par là, dans une loge très ornée, dorée, revêtue de marbres, ouvrant sur le maître-autel de l'église. Et l'homme, récitant sa leçon ajoute : « Il voulut expirer la face tournée de ce côté. » Alors, pour un moment, la grande ombre reparaît, et une émotion coupe en deux l'accablante indifférence où plongent tous ces couloirs, ces voûtes, ces cours tristes.

En descendant de l'Escorial, le soleil me sembla plus vivifiant que d'ordinaire. Je vis un domestique près d'une grille. J'entrai dans le parc de la *Casa del*

Principe, lieu de promenade de Charles IV, domaine que traversent des allées en étoile, bordées de marronniers. La senteur automnale des feuilles embaumait. Au bout des avenues en pente, le bleu des montagnes était doux à ravir. Près de la villa déserte, un jardin achevait de se faner. Les capucines rampaient sur le sable; les dahlias levaient leurs gerbes à demi sèches; des rosiers épuisés s'appuyaient aux bordures de buis, et toutes ces pauvres plantes, semées pour les rois qui ne viennent plus, avaient l'air de se plaindre, n'ayant point eu le regard ou le sourire pour qui elles étaient nées.

XV

TOLÈDE. — UNE LÉGENDE ARABE

Tolède, 5 et 6 octobre.

J'aime cette vue de Madrid, aperçue au départ, dès que le train a quitté le vaste hall de fer de la gare del Mediodia. La grande ville n'égrène pas ses faubourgs dans la campagne, comme font les nôtres. Elle finit nettement. Le regard embrasse ce soulèvement de maisons blanches, en forme de bouquet, et suit les lignes ondulées de la base, qui s'avance en cintre irrégulier, et fuit en s'inclinant vers le Manzanarès. Dans le cercle élargi des terres, qui l'enveloppe de ses nuances jaunes, grises, roses, infiniment fondues, elle reste longtemps au-dessus de l'horizon, pareille à un gros piquet de marguerites sur un chapeau de paille.

Elle s'efface. Le pays change. Deux montagnes isolées se lèvent à droite, sur le sol ras. L'une d'elles est couronnée de remparts en ruine. Çà et là, des roues d'arrosage, garnies de cruches de terre, puisent l'eau dans des puits couverts, et la versent dans des canaux. Un double mur circulaire, peint à la chaux vive, trace la route au mulet qui tourne. Des roseaux montent tout autour : je cherche involontairement le fellah en chemise bleue. Plus loin, les oliviers commencent à se montrer, maigres encore, bordant de petits champs de vignes. Un faucon traverse majestueusement la lumière, plus tremblante que ses ailes. Son ombre court sur les mottes. Où sont les cavaliers à burnous qui ont lancé l'oiseau? Car voici le royaume arabe. Tolède approche.

Ville extraordinaire, ville farouche et de haut relief, qui mériterait qu'on fît pour elle seule le voyage d'Espagne. Avant d'y entrer, regardez bien comme elle est bâtie. Elle est portée dans la pleine clarté, dans le soleil et dans le vent, au sommet d'une roche ronde. Les pentes sont partout abruptes. Le Tage noir l'enserre dans une boucle étroite. Il creuse autour d'elle un fossé; il coule dans un ravin où pas une feuille ne pousse, et l'autre rive, violente aussi, montant jusqu'où montent eux-mêmes les clochers de Tolède, enferme dans un cercle de collines dénudées la cité deux fois prisonnière. Aucune nuance, rien que des couleurs crues, juxtaposées et heurtées l'une par l'autre : une eau qui roule sur des cailloux noirs, des pentes de précipice, ternes comme la fumée qu'aucun rayon n'égaye, et, sur la coupe ardente des montagnes, des coulures de terre bouleversée, d'une teinte d'ocre rouge, et des plaques pierreuses, bleu d'ardoise, que tache çà et là, comme un petit point vert, la boule d'un abricotier. Une chaleur de plomb s'amasse dans cette cuve profonde. Le rayonnement des choses y fatigue les yeux, et l'on ne voit point d'herbes fraîches, mais un parfum d'aromates s'échappe des tiges mortes, et passe, dans la lumière, au-dessus des toits de la ville.

Un tel spectacle devait réjouir les âmes sarrasines. Elles y retrouvaient l'âpre goût et l'odeur du désert. Le paysage était à souhait pour que les tisseurs de soie inventassent des rayures nouvelles et éclatantes. Les colliers de sequins, les bracelets d'or des femmes s'harmonisaient avec le contour des collines lorsque le soleil descend. Dans la langueur des nuits, on entendait le bruit continuel des jets d'eau, pareil à celui des palmes agitées par le vent...

En bas, à la gare, j'avais pris, sur la recommandation de mon hôtelier de Madrid, un guide dont je veux dire le nom, Toribio Diaz, un pauvre diable, tout jeune, aux grosses lèvres orientales, aux yeux intelligents et tristes. Nous voilà qui passons le Tage sur le pont d'Alcantara, défendu, aux deux extrémités, par des forteresses crénelées. Puis, nous gravissons l'avenue qui tourne autour d'anciens remparts, puis nous sommes dans la ville, tout étroite de rues, toute défiante, tordue et mystérieuse comme un labyrinthe, prodigieusement inégale et telle que les Arabes en reconnaîtraient les logis blancs, le ciel découpé par les stores qui s'abaissent, les escaliers noirs, les patios déserts sous l'ardent soleil.

Presque toutes les voies sont impraticables aux voitures. Elles se rétrécissent, aboutissent à des couloirs entre deux murailles, à des porches qui s'évasent un peu plus loin. La seule note moderne, je l'ai vue en haut, à l'Alcazar, ce pignon de Tolède, et c'étaient, au pied des murs de l'énorme bâtisse incendiée il y a quelques années, les élèves de l'école militaire espagnole, étudiant la théorie en pantalon rouge et veste grise. On monte jusque-là par un jardin en échelle, traversé de canaux de marbre. Le ravin du Tage tourne en bas, à une effrayante profondeur. D'un seul côté, la vue échappe au cercle des montagnes prochaines. Une vallée descend et s'élargit, route d'arrivée, route de départ aussi. Et je ne puis penser que je dois quitter Tolède dès demain. Et je m'enfuis, par des ruelles sans horizon, de peur de voir encore cette plaine qui m'emmènera. Heures délicieuses, courses pleines d'exclamations, de surprises, de retours, de regrets légers qui ravissent. Je me fais l'effet d'un de ces taons de printemps qui, devant une corbeille d'œillets, fanés ou vifs, ne savent où se poser, tentés par toutes les fleurs et retenus par chacune.

Tout est joli : la place du Zocodover, petite, ayant au fond, dans une chambre du premier étage, un grand christ éclairé par des lampes ; l'humble maison où Cervantès écrivit « l'illustre Fregona », où deux mules dételées dorment en ce moment, la tête appuyée aux colonnes roses du patio ; le couvent de la Conception, avec ses coupoles de faïence arabe ; les treillis de vieux bois masquant les fenêtres basses ; les ferrures des portes, travaillées par les ouvriers maures, clous ronds à tête creuse et ciselée, qu'on appelle des « moitiés d'orange », larges torsades appliquées sur les planches de chêne ou d'olivier, fleurs de métal jaillissant de la tige des gonds, violettes, jasmins, pensées couleur de rouille ou d'argent mat. J'entre dans une remise : le plafond est à caissons sculptés ; des pans de pierre fouillée, dentelée, dorée d'un reste de peinture, rejoignent des lambris de plâtre où pendent des harnais. Mon guide me précède, dans une ruelle misérable, et se glisse entre les battants d'une porte entr'ouverte : nous sommes dans un jardin endormi, où il y a une fontaine et un figuier à droite, une poule, un chat et trois femmes de trois âges, à gauche, tous immobiles à l'ombre d'un grand mur, et, sans que personne ait bougé, nous visitons l'ancienne synagogue, qui n'a point de dehors, et qu'on dirait, à l'intérieur, taillée en plein ivoire. C'est l'heure de la sieste. Au-dessus des dallages, dans les cours des maisons riches, séparées de la rue par un couloir et une grille légère, les persiennes vertes sont fermées ; la lumière crue tombe d'en haut sur la moitié des murs immaculés, la moitié des colonnes de marbre, la moitié des pots de géraniums, de fusains et de lauriers disposés autour d'une vasque centrale. La ligne de l'ombre est presque bleue. Tout semble désert. Le bruit du jet d'eau tremblote comme la lueur d'une veilleuse. L'heure est propice pour parcourir à pas lents la cathédrale aux neuf portes, métropole de l'Espagne, qui porte dans les airs, au-dessous de ses galeries extérieures, le buste des gentilshommes et des grandes dames d'autrefois. L'immense vaisseau est entièrement vide de promeneurs ou de fidèles. Les verrières flambent en reflets sur les murs, et autour, il y a des réduits d'un clair-obscur reposant. Toribio, qui est un esprit sans lettres, mais pénétré par les traditions orales, confuses et légendaires de sa race, me raconte, à sa manière, l'histoire de la chapelle des rois nouveaux, *reyes nuevos*.

— Tous les matins, monsieur, on y célèbre la messe pour Henri II, Henri III et don Juan, tandis qu'un massier, en dalmatique brodée, assiste debout, sa masse d'argent sur l'épaule.

— Pourquoi faire ?

— Il attend les ordres des rois, les ordres qui ne viendront jamais.

Des phrases comme celles-là, plongeant à pic dans le mystère, et n'en sortant point, m'engagent à le laisser parler, sans donner le moindre signe d'incrédulité, comme font les chameliers assis en rond autour du marchand d'histoires. L'homme est décidément précieux. En passant devant la chapelle des comtes de Luna, il m'assure que le comte et sa femme sont encore là, dans un souterrain, cadavres desséchés, pliés en deux sur des chaises, vis-à-vis l'un de l'autre, ayant une table entre eux : souper éternel que trouble seul l'avènement d'un prince, car les rois d'Espagne, à leur première visite, doivent entrer dans le souterrain, saluer le vieux connétable, et s'en aller. Il a l'horreur, très populaire en Espagne, de notre Duguesclin, que l'on considère ici comme le type achevé de toutes les félonies. Il me montre, avec un plaisir évident, la chapelle mozarabe, et le cornet d'ivoire du muezzin de jadis, du temps où la cathédrale était encore mosquée. Il se tait en présence des bannières de Lépante, les sept bannières des vaisseaux chrétiens, bleu et or, si longues que du haut des galeries de l'église elles traînent sur les dalles, et la bannière musulmane triangulaire, plus petite, en toile écrue ornée de lettres rouges, trophées qu'on exhibe aux grandes fêtes, et que j'ai la chance d'apercevoir, au moment où un employé les roule, sur le plancher de la sacristie. Auprès d'une porte, je m'arrête devant une sorte de boîte ouverte, en bois, où, d'après l'inscription, les parents trop pauvres doivent déposer le corps de leurs enfants morts, que le chapitre fera inhumer à ses frais, par charité ; et lui, m'entraîne pour me désigner, du doigt, une sainte Vierge aux hanches prononcées :

— Vous voyez, me dit-il, c'est l'œuvre des ouvriers maures, captifs chez les chrétiens ; ils paganisaient les Vierges.

Il disait cela sans amertume, le pauvre garçon, et simplement comme une chose qui l'intéressait plus qu'une autre, sans qu'il sût bien pourquoi. Nous sortons. Le jour va s'éteindre dans une heure à peine. Nous avons le temps d'atteindre le *Pas du Maure*, en dehors de la ville, avant le coucher du soleil. En route ! Le guide va devant, ses bottines trouées faisant soufflet dans la poussière. Par les rues en pente raide, puis par des terrains vagues, nous gagnons le pont Saint-Martin, opposé à celui d'Alcántara et fortifié comme lui. Le fleuve roule, tout noir, au-dessous de nous. Quelques mules rentrent, chargées de fagots. Sur la droite, un reste de murs écroulés trouent de leurs pointes inégales l'eau qui tourne et se ride.

— Les bains de Florinde ! dit l'homme.

Et, tout de suite, voyant que je ne réponds pas :

— Vous qui n'êtes pas du pays, monsieur, vous n'avez pas entendu parler, peut-être, de Florinde. C'était la plus belle Espagnole de ce temps-là. Elle se baignait en cet endroit. Et, du bord, Rodrigue la regardait. Il la trouva belle, et il se baigna avec elle. Florinde s'en plaignit d'abord au comte, son père, qui dit : « Ma fille, il n'y a rien à faire, puisque c'est notre roi. » Et ils s'aimèrent illicitement. C'est pourquoi, en punition de leur péché, les Arabes eurent de Dieu la permission de s'emparer de l'Espagne...

Nous gravissons les collines pelées, ardues, couleur d'abricot mûr sous l'averse de rayons du couchant. Derrière nous, la ville s'abaisse lentement, pâle et devenue toute petite dans le grand paysage de feu. Les sentiers, tantôt poussiéreux, tantôt rudes au pied, sont bordés partout de plantes sèches, qui n'ont plus une feuille verte, mais qui embaument. Mon guide s'est mis à marcher près de moi.

— J'ai compris, monsieur, que vous aimiez les histoires. Et j'en sais une qui se rapporte à ce lieu. Elle m'a été contée par un marchand de lait de Tolède. Sentez-vous le parfum?

— Délicieux.

— Nulle part au monde les plantes n'ont un parfum pareil. C'est un trésor. Les Maures le savent bien, et encore aujourd'hui ils se rappellent ce lieu, qui se nomme, chez nous, *la Vierge de la Vallée*. Un jour, un habitant de la ville avait été condamné à mort pour avoir tué son adversaire dans une lutte. Il s'en alla dans le pays qu'habitent les Maures, et servit comme esclave. Le maître auquel il appartenait était puissant et généreux. Mais un grand mal l'avait frappé : il était aveugle. Et, comme il tenait son esclave en grande amitié pour les bons services qu'il en recevait, il lui dit :

» — Mon fils, j'ai une mission à te confier. Prépare-toi, et va dans la montagne de Tolède, au lieu qui est nommé la Vierge de la Vallée. Tes anciens amis n'ont jamais vu ta barbe, qui a poussé au soleil du pays des Maures. Ils ne te reconnaîtront pas. D'ailleurs, tu n'entreras pas dans la ville, tu parcourras seulement la montagne pendant trois jours, et tu cueilleras une fleur de chacune des espèces que tu rencontreras. Parmi elles, il en est une qui guérit les yeux. Si tu me la rapportes, je te donnerai ce que tu me demanderas, fût-ce la moitié de mes trésors, et je te ferai mon héritier, et je te marierai avec ma fille.

» L'esclave partit, chaussé de bonnes sandales pour la route. C'était l'époque de l'année où, sur les collines, un chien ne trouve pas à poser sa patte sans écraser une fleur. Il ramassa, pendant trois jours, toutes les sortes de plantes qu'il aperçut, et, à mesure qu'il avait découvert une espèce nouvelle, il mettait l'herbe dans son sac.

» Personne ne le reconnut. Il retourna dans le pays des Maures, et son maître, en l'entendant venir, poussa un cri de joie :

» — Ah ! mon cher fils, tu me rapportes la lumière du ciel. Donne ! donne vite les fleurs cueillies par toi sur les monts de Tolède !

» Et, tâtonnant avec ses mains, il prenait une à une, dans le sac, les tiges et les feuilles à demi sèches, et, lentement, les passait sur ses paupières mortes.

Les yeux ne s'ouvraient pas. Quand il eut ainsi essayé la vertu de la dernière fleur, il dit tristement :

» — Mon fils, tu n'as pas rapporté la plante qui guérit les aveugles.

Et il pleurait amèrement. Et, au milieu des larmes, mû par une inspiration, il se pencha, détacha une des sandales de l'esclave, et, lentement, comme il avait déjà fait, la passa sur ses yeux. O merveille, la sandale avait foulé toutes les herbes de la montagne, elle avait touché l'herbe qui rend la vue, et le vieux maître s'écria :

» — Je vois! je vois! tes sandales m'ont guéri, mon fils bien-aimé!

— Quand cela s'est-il passé, Toribio?

— Oh! monsieur, il n'y a pas bien longtemps : du temps du Cid Campéador.

Je me mis à penser. Et moi aussi j'ai été envoyé au loin, pour rapporter des plantes étrangères. Je les cueille une à une, et j'envie l'esclave du seigneur arabe. Il avait trouvé l'herbe qui guérit les aveugles ; il en avait emporté la vertu, sans le savoir, dans la tresse de ses sandales. Hélas! il faudrait plus de trois jours de recherches, aujourd'hui, pour la rencontrer. Mais peut-être, à défaut de ce remède puissant, peut-on ramasser encore l'herbe qui console, qui repose l'âme et la fait songer. Et, si cela était, je connais un voyageur qui, pour une fois, aurait atteint son rêve...

Nous nous taisions. Du haut de la roche où Toribio venait de grimper, Tolède apparaissait, élancée, guerrière, couronnée de vitres éclatantes, enveloppée de ses montagnes. L'image me venait à l'esprit d'une belle chasseresse assise parmi des fourrures de bêtes. Toutes les cloches sonnaient pour la nuit. Toutes les fleurs surchauffées craquaient, et, n'ayant plus de sève, ouvraient leurs veines parfumées. Un seul muletier, sorti par le pont Saint-Martin, tentait l'escalade tardive. Le bruit de son fouet, dans l'air infiniment doux, montait jusqu'au Pas du Maure, et devait aller bien au delà, vers les cimes rousses où mourait le soleil.

XVI

DE MADRID A LISBONNE. — LE MARCHÉ.
LA VILLE.

Lisbonne, 9 octobre.

Nous montons dans le Sud Express à onze heures du soir. Le train a été réduit autant que possible. Il ne se compose plus que de trois voitures, dont un wagon-restaurant et un fourgon. Nous sommes huit ou neuf voyageurs.

Dix-sept heures de route par le plus rapide des trains! Les express ordinaires mettent vingt et une heures et demie : ce sont de gros chiffres. J'ai besoin de me répéter, en attendant le sommeil, que la Compagnie internationale a rendu le voyage moins long, bien moins énervant, et que, libre, elle eût mieux fait encore. Le train est bientôt lancé à belle allure; il coule sur les rails, presque sans un frémissement ; la nuit grise, un peu laiteuse, couvre des plaines d'une désolation sans pareille : je m'endors avec l'espoir d'ouvrir les yeux sur un tout autre paysage.

Erreur ! Je m'éveille, au grand jour, parmi des roches grises et des vallonnements de terre nue, coupés de failles profondes qui sont des lits de torrents. L'air matinal est déjà chaud. Vers dix heures, nous touchons la frontière de Portugal, Valencia de Alcântara. Deux jeunes femmes, debout sur le quai de la gare, appuyées nonchalamment aux montants d'une porte, sont vêtues d'étoffes éclatantes, de robes à rayures horizontales, rouges en bas, puis crème, puis vert d'eau, puis rouge cerise, puis couleur de paille mûre. Elles ont chacune un bébé sur les bras. La plus jeune n'a pas quinze ans. Des mouchoirs rouges cachent leurs cheveux, et, de teint, elles sont dorées, cuivrées : on dirait deux oranges mandarines qui auraient des yeux noirs.

Bientôt quelque chose de nouveau apparaît dans le paysage et l'égaie : le vert des feuilles caduques. Près des aloès et des cactus en ligne servant de clôtures, voici des figuiers, des roseaux, des vignes. Un berceau de chèvrefeuille donne un air de paradis à la halte de Marvajo. La nature du sol s'est modifiée, et la physionomie des gens. Trois paysans chasseurs, en veste brune et bonnet de laine vert, la poire à poudre pendue au côté et longue comme un oliphant, offrent aux employés du train des perdreaux à trente-cinq sous la coupole. Les horizons montueux se chargent de bois touffus, bas, mêlés de hautes herbes qui doivent être des remises merveilleuses. Des villages d'une blancheur d'Orient brillent çà et là comme des gemmes. Puis la terre s'aplanit; nous franchissons le Tage, large fleuve coupé de bancs de sable, limoneux, sillonné de barques aux formes de gondole, aux voiles pointues couleur d'ocre. Nous suivons la rive droite. Une des plus belles vallées du monde s'ouvre et va vers la mer: elle s'agrandit démesurément; elle est verte, elle est bleue, elle est bordée au loin par la lueur des eaux vives. La richesse de ses limons modèle puissamment ses futaies d'oliviers, met l'étincelle des sèves jeunes à la pointe des herbes, épaissit les cimes rondes des bosquets d'orangers. Des filles ramassent des olives, et rient au train qui passe. Une branche de lilas fleuri tremble à portée de la main. Nous nous engageons sous un long tunnel, et après sept minutes de ténèbres, nous revoyons la lumière en gare de Lisbonne.

Il est tard lorsque je sors au hasard dans la grande ville inconnue. La promenade de l'Avenida monte, plantée de deux rangs de palmiers superbes, puis entre des hôtels, puis entre des maisons, puis s'enfonce dans les terrains non bâtis. En descendant, je trouve une grande foule buvant l'air tiède du soir sur la place de D. Pedro IV, place carrée, pavée de cailloux qui forment des zigzags noirs et blancs. Six rues parallèles, dont plusieurs très commerçantes, bien éclairées, la rue de l'Or, la rue de l'Argent, partent de là et conduisent au bord du Tage. L'arrivée au fleuve est ménagée avec un art savant et tout à fait imposante. On suit le trottoir en flânant ; la vue est barrée au fond par un arc de triomphe; on passe sous le portique, et, soudainement, on éprouve la sensation de la nuit bleue immense autour de soi. Les becs de gaz se sont écartés, à droite et à gauche, jusqu'à n'être plus que des petits points brillants. Ils éclairent des façades monumentales : la Bourse, la Douane, l'hôtel des Indes, l'Intendance de la marine, des ministères, que d'autres suites d'arcades, d'autres façades ornées réunissent en arrière, tandis qu'en avant, dans la grande trouée libre, sans limites visibles entre le ciel et l'eau, le Tage, enflé par la marée, réfléchit les étoiles et jette son écume sur des quais de marbre blanc. Aucun promeneur : je suis seul avec un douanier. Je me figure que j'ai été transporté au premier plan d'un de ces tableaux de Claude Lorrain, où l'on voit des architectures royales avancer leurs files de colonnes et de statues jusqu'au bord de la mer luisante.

Pour revenir, j'ai repris une des rues parallèles déjà parcourues. Je me suis arrêté devant la boutique d'un fabricant de malles. Elles sont bien curieuses les malles portugaises, et parlantes à leur manière. Ce n'est plus le cube offensant pour l'œil, mais pratique, solide, protégé et cadenassé, des fabricants

anglais, non : des boîtes longues, couvertes de papier
d'argent, de papier d'or, garnies aux coins avec ces
tôles peintes où sont imités des écailles et de vagues
tourbillons ; des meubles de pacotille, mais voyants,
faits pour séduire des imaginations orientales. Les
prix affichés étonnent par leur apparente énormité.
A côté de la boutique du malletier, je vois du vin
à cinq cents réis la bouteille ; des chapeaux de dames
à sept mille réis. Je suis au Terminus-Hôtel pour
la somme de trois mille cinq cents réis par jour. Je
change un louis, et je reçois une poignée de billets
de banque représentant un tel nombre de réis que
je me dis innocemment : « Suis-je riche ! » ; mais ils
fuient comme ils viennent, par escadrons.

Lisbonne, 10 octobre.

Un de mes amis, qui est poète, mais, qui n'est
jamais allé en Portugal, m'avait dit, sur un boulevard de Paris, de son air doucement inspiré :
— Lorsque vous serez à Lisbonne, mon ami, vous
verrez, au milieu du Tage, un fort de grandes
dimensions et de construction moderne, formidable
s'il était besoin de défendre la passe, mais que la
longue paix a livré aux fleurs. Elles couvrent les
glacis, elles s'épanouissent autour des embrasures.
Un jour, un navire étranger étant entré sans faire
les saluts d'usage, un coup de canon fut tiré du fort.

Et nul ne sait s'il partit un boulet, mais des bandes d'oiseaux s'envolèrent, et la rade fut jonchée de tant de milliers de pétales de roses, et de jasmins, et de feuilles flottantes, qu'elle ressemblait à un jardin.

Mon ami s'était trompé. Il n'y a aucune forteresse pareille à Lisbonne, mais l'image éveillée par sa légende poétique n'a rien que de très vrai : un climat délicieux, une terre heureuse et la douceur de vivre.

Il est presque trop grand, cet enchantement de la vie. Il incline vers l'absolu *far niente* un peuple qui serait riche avec peu de travail. Un brave homme de Portugais, qui vient de me faire une visite matinale, m'a dit:

— Notre pays est comme divisé en deux parties qui diffèrent de mœurs autant que d'aspect. Le nord est tout verdoyant, cultivé, planté de vignes, commerçant, laborieux. La province d'entre Minho et Douro, monsieur! on jurerait voir un paradis terrestre! Mais le sud, et le sud commence, hélas! avant Lisbonne, un peu au-dessous de Coïmbre, quel abandon, et souvent quelle désolation! Le nord mange la soupe aux choux et aux herbes; le sud mange la soupe aux oignons et à l'ail : symboles des deux couleurs de la terre, verte là-haut, et rousse en bas. Rien n'égale la tristesse des plaines de l'Alemtejo : n'y allez pas! Mais ici même, dans nos rues, voyez le nombre de gens qui ne font rien. La grande affaire est de se faufiler dans une administration, et le moyen de forcer la porte, c'est de faire de l'opposition. Dès l'âge de quinze ans, nos petits jeunes gens débutent dans les journaux. On a le droit de tout dire. Vie publique, vie privée, rien ni personne n'est à l'abri. Un jour ou l'autre, quand ils deviennent gênants, on leur trouve un emploi public. Ah! monsieur, la belle armée d'employés que nous avons! mais le beau pays que nous aurions sans eux!

Dès que je suis dans la rue, je cherche le marché, coin toujours pittoresque dans les villes du Midi. Je ne sais pas la route, mais je n'ai qu'à suivre un de ces paysans chaussés de grandes bottes et coiffés du bonnet de laine verte. J'arrive ainsi dans une halle qu'annoncent de loin la rumeur confuse des voix et l'odeur des fruits mûrs. Tous les types populaires sont là : des têtes jaunes comme des concombres, d'autres couleur de terre, d'autres rosées, d'autres brunes avec de grosses lèvres. Le marché a une physionomie de bazar colonial. Une négresse passe, les cheveux roulés dans un foulard de soie aurore, et, sans avoir de semblables, elle a plus de voisins dans cette foule, elle étonne moins qu'en aucun autre pays d'Europe. Les voix sont dures et nasales. Le bruit du papier froissé remplace le cliquetis du billon autour des étalages de bananes, de coings, de poires, de pêches, de tomates, autour des mannes de raisin rouge ou blond, transparent et lavelé, pareil à ceux des vieilles frises de marbre. Pour acheter une poule, une cuisinière tire de sa poche une liasse de billets qu'un paysan enfouit dans un portefeuille de cuir, bondé comme celui d'une petite banque. Dans la rue voisine, dans celles qui suivent, dans tout Lisbonne à la fois, des filles superbes, un panier sur la tête, crient la marée fraîche. Une main touchant le bord de leur panier, large et plat comme un tamis de vanneur, où les poissons alignés font un soleil d'argent, l'autre main à la ceinture, les jupes relevées, les jambes nues, les cheveux cachés par un foulard de soie dont la pointe flotte sur les épaules, elles vont sans remuer la taille, d'un pas robuste et rapide. Le passant les occupe peu. Elles regardent devant elles, et mangent leur pain en courant. Quelques-unes de ces pauvres femmes sont très belles; toutes révèlent une communauté d'origine, un type primitif au teint brun, aux traits énergiques, aux yeux longs et très noirs. Et, en effet, leur colonie, qui habite un quartier distinct, vient du nord du Portugal, et se rattache, dit-on, à une souche phénicienne. On les nomme quelquefois *ovarinas*, du nom d'un petit port près de Porto, et quelquefois *varinas*, mot que l'on fait dériver de *vara*, perche à conduire les bateaux. Le dimanche, elles mettent leurs pieds nus dans des babouches de cuir jaune.

Une aimable attention du ministre de la France à Lisbonne, M. Bihourd, va me permettre de voir la ville comme elle doit être vue, c'est-à-dire de différents points de l'autre rive. Sur sa demande, l'ingénieur français qui dirige les travaux du port a bien voulu me donner rendez-vous à l'un des débarcadères. Une chaloupe à vapeur chauffe au bas de l'appontement. Nous embarquons. Elle suit les quais, d'un développement considérable, qu'achève la maison Hersent. Nous allons, avec le courant, vers la mer qu'on ne découvre pas encore. Le Tage, en cet endroit, est resserré entre la ville et de hautes falaises. Il coule rapide ; on le devine profond. Nous croisons des gabares chargées de pierre, des barques de pêche dont l'équipage, endormi sur le pont, dans la belle chaleur tempérée par la brise, a confié sa destinée et celle du bateau aux mains d'un mousse crépu qui tient la barre. La tour de Belem, au bout d'un banc de sable, un côté touchant la vague et l'autre à sec sur la berge, grandit dans le soleil. C'est la plus jolie forteresse du monde, toute de marbre, toute fleurie de créneaux armoriés, de logettes à balcons, de tourelles en poivrières, de fenêtres divisées par une colonne légère. La gentille guerrière ! A qui a-t-elle bien pu faire du mal ? M. Billot, qui la connaît bien et qui l'aime, assure que ce fut contre les felouques des Maures qu'elle se battit. Je veux bien le croire, bien qu'il n'y paraisse pas. Le fort, à ce qu'il prétend, est même encore armé. « Au temps de la guerre de Sécession, il n'hésitait pas à canonner un croiseur sudiste qui passait, au mépris de la consigne. Le galant Américain répondait par un salut : il était de ces gentilshommes qui ne frappent pas une femme, même avec une fleur, qui ne risquent pas d'endommager un bijou gothique par un brutal boulet [1]. »

Les Lisbonnais n'ont pas eu le même respect. La ville ne possédait pas d'autre monument de premier ordre, si ce n'est l'église des Hiéronymites, cette grande fleur de pierre, jaune et touffue comme un chrysanthème, qui se dresse à deux cents pas de là : aussi n'a-t-elle pas manqué de le profaner. Il fallait une usine à gaz : on l'a placée juste derrière, pour faire contraste. Ses cloches noires servent d'écran à la dentelle de marbre; la cheminée enfume les créneaux ; des tas de charbon se répandent jusqu'aux assises de la tour. Et j'ai entendu dire que la concession de cette entreprise criminelle fut obtenue par un Français ! Je détourne les yeux, pour regarder en avant le fleuve qui s'ouvre, resplendit de lumière, se barre au loin d'écume, vers Cascaes.

Nous virons de bord, et nous traversons le Tage. Le bateau revient vers Lisbonne, en suivant les falaises à pic, très nues et de couleur ardente, qui resserrent le courant. Lisbonne couvre la rive gauche, et semble une ville immense. De la tour de Belem

---

1. *Une Conjuration en Portugal; Pombal et les Tavora.* M. Billot, qui, avant d'être ambassadeur près le Quirinal, a été, comme on le sait, ministre de France à Lisbonne, a fait, dans cette brochure, la plus heureuse description que j'aie lue du paysage de Belem.

jusqu'à la place du Commerce, où la côte tourne un peu, elle se développe sur une longueur de six kilomètres, et s'étend à trois kilomètres encore au delà. Étroite d'abord, et comme étirée, composée de deux ou trois rues que dominent des crêtes pierreuses ou des jardins d'un vert sombre, elle s'élargit régulièrement, gagne sur les collines, les revêt tout entières, descend dans leurs plis, remonte les pentes voisines. Ses maisons, assez hautes, très serrées, s'enlèvent en teintes vives entre l'eau et le ciel. Elles sont rarement blanches, souvent roses, bleues, lilas, jaunes ou même grenat. Sur la première ligne de cette mosaïque, qui flambe en plein soleil, les mâts des navires pointent, comme une moisson d'herbes sèches.

Et tout à coup, juste au milieu de la ville, en face de la place du Commerce, où, le premier soir, j'ai vu ce beau clair d'étoiles, la falaise s'arrête, et le Tage se répand dans une baie d'une admirable courbe, aux horizons très plats, très doux, avec de vagues silhouettes de palmiers et de pins. Nous gouvernons droit sur le fond de cette rade lumineuse, que pas une ride ne ternit. En regardant vers l'ouest, et tout à fait dans le lointain, j'en découvre une seconde, plus étendue encore, paraît-il, appelée la Mer de paille, — *mar de pailha*, — et l'ingénieur, M. Maury, m'explique que la grande masse d'eau emmagasinée par la marée dans ces deux réservoirs, drague et creuse, en s'écoulant deux fois le jour, la partie plus étroite du fleuve qui s'en va vers la mer, et entretient, sans frais pour le trésor, un chenal de quarante mètres de profondeur. Des pêcheurs tirent, sur la grève, un filet dont les lièges semblent en mousse d'argent. L'équipage d'une baleinière de la marine portugaise, peu pressé, nageant avec lenteur, pour le plaisir, nous hèle gaîment au passage. Nous descendons sur les marches boueuses d'un grand escalier de pierre, débarcadère d'une petite résidence royale, un peu abandonnée, cachée à l'extrémité de la baie. Les jardins qui l'enveloppent sont pleins d'arbres étranges. Nous traversons une charmille de buis haute de plus de six pieds, où les brins d'herbe, depuis longtemps, n'ont pas été foulés, et nous montons, par un raidillon sablonneux et croulant, au sommet d'un monticule ombragé de pins parasols. Vue de là, Lisbonne est encore plus belle. La mosaïque a disparu, et la ville apparaît, vaporeuse, divisée en trois blocs pâles par les failles profondes qui coupent ses collines. Un seul nuage allongé, tordu comme une fumée, s'est arrêté au-dessus d'elle, et, chauffé par le soleil, éclaboussé par les reflets du fleuve et de la ville, se désagrège et se disperse en minces flocons d'or.

XVII

DEUX AUDIENCES

12 octobre.

J'ai été reçu hier par le roi à Lisbonne, et aujourd'hui par la reine, au château de Cascaes.

Le roi, venu pour la journée à Lisbonne, donnait audience dans le palais das Necessidades, dont les jardins et les bosquets d'orangers couvrent le sommet d'une colline, à l'est de la ville.

Des lanciers, sabre au clair, montaient la garde au pied de l'escalier d'honneur. En haut, dans la première salle, un détachement de hallebardiers formait la haie. Leur uniforme, assez sévère, comme celui des hallebardiers de la cour d'Espagne, leur belle prestance, le geste de tous les bras reposant à terre la hampe de l'arme au passage des visiteurs, compo-

saient un tableau moyen âge, d'un goût rare, qui
eût séduit un peintre. Dans un salon voisin, se
tenaient le secrétaire particulier du roi, M. de Pin-
della, des chambellans, des officiers, un ou deux
diplomates au costume chamarré de broderies, attendant l'audience. Très vite, un petit groupe se forma
autour de M. le ministre de France, qui avait bien
voulu me présenter. Une conversation s'engagea, à
voix basse. Et cela ne suffit pas, sans doute, pour
permettre de juger la société de Lisbonne, en ce
moment dispersée; mais l'accueil empressé fait au
ministre de France, l'étude des physionomies, le
thème et le ton de la causerie, ne démentaient pas ce
qu'on m'avait dit de l'extrême affabilité du monde
portugais. Pendant cette demi-heure d'attente, j'ai
entendu parler, — en très bon français, — de poésie,
de théâtre, de paysage. J'ai appris même qu'il y
avait des poètes à la cour de Portugal. Quant au
souverain, dont la présence dans une pièce voisine
était à chaque moment rappelée par le va-et-vient
d'un officier d'ordonnance, je savais qu'il était également lettré, qu'il possédait à fond le français, l'anglais, l'espagnol, l'allemand, l'italien, et même, je
crois, le russe. On m'avait raconté qu'il peignait fort
bien à l'aquarelle, excellait aux armes, et pouvait
passer pour un des premiers fusils de l'Europe. Mais
nous ne connaissons la physionomie des rois que par
les timbres-poste. Et les timbres-poste sont souvent
en retard. Quand je fus introduit devant Sa Majesté

le roi don Carlos, je fus surpris de voir qu'il portait toute sa barbe, blonde et toute frisée. Il se tenait debout, appuyé à une console, en uniforme de général en chef, dolman noir avec le bâton de commandement brodé au col, et pantalon gris à bande rouge. Il avait causé quelques minutes, seul à seul, avec M. Bihourd. Quand j'arrivai, les questions d'affaires terminées, le roi, très aimablement, me tendit la main, me témoigna le regret que le Portugal fût si peu connu à l'étranger, me demanda quelle impression m'avait faite Lisbonne, et, sans chercher les mots, avec la même facilité d'expressions que s'il eût parlé portugais, me donna des aperçus intéressants sur les diverses provinces du royaume, sur le peuple, et parla de plusieurs littérateurs portugais dont le nom avait été prononcé. Puis, relevant avec beaucoup de bonne grâce une allusion du ministre de France : « Vraiment, cela vous intéresserait de voir quelques-unes de nos pièces rares d'orfèvrerie? » Le roi quitte le salon de réception. Nous le suivons. Il traverse ses appartements particuliers, arrive dans un grand cabinet de travail, et nous montre des aiguières ciselées, d'un très beau style, posées sur les tables, puis des manuscrits et des livres précieux de sa bibliothèque. Je remarque, sur des chevalets, plusieurs marines ébauchées, d'un impressionnisme très juste. Enfin, avant de nous congédier, pensant qu'il ferait plaisir à ce Français qui passe, le roi me permet de voir la célèbre argenterie de Germain, et ajoute en riant : « Si vous rencontrez quelqu'un, dites que c'est moi qui vous envoie. » Et c'est ainsi que j'ai pu étudier à loisir, sur trois dressoirs de la salle à manger du palais, les pièces d'orfèvrerie du plus pur Louis XV, qui n'ont pas, prétend-on, de rivales en Europe. La maison de Bragance possédait deux services du même maître, l'un pour le gras, l'autre pour le maigre. La branche brésilienne emporta celui-ci en Amérique, et l'autre partie de la vaisselle plate, ornée d'animaux, de pampres, de feuillages, d'une valeur inestimable, demeura la propriété de la maison de Portugal.

La cour est encore à Cascaes. C'est un petit village de pêcheurs, à l'embouchure du Tage, devenu, dans ces dernières années, une station balnéaire florissante et luxueuse. On voit encore, sur la plage, des barques longues, tirées à sec, d'autres qu'on repeint, d'autres qui arrivent du large, n'ayant qu'un mât, une voile en forme de croissant de lune et portant, sur la vergue cintrée, une demi-douzaine d'hommes à cheval, occupés à carguer la toile. Les rues voisines sont tout étroites, avec des maisons basses et des filets pendus à des clous. Le château royal n'est lui-même qu'un vieux fort, bâti sur une pointe et transformé, tant bien que mal, en habitation. Les murs d'enceinte sont intacts. Une terrasse à créneaux, encore armée de canons, borde la rive de la petite anse, et sert de lieu de promenade et de récréation aux infants. Ses remparts tombent à pic sur une avenue plantée de palmiers et touchant la mer. On découvre de là le cours du Tage jusqu'à Lisbonne, et les montagnes bleues de Cintra dans les terres, et, vers l'occident, la mer libre.

Le grand deuil de la reine avait suspendu les audiences, et j'ai été reçu par une exception due à ma qualité de Français, et dont j'ai vu tout le prix lorsque j'ai été admis en présence de la souveraine. L'aimable comte de Sabugosa, grand-maître de la maison de la reine, me fit traverser une cour, une antichambre, un grand salon, et m'introduisit dans un petit salon jaune ouvrant sur la terrasse. La reine Amélie était en deuil, avec de simples bracelets d'or au bras gauche. Elle me fit asseoir, et, tout de suite me parla de la France. Elle est grande, jeune, très jolie, avec un teint délicieux et des yeux si bons, si intelligents, si sérieux, qu'il ne me souvenait guère d'avoir rencontré un charme aussi complet. Tandis qu'elle me parlait, j'étudiais l'expressive bonté de ce regard droit et franc, et je comprenais l'enthousiasme des femmes de Séville qui, dans les rues, lorsque la reine était encore la duchesse de Bragance, l'interpellaient avec leur liberté méridionale, et s'écriaient : « Mais arrête-toi donc! Vive ta mère! Vive la grâce! Que tu es belle! » La reine voulut bien me dire qu'elle était heureuse de recevoir un compatriote : « Si vous saviez ce que cela m'a coûté, de traverser la France, mais de la traverser seule-

ment! » Elle ajouta, retenant à peine ses larmes :
« Il a fallu que mon père mourût pour qu'on vit
quelle grande âme c'était. D'ailleurs, on lui a rendu
justice... on a été respectueux... » Elle me parla
ensuite du palais de Cintra, de Lisbonne et du Portugal, de plusieurs choses encore, et de « cette
admirable reine d'Espagne ». Pendant ce temps, un
vieux chambellan se promenait sur la terrasse. Je
voyais passer, dans l'encadrement de la porte-fenêtre,
son ombre digne. Les jeunes princes couraient
autour d'un affût de canon, entre deux tas de boulets
noirs. Plus loin, deux dames d'honneur, par-dessus
le rempart, regardaient la mer. Quand la reine
Amélie se leva, elle me recommanda : « Dites du
bien de ce bon peuple portugais. » Je n'ai pu étudier
le peuple d'assez près et assez longuement pour le
juger, mais j'ai pu acquérir du moins la conviction,
et la fierté, que la France lui a donné une souveraine
accomplie.

Je retrouvai dans le grand salon M. de Sabugosa ;
une voiture l'attendait à la porte du palais, et, avant
de rentrer à Lisbonne, je pus faire le tour de ce petit
territoire de Cascaes, où, par la vertu de la faveur
royale et de la mode, on voit surgir de terre des
villas, des hôtels et, ce qui est beaucoup plus remarquable, une végétation inconnue. Je ne sais comment
les arbres réussissent à pousser sur les falaises qui
s'étendent au delà de la résidence royale. La pierre
affleure partout, mais ils poussent. Un bois de Bou-

logne se dessine, encore jeune, à l'état de baliveaux
et de bourgeons pleins d'espoir, dont la vitalité
diminue, cependant, dans le voisinage de la mer.
Celle-ci est d'un bleu indigo, du bleu des pays très
chauds, et elle bat une côte sauvage, hérissée de
roches jaunes veinées de noir. Nous nous arrêtons
un moment pour voir le Trou d'enfer, un de ces
gouffres, si nombreux sur le littoral breton, où la
vague tournoie et tonne quand la marée monte. Il y
a des garde-fous en fil de fer, une terrasse cimentée,
avec une cabane pour les marchands de gâteaux.
Heureusement cet excès de civilisation ne gâte qu'un
point négligeable de la falaise, qui s'en va, rousse
et bordée de lumière aveuglante, jusqu'au cap da
Roca, le plus occidental de l'Europe. Ces mots-là
sonnent bien, et je regarde avec complaisance ce
cap, le plus occidental... Puis, un détour dans les
terres, et alors, de vrais jardins, des parcs touffus,
des promenades plantées de palmiers magnifiques,
de bananiers, et une foule de maisons d'un grand
luxe peintes de couleurs tendres, toutes fraîches,
toutes pimpantes. La plus belle est peut-être celle du
duc de Palmella. Mais le noble duc a bâti non loin
de là un chalet pour ses gens de service; une liane
s'est emparée de cette construction plus modeste
qu'on lui abandonnait, et je ne sais pas d'architecture comparable à ces buissons de grappes mauves
dont elle couvre les fenêtres.

XVIII

LES JARDINS DE CINTRA

Lisbonne, 13 octobre.

Cintra est un nid de verdure, une station d'été très élégante, dans une toute petite sierra hérissée d'arbres, qui s'élève à peu de distance de Lisbonne, suit une ligne parallèle au Tage, et finit dans la mer. La cour y passe près de trois mois, de juillet à la mi-septembre, et descend, quand la chaleur s'apaise, vers le château de Cascaes, où elle habite jusqu'aux premiers jours de novembre.

Le roi, dit-on, préfère le mouvement de Cascaes, les promenades et les excursions de pêche à l'embouchure du Tage; la reine a une prédilection pour les ombrages recueillis de Cintra, pour ces beaux chemins en pente, aux tournants difficiles, où elle conduit à quatre, avec une adresse merveilleuse.

Le paysage est romantique à souhait. En une heure de chemin de fer, à travers une banlieue pleine de jardins, de villas et de moulins à vent dont les ailes de toile dessinent une croix de Malte, on atteint le pied de la montagne. Là commence l'enchantement. Vue d'en bas, la montagne est toute bleue; elle porte au sommet un grand château qui paraît, lui aussi, fait avec de l'azur, et qui tord ses murailles autour de toutes les pointes de roche, qui dresse, en plein ciel, la silhouette la plus compliquée de tours rondes et carrées, de terrasses crénelées, de coupoles revêtues de faïence et luisantes vaguement. On monte à cheval ou à âne, et, dès qu'on a dépassé le village de Cintra, la forêt vous enveloppe, forêt de sapins mêlés d'ormes, d'eucalyptus et de bouleaux. Le chemin se plie en lacets; le lierre roule en cascades aux deux bords; on aperçoit, entre les branches, des plaines qui se fondent peu à peu et pâlissent à leur tour; des sources coulent à travers bois; l'air salin se parfume de résine; des colonies de lis roses s'épanouissent aux rares endroits où le soleil peut toucher la terre.

Jusque-là nous avons, mon compagnon de voyage et moi, marché en route libre, sans rencontrer personne, sur le sol commun des rois et des charbonniers. Une barrière coupe une avenue : c'est l'entrée du parc royal. Un jardinier, en bonnet de laine, nous introduit et nous explique que les équipages, même ceux de la cour, ne pourraient sans danger gravir les pentes qui nous séparent du château, et que le roi et la reine, en descendant de voiture, doivent monter à âne pour achever le trajet. Nous traversons des jardins abrités, minutieusement tenus, où les fleurs sont vives encore, un bois de mimosas côtoyant un ruisseau très clair, un bois de citronniers, un autre de camélias géants, puis un corridor voûté et tournant qui donne accès dans le palais, des terrasses, des chemins de ronde, une chapelle froide et battue par le vent de mer; enfin, par une échelle, nous grimpons au sommet de la grande coupole jaune : toute la sierra est à nos pieds, dentelée, touffue, énorme haie de verdure allant droit vers la mer que le soleil met en feu; au bas de ses deux pentes, à gauche où le Tage coule au loin, à droite où s'étendent des plaines, il semble qu'il n'y ait plus de végétation, mais seulement des terres nues, entièrement plates, d'une même teinte lilas, que perlent çà et là des semis de maisons blanches, et d'où le regard, las de lumière confuse, revient vers la forêt fraîche, vers les cimes, fuyantes au-dessous de nous, qu'illumine le scintillement des pins, vers les ravins d'ombre où se devine un détour de sentier.

Et ce n'est pas encore la merveille de Cintra. Un ami nous a conseillé de visiter la villa Cook. Du haut du château de la Peña, j'ai aperçu, dans les frondaisons qui entaillent le bord de la plaine, la masse pâle

d'un palais arabe. Il nous faut descendre près de
six cents mètres de pente, tantôt à travers les bois,
tantôt dans des lits de ruisseaux, ou entre deux murs
tapissés de lierre et coiffés de branches de cèdres.
L'air s'attiédit et se charge d'aromes puissants, mys-
térieux, qui font chercher du regard des arbres
inconnus. Les eucalyptus trouent de leurs grandes
gerbes glauques le vert noir des sapins. Un palmier
dresse au-dessus d'eux son bouquet de plumes. Voici
une maison de garde, une toute petite barrière, et
une allée qui s'enfonce en pente raide sous les arbres
enchevêtrés.

« C'est bien le palais de Monserrat, la villa Cook »,
me dit un homme qui passe, à cheval sur un âne
minuscule et chargé de fagots, les jambes traînant à
terre... Lady Cook ! on m'a parlé d'elle à Lisbonne :
une Américaine qui s'appelait, de son nom de jeune
fille, miss Tennessee Claflin, descendante de la maison ducale de Hamilton, richissime, apôtre de l'émancipation féminine, mariée à un Anglais, l'un des
principaux importateurs de la cité. Elle est célèbre
dans son pays d'origine. A dix-neuf ans, elle commençait une campagne de conférences en faveur des
droits de la femme ; un peu plus tard, elle ouvrait, à
New-York, avec sa sœur, une banque où elle
réalisait, en quelques années, un bénéfice de cinq
millions de dollars, dirigeait une revue d'études
sociales, écrivait une quinzaine de volumes, se faisait
élire membre du Sénat ; exclue par un vote des

Pères conscrits de là-bas, elle leur intentait, devant la cour suprême, un procès retentissant ; enfin, elle fondait à ses frais les premiers clubs féminins, dont l'idée a fait fortune, comme on le sait, dans toutes les grandes villes d'Amérique. A Lisbonne, on n'avait pas pu me dire si lady Cook se trouvait à Cintra. Je savais seulement qu'elle n'habitait Monserrat que quatre ou cinq semaines par an, et que le palais, meublé avec une richesse inouïe, était sévèrement gardé contre la curiosité des voyageurs.

Mais, une fois de plus, la chance me servit bien. Nous suivons l'allée qu'ombragent des arbres de toutes les essences méridionales ; les feuillages les plus rares se croisent au-dessus de nous ; des lianes courent d'une branche à l'autre et retombent en grappes violettes ou pourpres. Je commence à marcher tout doucement, de peur que cette forêt vierge ne s'évanouisse, au bruit étranger de mes pas, comme dans les contes de fées. Les sous-bois sont pleins de mousse. Il y a une grande lumière en avant, et, quand j'ai franchi un pont de bois, je vois que cette lumière est une façade blanche, au milieu de laquelle s'ouvre une porte au faîte ajouré, semblable à celle des mosquées, et que sur le seuil deux femmes sont debout, près d'une balustrade qu'enveloppent des géraniums. Elles sont en noir. Les fées ne portant jamais le deuil, autant qu'il m'en souvient d'après d'anciennes lectures, je comprends que nous sommes en présence de la châtelaine et d'une de ses parentes ou amies. Mon compagnon de route s'est avancé, et, comme il parle très facilement l'anglais, je l'entends qui demande l'autorisation de visiter le parc. La dame qui lui répond est grande, mince, encore jeune de visage malgré ses bandeaux de cheveux gris. Elle a dû être fort belle, d'une beauté poétique et rêveuse. Et elle a des yeux clairs, énergiques. Le dialogue se poursuit une minute. Elle apprend que je suis écrivain. Le souvenir de sa réputation littéraire, de ses articles, de ses conférences, du *Woodhull and Claflin Weekly*, plaident sans doute, auprès de lady Cook, en faveur des deux inconnus ; elle a le bon goût de ne pas même s'informer si je suis partisan de l'émancipation : elle nous invite à visiter le palais. Par le couloir de style oriental, orné de colonnes de marbres rares, de statues, et d'une fontaine au milieu, nous pénétrons dans une série de salons qui sont plutôt des musées que des appartements de réception. Les vieux japon, les vieux chine abondent, non pas les modèles de bazar, mais des pièces de toute beauté, d'un rose ou d'un vert tendre à désespérer les porcelainiers de Sèvres. L'Inde, la Perse, l'Asie Mineure, l'Afrique, sont représentées par des meubles, des stores, des tentures, des idoles dorées, des armes, des ivoires, des vases émaillés de la grande époque arabe, de ceux dont le vernis enferme, dans sa transparence nacrée, tous les reflets de l'arc-en-ciel. Un contraste drôle : devant les cheminées, qui sont aussi des œuvres d'art, et dans chacune des pièces, on a disposé un rang de potirons et de courges, qui achèvent de mûrir à l'abri.

L'aimable propriétaire de Monserrat, malgré le soleil, malgré une promenade projetée, veut encore nous montrer une vallée de son domaine. « Vous allez voir mes fougères ! » nous dit-elle. Nous repassons près des lianes fleuries, nous tournons à droite. J'entends des coups de pioche. Sous bois, au bord d'une cascade embarrassée de feuillages, nous saluons M. Cook, vieil Anglais à barbe blanche, qui surveille la transplantation d'une fougère arborescente haute de cinq ou six mètres et grosse comme un mât de navire. Il est coiffé du large panama des planteurs. Il nous indique la meilleure route à suivre pour voir le plus beau coin du parc. Alors, ayant pris congé de nos hôtes, nous descendons seuls, les pieds dans les lacis de lierre et les touffes de pervenches, sous la voûte découpée à jour des fougères qui emplissent le ravin. Des palmiers, des cocotiers, des caoutchoucs, des poivriers leur font suite. Ils forment une épaisse forêt. Des racines barrent les sentiers ; des troncs morts de vieillesse ou brisés par le vent, couchés sur des fourrés verts, dorment leur sommeil sans plus toucher la terre qu'au jour des premières sèves.

C'est la forêt vierge, un jardin sauvage tel que je n'en ai pas vu d'autre.

Pendant une heure j'ai vécu au Brésil, j'ai cherché

les aras à huppe d'or au sommet des lianes, pensé aux tigres, écouté les sources et bu les lourds parfums, pétris de vie et de soleil, qui grisent comme du champagne.

XIX

DERNIÈRES PROMENADES DANS LISBONNE

Lisbonne, 15 octobre.

Voilà une semaine entière que je suis à Lisbonne. Qu'ai-je fait de ces deux derniers jours? A peu près rien. J'ai vécu en plein air, matin, midi et soir. Je me suis laissé prendre à la paresse de toutes les choses et de tous les êtres qui m'environnaient. J'ai contemplé, de la terrasse de la légation de France où il y a des jasmins bleus, comme j'en avais cueilli à Palerme, où d'un tout petit jardin que j'ai découvert en haut de la rua do Quelhas, le Tage, élargi par la nuit qui efface les rives, devenu un grand golfe d'azur pâle, où dorment des centaines de vaisseaux immobiles parmi des millions d'étoiles tremblantes. J'ai assisté à une course de taureaux portugaise, point sanguinaire, point émouvante, mais d'une jolie mise en scène. L'entrée des *toreros*, le jeu des *cavalleiros*, étaient des spectacles du plus grand art : le dernier acte était presque ridicule. Vous imaginez-vous Mazzantini obligé de paraître avec une épée de bois, devant une bête dont les cornes sont emmaillotées dans une gaine de cuir ! Cela rappelait beaucoup trop les arènes de la rue Pergolèse.

Qu'ai-je fait encore pendant ces deux jours ? Hier matin, dimanche, j'ai vu aussi la modeste chapelle, mais toute pleine de souvenirs de France, de Saint-Louis des Français. Elle est située dans une pauvre rue, touchant le beau quartier de l'Avenida. Comme celle de Madrid, elle est propriété nationale française, et elle abrite, à son ombre, un hôpital et une école de filles tenue par des religieuses. J'ai causé assez longuement avec un vénérable prêtre, chapelain de l'œuvre depuis trente-huit ans, M. l'abbé Miel. « Vous trouverez en lui, m'avait dit M. Bihourd, un homme fort aimable et des plus instruits. » A peine ai-je eu manifesté l'intérêt que je prenais à l'histoire de ces fondations, que l'archiviste passionné se révéla en effet.

— Nous avons des trésors, me dit-il, des pièces qui racontent, depuis 1438, sans lacune, la destinée de nos compatriotes à Lisbonne. J'ai tout classé moi-même. J'ai dressé une table. Venez !

Nous étions dans un salon assez vaste, pareil à un parloir de couvent, mais décoré de portraits officiels : Henri IV faisait vis-à-vis à Napoléon III, Charles X à Louis-Philippe; les bustes en plâtre de M. Thiers, du maréchal de Mac-Mahon, de M. Grévy, de M. Carnot, regardaient un Louis XIV en perruque. M. l'abbé Miel passa dans un cabinet voisin, et ouvrit devant moi des liasses d'actes portugais ou français, des diplômes, des contrats de vente, un manuscrit du premier règlement élaboré, au commencement du xve siècle, par les principaux de la colonie.

— Ils étaient en majorité Bretons, ajouta-t-il, et c'est pourquoi vous avez pu voir un autel dédié à saint Yves. Les traits abondent qui mériteraient d'être connus. Si j'avais le temps d'écrire cette histoire! Mais cette joie-là sera pour un autre. Voulez-vous un petit exemple ? La messe de dix heures, qui vient de finir, réunissait comme d'habitude une bonne partie de la colonie française : savez-vous pour qui elle a été dite ?

— Je ne m'en doute pas.

— En 1581, la façade de la chapelle était obstruée par une maison appartenant à un Portugais, nommé Marc Heitor. Ce brave homme donna son logis à l'œuvre française, à la double condition qu'il fût démoli, et qu'une messe fût célébrée chaque dimanche à l'intention du donateur. La tradition n'a pas été interrompue. Voilà comment, ce matin, la messe a été dite pour le vieux Marc Heitor, qui était, de son vivant, cuisinier de Sa Majesté le roi de Portugal.

Et l'histoire ne finit pas là, car la ville, ne voulant pas rester en arrière, s'empressa d'exempter d'impôts, lorsqu'elles ne seraient pas louées, les boutiques construites en bordure de la rue, dans les soubassements de la maison d'Heitor, et, même aujourd'hui, si le cas se présentait, le vieil acte de générosité de Lisbonne profiterait encore à l'œuvre française.

Enfin je me suis égaré, ce soir, dans une rue en échelle où habitent les marchandes de poisson. Les *varinas*, la journée finie, assises en rond ou couchées sur le sol, barraient toute la route, leurs jupes rouges, bleues, jaunes, étalées autour d'elles. Des nuées d'enfants en chemise galopaient de l'une à l'autre de ces grosses pivoines formées par le cercle des mères et des sœurs aînées. Pour passer, il fallait faire le tour. Et au-dessus d'elles, dans l'ouverture des toits, en plein ciel, des loques multicolores séchaient au bout d'une perche. Le vent les secouait, le soleil les trouait. Ces pauvres choses, chez nous, n'auraient pas valu un regard, mais le goût du Midi les avait choisies, la lumière les transfigurait, et c'était de la poésie encore, accrochée là-haut, dont la rue s'égayait...

Hélas! je vais partir tout à l'heure. Il m'en coûte. Est-ce le voyage qui m'effraie ou m'ennuie? Sûrement non, car je vais vers l'Andalousie, que j'ai tant souhaité voir. C'est Lisbonne qui me retient. Et de quoi est fait ce charme dont je me sens lié? J'ai beau chercher, je ne trouve aucune raison bien forte, mais j'en découvre plusieurs petites, si faibles, si puériles que je suis tenté de rire en les énumérant, et si puissantes ensemble que j'ai envie de pleurer dès que je ne les sépare plus. Bien des tendresses sont ainsi. Quel est donc ce cantique dont une phrase me revient, et tourne en moi comme un refrain : « Tu m'as pris le cœur avec un de tes yeux et avec un de tes cheveux ? »

XX

CORDOUE. — LA MOSQUÉE ET LE VIEUX PONT

Cordoue, 17 octobre.

Cordoue, c'est Tolède sans son paysage, une Tolède de plaine, à peu près plate. On entre par une avenue bordée d'aloès formidables, et cela dit éloquemment que le climat a changé, que nous sommes en Andalousie, terre africaine. Je revois les mêmes ruelles tournantes et compliquées, pavées de cailloux pointus et de dalles aux deux côtés, les mêmes patios blancs, déserts, avec une fontaine de marbre aperçue au travers des grilles. Mais l'impression générale est bien différente. Tolède était une ville ancienne, et celle-ci n'est que fanée. Trop peu de monuments d'autrefois sont ici restés debout. Ils survivent à l'état d'accidents superbes dans un amas de maisons médiocres, retapées et banales, ou bien intactes mais sans architecture, et telles qu'il faudrait l'étrange caprice des pentes pour leur donner la vie. Une petite joie sort des piquets de fleurs que les femmes plantent dans leurs cheveux : deux roses, trois brins d'œillets, du jasmin blanc surtout. Il faut qu'elles soient bien vieilles pour renoncer à cette coquetterie. La pauvreté s'en accommode. Je viens de m'arrêter devant un soupirail d'où s'échappait le bruit claquant d'un métier, et mes yeux, mal accoutumés à l'obscurité de cette cave, n'ont vu qu'une fleur de géranium-lierre, qui s'élevait et s'abaissait, coupant l'ombre en mesure.

J'allais vers la mosquée, le plus complet, le plus grandiose des monuments arabes que possède l'Espagne. Il est situé presque au bord du Guadalquivir et enveloppé de hauts murs jaunes. Ces Arabes, si habiles à décorer l'intérieur des palais et des temples, négligeaient le dehors. La masse carrée de l'enceinte est comme une mauvaise reliure enfermant le chef-d'œuvre d'un maître enlumineur. On entre par une tour, et, tout de suite, un charme vous saisit. Vous êtes dans un jardin clos, dans un patio planté d'orangers et de palmiers. Des canaux d'arrosage courent de l'un à l'autre. C'est un lieu de repos qui précède l'église. Le peuple y vient dormir dans l'ombre ronde des orangers. A la fontaine du milieu, des femmes et des filles emplissent leurs cruches de terre pâle. Traversez le patio et poussez une porte. De la pleine lumière, vous passez dans la pénombre, mais l'impression se prolonge, et l'image d'un jardin ne quitte pas l'esprit. Le bosquet s'est épaissi et assombri seulement. Oh! les douces allées couvertes! Des centaines de colonnes légères fuient en tous sens, sveltes comme de jeunes troncs de palmiers, d'où s'élancent, assez près du sol, deux arcs superposés qui les relient l'une à l'autre. Les colonnes sont de marbres rares; les arcs sont faits de pierres rouges et blanches alternées. Je m'avance dans ce bois sacré, je m'appuie aux piliers, je suis du regard leurs avenues décroissantes, et voilà que cette première sensation de bien-être et de fraîcheur, qui me rappelait les promenades tardives, sous les arbres où la lumière n'arrivait qu'atténuée et diffuse, se mêle d'un malaise vague. Cette joie de paradis humain n'a fait que m'effleurer. Je cherche, avec l'inquiétude d'un prisonnier, les nefs lancées dans l'espace, par où l'âme s'échappe au moins, les ogives suppliantes, les jours ouverts sur le plein ciel, le geste universel des lignes qui m'invite à monter. Je croyais entrer dans un lieu de prière, et les choses ne me répondent point: elles n'expriment pas l'effort d'une humanité qui souffre; elles me ramènent à des émotions éprouvées ailleurs, et qui me plaisent seulement, mais qui ne me grandissent pas. J'ai peur d'être injuste envers cet art nouveau, de n'avoir pas tout compris, et, tandis que le cicerone promène encore la flamme de son rat de cave le long des parois dorées de la niche où, jadis, reposait le Coran, je recommence à faire le tour de la grande futaie enclose. Je lui dis tous les mots qui peuvent rendre le plaisir de mes yeux : « Comme tu es jolie ! Comme elle est harmonieuse, la courbure de tes arcs ! Comme ils fuient bien, les fûts légers aux feuilles rouges et blanches ! Le poète qui t'a bâtie l'avait rêvée d'abord, étendu près d'une source, à l'heure où la lumière du couchant vient en rasant la terre et blondit les sous-bois ! » Mais mon cœur ne s'est pas ému, et j'ai couru voir le vieux pont.

Il est superbe. Dix siècles de lutte contre le Guadalquivir, contre la pluie et le vent, ont rongé la base de ses piles et effrité ses pierres. Il est devenu tellement pareil au sol des deux rives qu'il unit, qu'on ne l'en distingue plus, et qu'il semble être un long talus de terre moulée, percée de trous, durcie par le temps et par le pied des mules. A l'extrémité, vers la campagne, un château crénelé se dresse, taillé dans la même poussière. La campagne voisine est triste, à peine teintée de vert par de petits saules pâles. Des bancs de sable coupent le fleuve. Au-dessous de moi, des terrasses plantées descendent. Leurs murs à demi ruinés se renflent par la base, et dentellent le courant. Toute l'œuvre de l'homme perd ainsi sa forme première, et se fond peu à peu dans la nature. Mais, sur les étroites terrasses, restes de jardins royaux, où des bourgeois de Cordoue cultivent aujourd'hui des légumes, çà et là on voit monter la boule d'un vieux citronnier, la pointe noire d'un vieil if, arbres vénérables, plus feuillus que jamais, et que la main des grands califes a peut-être touchés.

XXI

GRENADE LA NUIT. — GRENADE LE JOUR. — L'ALHAMBRA. — LES GITANOS DE L'ALBAYCIN. — DANS UNE VIEILLE ÉGLISE.

Grenade, 18 octobre.

J'arrive à Grenade la nuit. La gare est loin des hauteurs de l'Alhambra, où j'ai choisi mon hôtel, pour l'amour de ce nom magique. J'ai la tête pleine des enthousiasmes d'Henri Regnault et des vignettes de Gustave Doré. Tout s'annonce bien : une nuit sombre, une ville tortueuse et, derrière ma voiture, une diligence de la sierra entrant à fond de train dans Grenade. Elle est fantastique, la vieille guimbarde espagnole ; elle bouche toute la rue comme un grand écran noir ; je ne vois ni les roues, ni les fenêtres, ni le mayoral caché derrière sa lanterne, mais une masse d'ombre qui vient, et, en avant, dans une gerbe de rayons rouges, cinq mules cabrées, fumantes, couleur de feu. On dirait des bêtes échappées, des bêtes de lumière et de rêve, qui nous poursuivent, le cou tendu, les naseaux en sang, les oreilles bordées de pourpre. Elles s'évanouissent à un tournant. Nous passons sous une porte, et nous voilà dans une futaie montante. L'air devient froid. Plus de pavés, plus de maisons, rien que des bois en pente et le bruit des eaux courantes dans le silence de la nuit. La voiture s'arrête. Je cherche l'Alhambra, et je n'aperçois qu'une façade d'hôtel, et, partout autour, une forêt d'ormes immenses, mouillés par les pluies d'automne, balayant de leurs cimes un ciel gris sans étoiles…

— Monsieur, prenez-moi, si vous voulez un bon guide ! Les autres ne savent rien !

Ils étaient deux, ce matin, qui m'ont crié cela à mon premier pas hors de l'hôtel. J'ai pris avec moi le troisième gamin, qui n'avait rien dit, et j'ai traversé dans sa largeur la futaie de grands ormes que je montais hier soir. Elle longe les murs d'enceinte de l'Alhambra. Mon guide, qui a le regard câlin des jeunes Arabes, danse de joie derrière mon dos. Je me détourne.

— C'est que je suis content ! me dit-il. Mais je savais que je conduirais aujourd'hui un étranger !

— Comment le saviez-vous ?

— Puisque j'ai rencontré trois morts en sortant de la maison, j'étais sûr d'une bonne journée. Il n'y a pas de meilleur signe, monsieur. Quand nous rencontrons un aveugle, un borgne, nous pouvons bien renoncer à courir les hôtels et dormir toute l'après-midi : pas un voyageur ne louera nos services. Mais un mort, trois morts surtout, voilà qui annonce le bonheur ! Moi, je suis rentré bien vite à la maison, et j'ai crié à ma famille : « Réjouissez-vous, je vais travailler aujourd'hui ! » Vous voyez bien !

Au bout de l'avenue que nous suivons, une grande porte s'ouvre dans une tour carrée sans créneaux, marquée de la main et de la clef. Le chemin tourne dans l'épaisseur des murs, continue en montant, et débouche sur un tertre planté d'ormeaux, la cour des Citernes. Un homme m'offre un verre d'eau glacée et bleue, qu'il tire d'un puits profond. Un autre se précipite à ma rencontre, en gesticulant. C'est un affreux mendiant au chapeau pointu, à la veste de velours galonnée et fripée, qui se dit prince des bohémiens : « Achetez ma photographie, monsieur ! Deux francs pour les Américains, un franc pour vous qui ne l'êtes pas ! » Je m'enfonce à gauche, où sont de pauvres jardins, des ruines de murailles, des soulèvements de terre couvrant d'autres ruines, et, l'enceinte se rétrécissant, j'arrive à la tour de la Véla. L'escalier se tord en spirale ; nous vivons cinq minutes dans le noir ; puis le jour reparaît ; je pose le pied sur la plate-forme, et je découvre une des vues les plus harmonieuses que l'homme puisse contempler. Derrière moi, la Sierra Nevada, toute blanche de neige. Un éperon s'en détache, entièrement boisé, portant à son sommet le vaste palais de l'Alhambra. Je suis à l'extrémité de cet éperon vert, très haut et très ardu. Il s'avance jusqu'au milieu de la ville. Elle est là tout entière, rose et déployée en éventail au-dessous de moi, Grenade, la citée tant rêvée. Vers la gauche, c'est la ville nouvelle, plus vive de couleur et plus tassée; vers la droite, c'est la ville ancienne, hachée de menus traits d'ombre par les jardins plantés d'ifs, montant un peu sur les collines pelées de l'Albaycin, le faubourg bohémien. En avant, au delà du cercle immense des maisons, une plaine sans limite, doucement bleue parce qu'elle est lointaine, traversée de lueurs pâles qui sont des bras de fleuve.

La nature espagnole se révèle ici dans toute sa splendeur. Elle manque d'intimité. Ne lui demandez pas une chute de moulin encadrée de vingt chênes, une vallée d'herbe fraîche avec des peupliers en couronnes, ou même un beau groupe d'arbres faisant un berceau d'ombre au toit centenaire d'une ferme. Elle ignore les tableaux de genre, les petits cadres tout faits : elle est âpre, elle est nue, elle est ouverte au vent. Mais donnez-lui l'espace; laissez-la développer les plis larges de ses terres, fondre les tons de ses plaines, bleuir ses montagnes, mettre dans l'air du ciel une telle limpidité qu'aucun trait du dessin ne s'efface, qu'aucun rayon ne se perde : si les hommes alors bâtissent Grenade aux toits roses, ils auront ajouté la vie à la beauté sereine et qui n'a pas de saison.

Tout près de moi, en ramenant mes yeux sur la tour, j'aperçois une cloche. Elle est fameuse dans les traditions du pays, la cloche de la Véla : elle sonne le 2 janvier pour fêter l'anniversaire de 1492, époque à laquelle la bannière chrétienne flotta sur l'Alhambra. Les jeunes filles, ce jour-là, montent en foule pour tirer la corde, car il est de foi populaire que les carillonneuses du 2 janvier se marieront dans l'année. Je ne me lasse pas d'étudier le paysage. Je me rends compte de la forme de cette forteresse de l'Alhambra, dont les murailles suivent les crêtes du promontoire boisé; mais les constructions ne se relient plus les unes aux autres, et se lèvent isolées, tours ou morceaux de palais, sans ornement extérieur, parmi des terrains semés de ruines. Mon guide m'interrompt :

— Il faut se hâter, si vous ne voulez pas être trempé par la pluie!

En effet, des nuées d'automne, accourues des sommets de la Sierra Nevada, crèvent sur nous, et bruissent lourdement sur les ormeaux des pentes.

Je repasse dans la cour des Citernes, près du monstrueux palais inachevé dont Charles-Quint enlaidit la terre sacrée de l'Alhambra, près des boutiques de marchands de photographies, de marchands d'antiquités parisiens, qui viennent là « pour la saison », et je visite la tour des Infantes, la tour de la Captive, puis les salles ou les patios qu'il suffit de nommer pour qu'une image précise réponde à l'appel des sons : la cour des Myrtes, la cour des Lions, la salle des Ambassadeurs, la salle des Abencérages, les bains, la salle des Deux-Sœurs, et tout le reste que détaillent les guides.

Qu'y a-t-il donc ? Oh ! vraiment, « il pleure dans mon cœur, comme il pleut sur la ville ! » Est-ce l'humeur du temps qui assombrit la mienne ? Je regarde, et je m'étonne de ma froideur en présence de merveilles tant vantées. J'évoque le souvenir de ces pages célèbres qui m'avaient, il me semble, chargé d'admiration, comme une bobine aimantée l'est d'électricité. L'étincelle ne part pas. Je suis déçu, et, en y songeant bien, la pluie n'explique pas toute ma déception. Vous qui n'avez vu l'Alhambra qu'en photographie, mon ami, ne le regrettez qu'à demi : la cour des Lions, que vous imaginez grande, est petite en réalité, presque mesquine; ses lions sont moisis par l'humidité; le patio des orangers renferme surtout des ifs malingres; l'eau ne court plus dans les rigoles taillées en plein marbre qui promenaient autrefois, à travers le palais, la fraîcheur et la vie; des touristes en pardessus, guidés par des employés en uniforme, déambulent entre les colonnes et rompent tout rêve qui s'ébauche, et si vous jetez les yeux sur le prodigieux décor des murs et des plafonds, ah ! mon ami, c'est là que le temps s'est montré cruel, et l'homme aussi. Vos photographies, avec une habileté qui trompe l'étranger, ont saisi la minute où les jeux de lumière et d'ombre étaient le plus harmonieux, et choisi l'endroit, bien limité, je vous assure, d'où les dessins tracés dans la pierre, les revêtements de faïence, les dentelles de stuc festonnant le cintre des portes, pouvaient donner l'illusion d'un chef-d'œuvre à peu près intact. Vous échappez aux plâtrages qui remplacent les pièces tombées d'elles-mêmes ou volées, aux restaurations malheureuses, à la misère de tant de motifs exquis, sur lesquels il a coulé de l'eau et du temps, tapisseries dont il reste la trame, dont la couleur est morte. Elle est morte, et au fond de ces alvéoles, nids d'abeilles disposés en corniches ou tapissant les voûtes, un peu d'or, un peu de rouge, un peu d'azur mêlés, parlent d'une poésie disparue, qu'avec ces courts fragments l'imagination ne parvient pas à reconstituer. Je ne m'en consolerai pas. Il aurait fallu voir l'Alhambra dans sa nouveauté, quand les maîtres de l'Islam, vêtus aussi bien que lui, frôlaient ses dalles de marbre du pli brodé de leurs tuniques. Cet art de l'Alhambra était léger, tout décoratif, fantaisiste et souriant; il exprimait le bien-être, la gloire, le repos, la richesse; sa grâce presque entière était dans sa jeunesse; ses œuvres n'avaient pas les lignes sévères que l'œil retrouve aisément, et elles ont pâli avec l'éclat des pierres, et leur beauté délicate a souffert plus qu'une autre de la mort des détails.

Il y a cependant deux choses, dans ce musée de l'Alhambra, qu'on ne peut dessiner ni décrire, et que rien ne fanera jamais : ce sont les reflets des faïences arabes, et, dans l'encadrement de toutes les fenêtres ouvertes sur le ravin du Darro, ces paysages de second plan, ces bouts de collines pâles, qu'une cause inconnue de moi, une vertu mystérieuse sans doute de l'air de la Sierra, colore d'une teinte laiteuse et bleue, comme si le jour venait à travers une opale. Ils me séduisent depuis si longtemps, ces lointains de l'Albaycin, que je quitte le palais pour aller vers eux. Nous descendons, par la porte de Fer, dans un chemin fortement encaissé, sauvage, que dominent bientôt à gauche les falaises caillouteuses qui portent l'Alhambra et à droite de hauts talus couronnés d'ormes. Le chemin s'enfonce en tournant dans le ravin. Le temps s'est embelli. Tout à coup, mon guide lève les bras et s'exclame : « Quel bonheur! » Je ne comprends pas d'abord. Il me montre quatre hommes montant, deux par deux, et balançant sur leurs épaules une boîte rose. « Un mort, monsieur! » Quelques gens du faubourg bohémien, hommes et femmes, suivent à la débandade. Le petit cercueil approche. L'enfant est à découvert, vêtu d'une robe blanche, son pauvre visage pâle couronné de roses, et, comme c'est un garçon, un voile de tulle rouge le couvre et flotte au vent. Une pitié m'étreint le cœur à la vue de ce cortège d'indifférents, qui passe sans une larme,

Elle dure encore, lorsque le guide s'écrie de nouveau : « Encore un, monsieur! Non, c'est trop de chance! » Je le fais taire. Et nous croisons un autre convoi, une autre boîte ouverte, blanche cette fois, où une petite fille est étendue, fleurie aussi et voilée de bleu. Ils montent. J'entends leurs rires derrière nous, et le bruit des cailloux déplacés qui roulent et nous poursuivent. Nous arrivons au bas de la gorge; la campagne s'élargit devant nous. Sur l'autre bord d'un ruisseau, le faubourg de l'Albaycin s'étage aux flancs des collines, quelques maisons de pierre d'abord, puis des trous irrégulièrement percés dans la terre, des séries de cavernes reliées par des sentiers bordés de cactus. C'est le royaume des bohémiens, tondeurs et souvent voleurs de mules, forgerons, étameurs, dont les femmes sont quelquefois belles, toujours sales, habiles à tisser des couvertures, à tresser des paniers et à dire la bonne aventure. Ils vivent là, sans autres lois que leurs coutumes, sous l'autorité d'un capitaine qui répond de leurs délits devant la police de Grenade.

Je n'ai pas fait cent pas dans la rue montante, l'unique rue digne de ce nom de l'Albaycin, que le fils du capitaine, un bel homme de trente ans, aux moustaches noires soignées, habillé en bourgeois, sort d'une maison où il attendait sans doute la venue de quelque étranger, la vraie aubaine du quartier. Malgré les prudentes recommandations des itinéraires en Espagne, il n'y a aucune espèce de danger à se risquer seul dans l'Albaycin. Sa bohème est mendiante, gênante, grouillante, mais très apprivoisée. Les bons offices du capitaine sont seulement nécessaires pour organiser une représentation de danses bohémiennes. Je m'adresse donc à D. Juan Amaya, et je lui fais part de mon désir. Il donne des ordres. Quatre ou cinq estafettes, prises parmi les oisifs qui se chauffaient le long des murs, partent dans différentes directions, et, en attendant que le corps de ballet soit réuni, je visite plusieurs de ces caves, creusées dans la colline, où habitent les sujets du capitaine. Chacune se compose de plusieurs chambres, dont l'une est éclairée par la porte, la seconde, par une fenêtre sans vitres, la troisième par le jour qui peut venir à travers les deux autres.

Les parois de pierre, irrégulières, bosselées, fendues, qui servent de mur, sont ornées de quelques images pieuses ; le mobilier est des plus sommaires, et la cuisine semble avoir pour base le riz aux piments doux. Nous sommes enveloppés d'une nuée de vieilles qui supplient, de gamins pouilleux qui tendent la main, de bambines merveilleusement dressées à envoyer des baisers aux étrangers pour obtenir un sou. Des sons de guitare nous tirent d'affaire. On nous attend là-bas. Nous regagnons la rue, et nous sommes introduits, mon compagnon, le guide et moi, dans une petite chambre d'un premier étage, blanchie à la chaux, meublée de chaises de paille. J'y retrouve les chromolithographies pieuses des cavernes et le capitaine pinçant de la guitare. Près de lui, un bohémien maigre, à la peau presque noire, joue de la *bandurria*, de la mandore. Ils occupent un des bouts de la pièce, près de la porte ; nous nous asseyons en face, à l'autre extrémité. Un jeune homme « au torse d'écuyer », et cinq danseuses, vêtues d'un châle et d'une robe bleue, jaune ou rouge, sont rangés le long du mur, à droite. Les cinq femmes s'appellent Encarnacion Amaya, Josefa Corte, Encarnacion Rodriguez, Trinidad Fernandez et Trinidad Amaya. La première est célèbre, on vend sa photographie dans toute les boutiques de Grenade. Sa beauté un peu molle et pleine ne rappelle cependant que de loin le type des gitanas. La vraie gitane est plutôt une fille de dix-sept ans, Encarnacion Rodriguez. Celle-là est grande et souple, brune à la croire taillée dans du cuir de Cordoue ; elle a des cheveux bleus et lourds qui retombent en mèches sur les joues, et écrasent à moitié l'œillet rouge piqué au-dessus de l'oreille ; elle ne rit pas ; une tristesse de captive emplit ses yeux très longs, et on ferait un profil de déesse avec l'ombre de ses traits projetée sur un écran.

Au signal donné par le chef, homme et femmes se lèvent, dansant et chantant en mesure. Les danses sont élégantes, et figurent la marche d'un cortège, les compliments aux fiancés, les souhaits, une déclaration d'amour. Les vers, criés sur un mode très haut, sont d'un goût douteux. Qu'importe ! le spectacle est joli, étrange, plus gracieux cent fois que les sévillanes exécutées à Madrid, dans les cafés-concerts. Il y a dans cette race bohémienne, un charme félin, un peu sensuel, jamais vulgaire, et qu'on n'imite pas. Elle danse gravement, avec une espèce de noblesse perverse et naturelle. Rien ne caractérise mieux cette manière que ces duos d'amour, dansés tantôt par un homme et une femme, tantôt par deux gitanes, et qui succèdent aux figures d'ensemble. Les amoureux s'écartent, se rapprochent, passent avec une œillade, s'évitent d'un tour de rein, ne se touchent jamais, et se parlent tout le temps, font un dialogue avec des attitudes, des regards, des sons de castagnettes, — mâles et femelles d'après le timbre, — avec le geste du pied, de la main, et l'arc changeant des lèvres. La guitare et la mandore pleurent langoureusement. Un tambour de basque se démène endiablé, et toutes les bohémiennes qui ne dansent pas, celles aussi venues en curieuses et qui assiègent la porte, ponctuent le fandango de cris aigus. Les *olé!* pleuvent. Des phrases entières partent dans un éclat de rire. Bah! les étrangers ne comprennent pas. J'ai saisi au vol deux ou trois de ces exclamations, que chacune lance au hasard. Elles disaient : « Vive la mère qui t'a enfanté! », ou bien « Bobadilla, trois minutes d'arrêt! », ou bien « Voyez cette belle Encarnacion, monsieur, monsieur! » C'est à la fois burlesque, truqué, naïf et d'un art indéniable.

J'ai dit que ces bohémiens de l'Albaycin étaient très apprivoisés. Avec quelques bravos, un compliment, plusieurs bouteilles de vin blanc discrètement demandées, et que les bohémiennes, d'ailleurs, avaient bues « à la France », j'avais cru comprendre que nous jouissions d'un commencement de réputation auprès de la troupe de D. Juan Amaya. J'en fus assuré par lui-même, au moment des adieux. Une Française et son mari étaient entrés dans la salle, pendant les danses. Quand ils se levèrent pour partir, le capitaine s'approcha de moi, et me dit, avec une dignité affectueuse :

— Monsieur, les gitanos et les gitanas sont touchés de vos bons procédés. Ils vous proposent, pour vous marquer leur gratitude, d'exécuter devant vous quelques pas qui ne se dansent pas devant les dames.

Je remerciai D. Juan Amaya, et je rentrai dans Grenade.

La nuit tombait. De gros nuages roulaient toujours dans le ciel; un peu de rouge, au couchant, divisait leurs fumées. Je m'en allai, au hasard, dans les ruelles misérables et pleines d'imprévu qui fourmillent dans cette ville ancienne. Des pignons aux toits avancés et très vieux se levaient çà et là, des entrées de posadas pareilles à des gueules de fours, des forges, des balcons protégés par des grilles ventrues, des boutiques rapprochées, infimes, pauvres à faire peine. Une cloche tinta, et sa voix fêlée s'harmonisait si bien avec la tristesse des choses, c'était une voix si lasse et si pitoyable, qu'elle n'avait jamais dû chanter, même dans sa jeunesse, et qu'elle m'attira. Je me dirigeai vers elle, comme si je faisais l'aumône en l'écoutant.

Elle partait du clocheton d'une église enchâssée entre deux maisons, et dont la façade médiocre se distinguait seulement des voisines par un fronton roulé à ses extrémités. J'entrai en soulevant la portière de cuir mou. L'intérieur était complètement dans l'obscurité. Quelqu'un remuait du côté du chœur, tout au fond. Une étincelle brilla, perdue dans cette masse d'ombre, décrivit un zigzag en montant, et se fixa, rougeâtre, à six pieds du sol. Le bruit se rapprocha. Une seconde étincelle, plus près de moi, étoila le mur, et fit luire une surface dorée. Je compris que le sacristain allumait une veilleuse devant chacun des autels, et, quand il eut dix fois répété l'opération, une voix, au bout de l'église, commença la prière du soir. Dans les ténèbres, devenues maintenant comme de grands plis de deuil tendus d'une arcade à l'autre et relevés d'un clou d'or, je distinguai la forme agenouillée de deux hommes, deux mendiants enveloppés de leurs manteaux élargis. Ils avaient seuls obéi à l'appel de la cloche, ils venaient seuls prier avec le prêtre, invisible là-bas, en cette fin de jour lugubre. Cet abandon me fit songer à ce que m'avaient dit, de la situation religieuse en Espagne, des personnes absolument sûres et d'une entière compétence. Je me souvins de ces conversations que j'avais eues, en différents points du royaume, et qui variaient quelque peu dans la forme, mais qui s'accordaient au fond, et pouvaient se résumer ainsi :

— Nous bénéficions, monsieur, d'une antique réputation, qui ne correspond plus, malheureusement, à la réalité. Je sais combien nos compatriotes tiennent à honneur de garder à leur pays sa renommée de royaume très chrétien, mais je vous dois la vérité, puisque vous la demandez. Or, les différentes provinces sont bien loin d'offrir, chez nous, la même physionomie religieuse. Il y en a qui sont demeurées très fidèles, et d'autres dont on pourrait affirmer qu'elles n'ont conservé de la religion que le goût des cérémonies extérieures et une sorte de foi sans pratique. Remarquez que ces dernières se doutent à peine, — je parle du peuple, — de l'indifférence où elles sont tombées, et que si vous répétez mes paroles, elles étonneront beaucoup d'Espagnols. Rien de plus vrai, cependant. Tracez une ligne de biais, suivant la direction des Pyrénées, et enfermant les provinces basques, la Navarre, une partie de la Vieille-Castille, l'Aragon, la Catalogne : vous avez là, telle qu'elle figure dans l'histoire, la vieille Espagne religieuse, la foi vive et pratique, un clergé irréprochable, une piété de cœur reflétée par les mœurs, avec trois villes que je puis appeler trois citadelles catholiques, Vittoria, Burgos et Pampelune. Et n'allez pas commettre, je vous prie, l'erreur de tant de Français : pour être plus démonstrative que celle des peuples du Nord, la foi espagnole n'en est pas moins ici très éclairée. Il est parfaitement ridicule de prétendre que, parce qu'ils habillent de riches vêtements leurs saints et leurs madones, les Espagnols ignorent qu'une statue n'est qu'un symbole. Ils chantent leur foi ; vous murmurez la vôtre : mais les mots ont le même sens et les esprits la même pensée. Partout ailleurs, je ne dis pas, monsieur, qu'on ne rencontre des villes, des villages, des coins de campagne pénétrés d'un christianisme semblable, ni surtout qu'il n'y ait, en grand nombre, des exemples individuels de haute vertu, de dévouement, d'héroïsme même si vous voulez. Mais la pratique religieuse a diminué, et, avec elle, le niveau des mœurs. Les causes en sont nombreuses. Vous en devinez plusieurs : révolutions, propagande rationaliste, abandon des provinces par tant de familles d'un rang supérieur, qui incarnaient la tradition et la maintenaient autour d'elles. Cependant, pour qui voit juste, il est impossible de nier que l'insuffisance du clergé de paroisse ne soit aussi l'une des causes de cet affaiblissement. Je ne parle pas des exceptions, je parle de la masse, et je dis que l'admission parfois trop facile des candidats au sacerdoce ; une préparation hâtive, tout au moins dans ce que nous appelons la *carrera breve*; le relâchement de l'autorité épiscopale, rendu presque fatal par la difficulté des communications dans certaines parties du royaume et par l'inamovibilité des bénéfices; l'abandon de ce prêtre à lui-même pendant de longues années, abandon si complet que, jusqu'en 1870, la plupart des diocèses ignoraient l'usage des retraites ecclésiastiques, ont produit un clergé souvent médiocre. Ce qu'on peut lui reprocher, plus encore que l'immoralité, qui demeure en somme, exceptionnelle, c'est le manque de zèle, l'inertie, la routine, auxquels font si fréquemment allusion les chansons populaires improvisées dans les fêtes et en présence même du curé. La décadence de la pratique religieuse en Espagne est en grande partie venue de là. Elle est manifeste surtout en Andalousie. Je pourrais vous citer telle ville de soixante mille âmes où le nombre des communions pascales ne dépasse pas quelques centaines. Et, si vous étudiez de près le peuple de Séville, par exemple, vous constaterez que, dans ces vastes cités ouvrières occupées par d'innombrables familles, plus de la moitié des unions sont libres; vous observerez, non pas une hostilité contre l'Église, car ces gens-là sont les premiers à prendre part aux processions, mais une ignorance presque totale des préceptes de morale et de discipline chrétiennes. La merveille, c'est que la foi ait survécu à cet oubli de ses œuvres. Elle était si profonde et si forte dans notre Espagne, qu'on la réveille, comme les morts de l'Évangile, en l'appelant.

Elle répond toujours : partout où sont prêchées des missions, l'ancienne Espagne reparaît, et s'étonne elle-même d'avoir si longtemps dormi. Nous assistons, cela est certain, à un mouvement de réformes. Nos évêques, dont plusieurs, vous le savez, sont des hommes remarquables, ont commencé, comme ils devaient le faire, par modifier l'éducation des clercs. Ils suppriment, l'un après l'autre, le *carrera breve*. Ils établissent des retraites ecclésiastiques. Ils brisent, peu à peu, la routine. Le Pape, de son côté, a fondé récemment à Rome un collège de clercs espagnols. On peut dire que l'Espagne religieuse est en train de se refaire, mais il y faudra le temps, et vous jugerez vous-même que le mal est encore sérieux. »

Je me souvenais surtout d'une sorte de discours passionné que m'avait adressé un des hommes les plus remarquables que j'aie eu l'occasion de fréquenter en Espagne. Cet homme était un prêtre espagnol. Il avait fait ses études à l'étranger. Un jour que nous causions de la question religieuse dans son pays, et que je lui répétais, pour les contrôler, quelques-unes des idées que je viens d'exposer, il m'interrompit, et m'ouvrit son âme. Je ne pourrai reproduire la véhémence du ton, mais je suis sûr des mots, qui se sont gravés dans ma mémoire.

— Oui, me disait-il, cette réforme dans l'éducation du clergé est indispensable, mais il en existe une seconde, non moins urgente, celle de l'instruction publique en général. Toutes deux se tiennent. Écoutez-moi. Vous savez que nous avons ici plus de dix millions d'illettrés. Des sept millions restant, cinq millions seulement savent lire et écrire. Je ne veux pas trop approfondir ces lectures et ces écritures-là ! L'enseignement secondaire dure cinq ans. Pas de grec. Le latin qu'on apprend est celui des classes de sixième et de cinquième en France. J'ai toujours pensé que ce serait une chose curieuse qu'une délégation internationale, autorisée à examiner et à comparer de bons élèves en Allemagne, en Angleterre, en France et ici. Le résultat serait douloureux pour l'Espagne, mais il lui ouvrirait les yeux. Car, c'est un fait certain que le talent naturel est ici fort au-dessus de la moyenne des autres nations, lorsque les connaissances acquises restent si fort au-dessous. On n'y sait pas ce que c'est que de savoir, en général. Et ceux qui le savent, les rares, les érudits, ne font rien pour créer le mouvement qui pourrait entraîner l'opinion vers les réformes nécessaires.

» Regardez-nous ! Il y a vraiment des peuples assis, comme dit la Bible. Je n'ajouterai pas, comme elle, « dans l'ombre de la mort », mais je dirai dans l'ombre de la tradition. La tradition, en Espagne, est qu'il y ait un sommet docte, des Castelar, des Cánovas, des Moret, des Menendez Pelayo, des Pereda, des Pérez Galdós, des Echegaray, quelques archevêques et évêques d'un haut talent. Et puis, brusquement, un ressaut profond, où la moyenne, la bonne moyenne intelligente, ne sait déjà plus que fort peu, lit infiniment moins que le plus petit bourgeois français, et se contente du pot-au-feu que lui sert le journal. Enfin, au-dessous de cela, le néant, énorme, s'étendant aux sept dixièmes de la nation. Et c'est une peine infinie, que de voir ces regards vifs sortir de ces faces derrière lesquelles on ne sent rien de ce qui fait palpiter ailleurs les peuples, de ce qu'on sent derrière l'œil terne des Germains et des Saxons des classes inférieures. Ici, l'instrument cérébral est supérieur, et on n'en fait pas plus de cas que de ce sol merveilleux, resté en jachères dans les Castilles et l'Andalousie.

» Grande tâche, que de renouveler ici l'instruction publique, de la rendre moderne en la laissant chrétienne, deux termes conciliables pourtant. Quelques hommes s'y sont essayés depuis soixante ans, le premier marquis de Pidal, M. Claudio Moyano. Mais depuis ? Personne n'a remplacé ces deux hommes morts depuis longtemps ; personne ne s'est voué à la tâche ingrate de glisser, parmi les papotages de la politique parlementaire, une idée, toujours la même, qui se fît jour à la fin, et s'imposât, et obligeât l'Espagne à se voir telle qu'elle est, et à se désirer différente de cela.

» Ne l'avez-vous pas observé vous-même ? A coup sûr vous êtes entré dans quelque librairie d'une de nos villes de cinquante ou quatre-vingt mille âmes, et vous avez trouvé, sur quelques rayons poudreux,

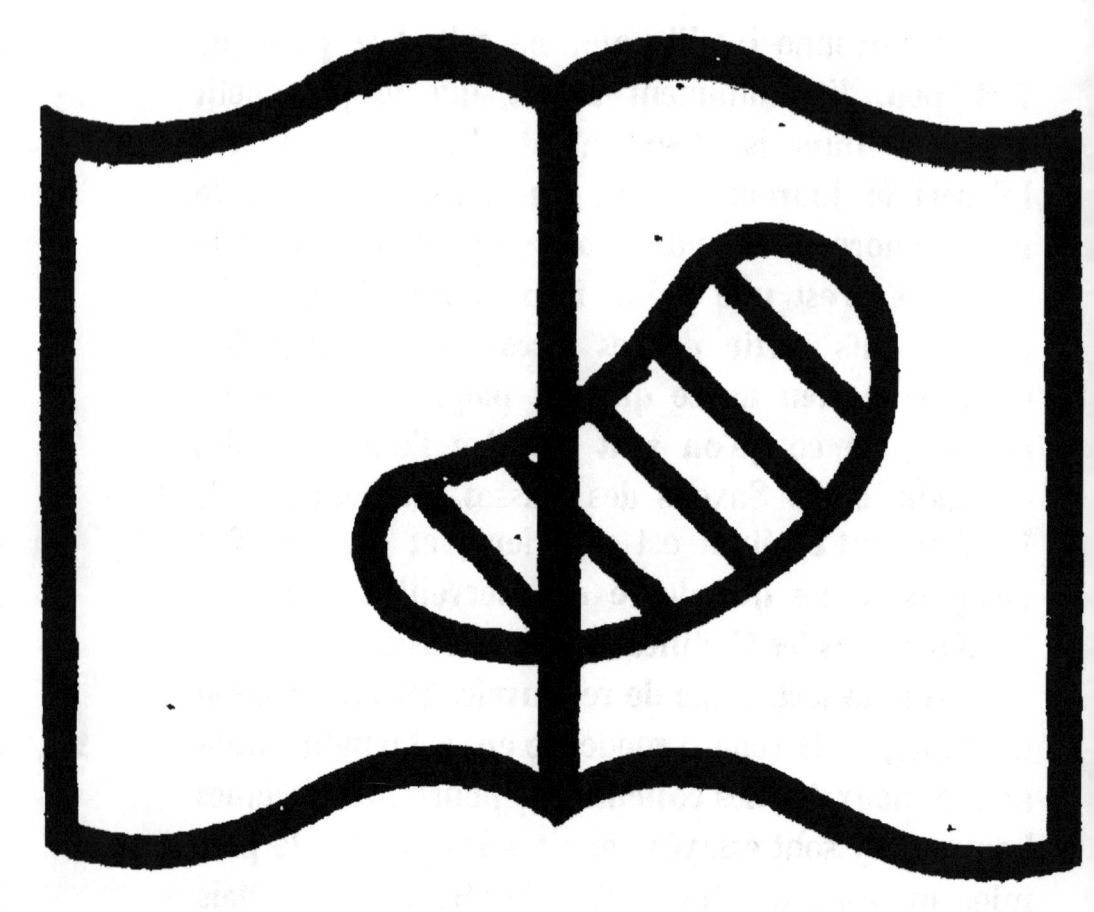

Illisibilité partielle

un assemblage de petites nouvelles, en partie traduites du français, et une absence complète de ce qui dénote une culture plus élevée. A Madrid il y a progrès, depuis quinze ans, progrès réel. On commence, dans la librairie, à vendre autre chose que du Jules Verne ou du Paul de Kock. Vous noterez cela plus sûrement encore à Barcelone, où le mouvement date de plus loin, où les tendances de la population la portent vers le mieux en toutes choses. Mais Madrid et Barcelone ne sont pas l'Espagne ! Et croyez-en la triste expérience que nous en avons faite, les *humaniores litterae* ne peuvent pas plus que le pain manquer à un pays, sans que l'anémie y sévisse aussitôt. On nous a appris que l'Église, pendant les âges ténébreux, a gardé la flamme vive des belles-lettres. Tous, nous avons évoqué cette vieille image des cloîtres amis du bien penser et du bien dire, dans l'Europe perdue de force brutale. L'Espagne aussi a eu ses gra███████s rayonnants, qui se sont appelés Salamanque e███cala de Henarès. Puis tout s'est arrêté, tout s'est lassé. Aujourd'hui l'église d'Espagne dort. Je suis convaincu que c'est là le grand mal profond de ce pays. Le jour où elle renaîtrait par l'étude, le pays la suivrait et retrouverait sa grandeur. Si elle ne renaît pas ainsi, il continuera quelque temps de tâtonner, puis d'autres chefs se présenteront, et il ira, ayant perdu ses chefs anciens, il ira, emporté par sa fougue passionnée, Dieu sait où, bien loin sans doute de cet idéal de savoir et de foi qui devrait être le sien. La libre pensée guette l'aristocratie des intelligences; l'indifférentisme guette les esprits moyens; la révolution violente et aveugle a pris position dans la masse. Et voici la grande question qui se dresse, dans un avenir non lointain : la question de savoir dans quelle mesure l'Espagne restera une nation chrétienne.

» Oh! officiellement, on en est loin encore. Il y a les pompes du culte qui demeurent, les longues théories de Séville, aux jours de semaine sainte, avec les statues qu'on promène dans la splendeur des cierges; il y a, à Madrid, des messes à grand orchestre, où les hauts fonctionnaires assistent en uniformes brodés... Mais, le jour où cette façade s'écroulerait, la situation paraîtrait ce qu'elle est, effrayante... Hélas! monsieur, qui dira ces choses? Personne. Il faut bien connaître ce pays pour les penser. Il faut ne pas en être pour les dire. Et j'ai une douleur dans l'âme toutes les fois que j'y songe [1]...

Tout cela, et d'autres traits, d'autres exemples, repassaient dans mon esprit, tandis que la prière s'élevait

---

1. En publiant ici ces conversations, qui étonneront peut-être quelques personnes, j'obéis à l'unique désir qui m'a guidé, dans ces notes : dire ce qui m'a paru vrai et ce qui m'a semblé utile. Et je n'ai pas besoin de m'étendre, à cette occasion, en protestations de sympathie : ce livre témoignera, j'espère, sans que j'ajoute rien, de l'estime que je fais du caractère espagnol et de la confiance qui m'est venue dans les destinées du pays.

là-bas, entendue de deux pauvres de Grenade et d'un étranger que le hasard avait conduit. Elle s'acheva dans les ténèbres, comme elle avait débuté. Le prêtre s'éloigna. J'écoutai le bruit sourd de ses pas sur les dalles, puis le glissement des manteaux et des espadrilles tout près de moi. Une à une les lampes s'éteignirent, et il n'y avait plus, lorsque je partis, qu'une seule étincelle vivante, dans un bas-côté de la pauvre église.

XXII

AU GÉNÉRALIFE

19 octobre.

Grenade a secoué la pluie d'hier. Un peu d'eau tremble encore et rit au bout des feuilles, dans les jardins du Généralife, où nous sommes montés. Les Arabes étaient de grands jardiniers. L'idée de planter de fleurs et d'arbres cette haute colline, de l'arroser de centaines de petits ruisseaux, pour que la fraîcheur y régnât en toute saison, était une idée heureuse, et celle également de border l'avenue principale de deux haies d'ifs noirs, arbustes impénétrables, dont chacun fait une ombre assez large pour le repos d'un homme, dont la suite régulière ouvre une série de fenêtres sur les deux plus belles vues qu'on puisse contempler, la Sierra Nevada et la campagne de Grenade. Nous étions absolument seuls aujourd'hui au Généralife. Le ciel était bleu ; la plaine, avec ses veines et ses reflets, ressemblait aux faïences de cet Alhambra, superbe au-dessous de nous. Alors, nous nous sommes assis, simplement pour vivre là une demi-heure, dans la joie. D'en bas, de quelque sentier invisible, perdu entre les cactus, une voix s'est élevée. Elle était jeune ; elle disait : « Je t'aime mieux que ma vie ; — je t'aime mieux que ma mère, — et, si ce n'était un péché, — plus que la Vierge du Carmel. » La réponse de la jeune fille ne vint pas. Je la connaissais pour l'avoir entendue ailleurs : « Si la mer était d'encre ; — si le ciel était de papier blanc... » C'est de la simple poésie d'amoureux, indéfinie. Je la trouvai émouvante en ce moment, parce qu'elle me semblait chanter la gloire de Grenade, sa beauté qu'on ne peut dire qu'avec des mots extrêmes.

XXIII

GIBRALTAR

Gibraltar, 21 octobre.

Après la route de Santander à Venta de Baños, dont j'ai parlé, je n'en connais pas de plus pittoresque que celle de Bobadilla à Gibraltar. Bobadilla, c'est le point de jonction des trois lignes de Grenade, Malaga et Algésiras. Pour se rendre à cette dernière ville, on monte, à Bobadilla, dans les wagons d'une compagnie anglaise, conduits par un mécanicien anglais, traînés par une locomotive qui, au lieu de siffler, pousse, comme un vaisseau, des mugissements de sirène. On passe au pied de Ronda, la ville haut perchée, célèbre par ses ruines romaines et par ses contrebandiers; de Ronda qui, jadis, après les courses de taureaux, précipitait les chevaux morts dans le fond des ravins. Le chemin de fer suit, en tournant, le cours des gaves. Mais nous sommes dans l'extrême Sud, et dès qu'un peu de fraîcheur peut faire vivre une racine, les arbres et les fleurs foisonnent aussitôt. La voie traverse des lieues de vergers sauvages, que rougissent les grenades mûres, puis une forêt d'oliviers qui descend vers la mer. Elle s'engage enfin dans une plaine herbeuse, doucement inclinée à la base des montagnes, et tachetée d'innombrables corbeilles naturelles de palmiers nains. Alors, sur la gauche, au-dessus des terres basses, un rocher monstrueux se lève. Il est bleu, à cause de l'éloignement; il a l'air d'une île. On devine qu'il a un éperon dirigé vers la haute mer, mais son dos, qu'on aperçoit d'abord, lui donne l'aspect d'une borne colossale. Sa vraie forme, oblongue, n'apparaît qu'à mesure qu'on s'avance sur la rive opposée. Des semis de points noirs ponctuent la baie entre nous et lui.

Je ne puis détacher mes yeux de cette montagne que rien ne relie à la chaîne, déjà loin derrière nous, des sierras espagnoles, et qui commande en souveraine le paysage de terre et de mer. Le train s'arrête en face, au bout de la jetée d'Algésiras. Un bateau chauffe qui, en trois quarts d'heure, nous transportera à Gibraltar. A l'instant précis où il quitte le quai, une averse torrentielle nous cache l'horizon, et nous force à nous réfugier dans les cabines. Je ne vois plus qu'une chose, à travers les vitres : c'est que nous traversons bientôt des lignes de pontons, ces points noirs que je découvrais de loin, et qui servent de dépôts de charbon, Gibraltar ne possédant ni port sérieux, ni espace libre où puisse s'emmagasiner la houille. Nous abordons. Faute d'espace, la ville ne peut s'étendre en profondeur. Elle se tasse, elle grimpe, tant qu'une maison peut encore tenir debout, sur les premières assises de la montagne, et, prise entre ses remparts et cette arête de granit qui la domine à douze cents pieds de hauteur, il semble qu'elle coulerait toute dans la mer si le rocher se secouait un peu. Il pleut toujours.

C'est une note anglaise de plus. En vérité, ne suis-je pas dans un port de la grande île? Le premier homme que j'aperçois est un policeman, flegmatique et poli; le premier baraquement du quai est couvert en tôle gaufrée fabriquée à Sheffield. J'entre dans la ville, — après autorisation délivrée par écrit, — et je rencontre des soldats en veste rouge et petite toque, armés de la baguette, et roses, et bien nourris, tels qu'on les voit à Malte, à Jersey, à Londres ou aux Indes. Les fenêtres de l'hôtel sont à guillotine; les gravures pendues dans les corridors représentent des steeples et des chasses au renard; les petits flacons de sauces reposent au complet sur les dressoirs de la salle à manger; quelques dames causent dans la *ladie's room;* un groupe de *midshipmen* lit le *Times* et boit du porto dans le salon réservé aux *gentlemen;* dehors, — car la pluie vient de cesser, et les rues, les rochers, toute l'île fume comme un coin de Floride au soleil couchant, — les soldats et les marins anglais marchent graves, raides, aussi nombreux que la population civile, qui est souple et mêlée, moitié espagnole, moitié juive. Pas une rue qui n'ait sa caserne ou son magasin d'artillerie et son poste de sentinelles montant la garde. Où est le tennis? Il y en a peu dans la ville, mais, en cherchant, j'en découvre un. Où est le pasteur? Le voici qui arrive, à cheval, de sa paroisse peu lointaine. Les bébés roses doivent être *at home;* mais leurs mères et leurs sœurs commencent à s'acheminer vers l'Alameda, pour prendre le frais du soir. Elles ont les mêmes tailles rondes, les mêmes jupes courtes, la même allure énergique et sportive qu'on leur connaît sous tous les climats. L'Angleterre est là tout entière, avec ses habitudes, ses modes, son air dominateur, son activité ordonnée. Les latitudes changent, elle ne change pas avec elles. Le soleil ne parvient pas même à hâler le teint charmant de ces jeunes misses, qui regardent la foule, encadrées dans la fenêtre d'un cottage et dans le décor des jasmins grimpants.

Ce coin d'Espagne ressemble si peu à l'Espagne, il a été si fortement modelé par ses maîtres, que le premier sentiment qu'on éprouve est celui d'une admiration véritable pour la puissance qui possède une telle marque de fabrique. Des souvenirs peuvent s'y mêler, et des regrets; on peut souhaiter, quand on sait ce que coûtent ces mutilations, que Gibraltar rentre un jour dans le patrimoine espagnol, mais l'impression qui saisit, dès le début, c'est qu'on se trouve bien en pays anglais.

Pendant que je flâne dans les rues, devant les étalages des marchands de tabac, dans les boutiques où des Levantins déploient des étoffes brodées d'or faux et des couvertures multicolores, la nuit est venue. Je vais aussi du côté de l'Alameda, qui est la promenade en dehors des murs, vers le Sud, vers la haute mer. Il n'est possible, d'ailleurs, de sortir de Gibraltar que dans cette direction, lorsque le coup de canon a ordonné de fermer la porte qui ouvre sur l'Espagne. Les habitants ont le droit de se répandre sur l'étroite bordure de terre qui longe la baie d'Algésiras. Ils sont prisonniers dans la forteresse, mais la forteresse a un jardin, et ce jardin est exquis. A peine a-t-on franchi les murs, qu'on entre dans de grandes avenues que coupent des sentiers tournant parmi des arbres de mille sortes, touffus, libres, et si variés d'aspect que, même la nuit, on devine l'étrangeté des feuillages et la nouveauté des formes. Les plantes trouvent là l'humidité chaude des pays de forêts vierges, et elles poussent follement. Les Anglais se sont contentés de tracer des chemins et de placer, de loin en loin, dans l'épaisseur des massifs, de grosses lampes électriques, dont le foyer est le plus souvent caché et dont la lumière cendre curieusement les sous-bois.

On erre dans un paysage fantastique. Les bananiers lèvent leurs grandes feuilles, qui semblent en cristal vert. Des régimes de dattes flambent au-dessus comme des lustres d'or. Les voûtes sont faites de mille draperies tombantes et fines, de branches de poivriers, qu'on suit dans la lueur décroissante venue d'en bas, et qui se perdent dans l'ombre. Une senteur de forêt, chaude et mouillée, monte du sol, et, pour l'avoir respirée, la mer s'est endormie. Elle est là, au bout de tous les sentiers, la longue baie d'Algésiras, argentée par la lune, sans une ride, sans une brume. Les montagnes sont pâles sur l'autre bord. Vers la haute mer, celles du Maroc ondulent au ras de l'eau, et une couleur d'orange, comme celle des sables chauds soulevés par le vent, colore le ciel au-dessus d'elles. Je pense aux grands navires qui passent là, la proue vers l'Orient, dans cette nuit si bleue, si calme.

22 octobre.

Je voulais demander au général gouverneur l'autorisation de visiter une caserne de soldats mariés, — ce qui était un rêve assez modeste. Malheureusement, une lettre de recommandation me poursuivait à travers l'Espagne, et ne m'avait pas encore rejoint. J'ai été, ce matin, au palais situé dans la grande rue, et que gardent de beaux soldats rouges à casque blanc, et j'ai exposé mon embarras à l'officier secrétaire de « S. E. sir Robert Biddulph, général des armées de Sa Majesté, vice-amiral et commandant en chef les ville, forteresse et territoire de Gibraltar. » J'ai vu là ce que j'avais déjà pu observer ailleurs : la haute obligeance d'un gentleman anglais vis-à-vis d'un étranger présenté, ou qui simplement pourrait l'être. L'officier a disparu, est revenu :

— Son Excellence est au palais. Si vous désirez lui parler, elle vous recevra volontiers.

Nous pénétrons, mon compagnon de voyage et moi, dans un cabinet de travail où, devant une table chargée de papiers, est assis un homme de grande taille, aux yeux très fins, très vifs et portant les favoris courts et la moustache teintée de gris. Nous causons un quart d'heure. Je rappelle l'excellent souvenir que j'ai conservé de mon séjour à Malte. Le gouverneur se montre très aimable, et me dit :

— Nous commencerons par voir mon jardin, qui n'est pas une merveille, peut-être, mais une curiosité, car c'est le seul de la ville.

Dans le jardin, il y avait des plantes grimpantes à profusion sur les murs du palais, — un ancien couvent de franciscains, — et un tennis, et des charmilles de je ne sais quel arbuste au feuillage menu, qui faisait des ombres transparentes, et des arbres dont plusieurs m'étaient inconnus.

— Celui-ci surtout est fort rare ; du moins il atteint bien rarement de pareilles dimensions.

Sir Robert Biddulph désignait un youka de vingt mètres de haut, de trois mètres de circonférence, et enfonçait la pointe d'un canif dans l'écorce d'où s'échappait un filet de sève aussi rouge que du sang.

— La légende lui donne mille ans d'existence, mais je n'affirme rien.

Nous apercevions, de ce jardin plein de fleurs, la montagne de Gibraltar, son pied couvert de verdure, ses pentes si vite redressées, presque verticales, tachées en bas de brousses et d'oliviers sauvages, blanchâtres et éclairées vers le haut par des falaises de quartz disposées en gradins, jusqu'à cette cime longue, en arête, sur laquelle flottait un petit drapeau, aussi menu que ceux des jouets d'enfants.

— La vue doit être bien belle de là-haut, Excellence?

— Admirable! Cependant les factionnaires trouvent parfois la place un peu chaude. Ils ont pour distraction de voir passer au large les bateaux et tout près d'eux les singes. Vous saviez, monsieur, que Gibraltar possédait, seul en Europe, une bande de singes vivant en liberté?

— Oui, Excellence, mais il doit être difficile d'en avoir des nouvelles?

— Je vous demande pardon. Je puis vous en donner. Le poste, sur le rocher, voit constamment les singes dans la brousse; il met à leur disposition de l'eau potable quand la chaleur a tari les crevasses; il s'intéresse à leur sort, et ne manque pas de me prévenir, par le téléphone, des accroissements constatés dans la bande. J'ai reçu avis, ces jours-ci, qu'on remarquait plusieurs petits sur le dos des mères. La bande se refait. Elle a été si réduite vers le milieu de ce siècle, qu'on a cru qu'elle allait disparaître. Il ne restait que douze individus vers 1860.

— On les tuait?

— Jamais. Personne ici n'a le droit de tirer un coup de fusil. Vous verrez nos oiseaux de mer! Non, la dépopulation était due à des épidémies de variole, prétend-on. Aujourd'hui nous comptons plus de cinquante singes. Ils habitent les fourrés, où ils mangent surtout les racines douces du palmier nain, descendent, au temps des figues, dans les jardins des villas, et, comme ils sont très frileux, se sauvent dès que souffle le vent d'ouest, passent la crête, et se réfugient sur la côte orientale... Maintenant, songeons aux choses sérieuses. Vous désirez visiter quelque chose des fortifications et une ou deux casernes? Eh bien! trouvez-vous au palais demain à huit heures : je désignerai un de mes officiers pour vous accompagner.

Je sortis, très touché de la courtoisie de ce haut fonctionnaire anglais, et je pris la route que j'avais suivie hier soir. La promenade de l'Alameda était enchanteresse encore, elle avait une épaisseur d'ombre, et des dentelures, et des retombées de lianes balancées par le vent que n'ont pas nos forêts. Bientôt elle s'amincit et devient un chemin, de ceux que les massifs d'ormes et les buissons de fuschias rendent si plaisants dans la campagne de Jersey. Nous traversons une petite ville, Rosia, toute composée de cottages aussi espacés que le permet le terrain, maisons de campagne de quelques habitants de Gibraltar, habitations d'officiers dont les soldats sont casernés à la pointe de l'île. Beaucoup de jeunes femmes, de jeunes filles, d'enfants et de clématites aux fenêtres, qui sont toutes ouvertes sur la baie.

Nous sommes à une lieue du port, et, au delà de cette petite anse qui dévie le chemin, et le serre contre le rocher, la mer libre apparaît, avec les grands navires franchissant le détroit, et le Maroc montagneux qui semble tout voisin. Ceuta, le Gibraltar espagnol, une grosse borne avancée, toute pareille à celle-ci, émerge en face de nous. La pointe d'Europe! Elle est bien nue, bien brûlée, beaucoup moins belle que l'entrée de la presqu'île. Gibraltar se termine par un plateau de roches portant un fort et des casernes, une sorte d'éperon sans un arbre, sans une herbe. L'arête de la montagne s'est constamment abaissée. Elle forme, derrière nous, une falaise à pic, une muraille crevassée d'une centaine de mètres, qui brûle de ses reflets la partie basse où nous sommes. L'aridité de ce paysage est saisissante, et aussi le nombre des sentiers de manœuvre qui s'élèvent en lacets vers les forts invisibles. On ne voit que des poteaux qui prohibent l'usage des sentiers, et des sentinelles, rouges comme de petits pavots, disséminées sur les pentes, pour appuyer la prohibition.

Impossible de revenir par la côte orientale. Il n'existe pas de chemin. La forteresse, de ce côté, tombe à pic dans la mer. Je reprends donc la route de l'Alameda, je traverse la ville, et je descends par la porte qui ouvre sur l'Espagne.

Rien de plus impressionnant que cette sortie de Gibraltar. On découvre, entre deux pointes de baies, la langue de terre qui relie la place aux lointains massifs montagneux du continent. Elle est étroite et verte. Les Anglais y ont établi un jardin avec des palmiers et un champ de courses. Au delà de celui-ci, une ligne macadamisée, coupant l'herbe, marque la fin de leurs possessions. Des sentinelles anglaises s'y promènent, le fusil sur l'épaule. A cinq cents mètres plus loin, seconde ligne de macadam et second cordon de sentinelles, mais, cette fois, sombres de costume, maigres de visage, espagnoles. Il y a quelque chose de tragique dans cette promenade silencieuse, dans ce guet perpétuel. L'espace compris entre les deux frontières, et qu'on ne peut franchir que dans le jour, est neutre, et doit représenter, je suppose, le plus petit des États tampons, et le moins peuplé. Ce n'est qu'une prairie.

Maintenant, détournez-vous et regardez le rocher. Elle est superbe de hardiesse et d'une masse écrasante, cette montagne forteresse! Elle monte d'une seule volée à quatre cent trente mètres, grise d'abord, puis blanche, d'une blancheur, qui, dans le rayonnement du soleil, devient presque insoutenable. Pour apercevoir ce faîte irradié, il faut renverser la tête, comme pour suivre un aigle. Et dans la falaise qui tourne, qui forme une bosse énorme sur la terre, de petits trous sont creusés, à toutes les hauteurs, qu'on prendrait pour des terriers de bêtes, si les bêtes pouvaient grimper là. Les hommes les ont faits. Ces ouvertures inégales sont des embrasures de canons, les jours par où respire et voit cette montagne entièrement minée, pleine de galeries, d'arsenaux et de casernes.

L'épithète d'imprenable est bien celle qui lui convient. Les Anglais entretiennent à Gibraltar un corps de six mille hommes, — plusieurs personnes m'ont dit davantage. Cependant, ni la puissance des maîtres actuels, ni leur longue possession n'ont affaibli chez les Espagnols la volonté de reconquérir un jour cette parcelle du sol national : « Il faut user de tous les moyens, écrit le général D. José López Dominguez, dans la préface d'un ouvrage que j'ai déjà cité ; il n'y en a qu'un auquel on ne doit jamais penser : celui d'échanger un autre morceau de l'Espagne[1] contre celui qui doit revenir nôtre, comme l'exigent l'honneur et l'intégrité de l'Espagne. » Et, parmi les observations que présente l'auteur du

---

1. *Las Llaves del estrecho*, préface, p. XXIV.

travail, M. José Navarete, il en est une, entre autres, assez judicieuse. Algésiras, dit-il, est seulement à neuf mille mètres de la place ; il y a même, derrière Gibraltar, une montagne élevée, la Sierra Carbonera, qui n'est qu'à six mille mètres. De telles distances, autrefois, rendaient toute action impossible : en est-il de même aujourd'hui ? et ne peut-on pas dire qu'avec des batteries de marine établies sur ces deux points, on rendrait intenable la position d'une flotte réfugiée dans la baie d'Algésiras, et qu'on tiendrait en échec une partie des ouvrages anglais ?

Je rapporte cette idée pour montrer combien vif est le patriotisme espagnol, et combien persistant le souvenir des blessures faites à l'honneur national.

23 octobre.

A huit heures, nous nous présentons, mon ami et moi, au palais du gouverneur. Je n'y rencontre pas l'officier qui devait nous conduire; je me fais accompagner par un soldat, et, en dix minutes de montée raide, nous sommes devant une cour de caserne, dominant Gibraltar, *Moorish Castle*, qu'il faut traverser pour pénétrer dans les galeries. Nous parlementons un moment, et nous sommes confiés à un grand sergent d'artillerie, qui nous emmène au fond de la cour, s'engage dans un petit chemin découvert, et soudain, à un détour, nous nous trouvons sur le flanc du rocher regardant l'Espagne, à six cents pieds au-dessus de la presqu'île. Des buissons verts bordent le sentier. La vue est merveilleuse sur les terres basses, resserrées entre deux baies, et qui s'ouvrent, et qui montent ensuite tumultueusement vers le massif de Ronda. Au bout du sentier, une porte à jour, composée de poutres goudronnées. Le sergent donne un tour de clef, et nous suivons la galerie creusée dans le roc, large, haute et suintante.

La visite est assez monotone. La galerie s'élève en pente douce. Tous les trente pas environ, une chambre a été percée, dans la paroi, à gauche, et une pièce de canon, d'un modèle daté de 1890, s'allonge jusqu'au bord du trou béant, irrégulier, taillé grossièrement. Près de chaque pièce, une provision d'obus et de boîtes à mitraille. Au plafond, des plaques de tôle, retenues par des crampons, recueillent les infiltrations de pluie, et des tuyaux, qui les réunissent les unes aux autres, conduisent l'eau dans des réservoirs de métal. L'unique intérêt, pour moi du moins, consiste dans les paysages lointains, et si variés, qui s'encadrent dans les ouvertures de la falaise. Il y a des coins de mer luisante, du côté de l'Orient, dont la beauté gagne encore à être vue ainsi, de ce recul d'ombre.

Quand on s'approche du bord, on découvre la pente formidable de la roche, sans un buisson, et la vague en bas, bleu profond, sur laquelle glisse une yole montée par six jeunes Anglais, vétérans d'Oxford ou de Cambridge, qui font le tour de l'île.

Toute cette partie des fortifications de Gibraltar ne semble plus appropriée aux conditions de la guerre moderne. L'ébranlement que produirait la décharge des canons nouveaux, la fumée dont ils rempliraient vite les tunnels, rendraient assez périlleuse, je crois, la situation des artilleurs. Les vraies défenses de Gibraltar sont ailleurs, et je ne les ai pas vues.

Mais j'ai vu les casernes des soldats mariés. Au moment où je rentrais dans la cour de Moorish Castle, un officier en costume de chasse, le fouet à la main, s'avança vers moi. Il avait une physionomie d'une rare distinction. C'était le major Walter Blunt Fletcher, brigadier major d'artillerie.

— J'arrive en hâte, nous dit-il; mon ordonnance ne m'a remis que tout à l'heure la lettre de Son Excellence le Gouverneur, à mon retour de la chasse au renard. Nous étions là-bas, vous voyez, dans la plaine espagnole.

Il montrait, du bout de son fouet, la plaine aux palmiers nains, où s'engage le chemin de fer au sortir des montagnes. Grâce à cet aimable guide, nous avons visité d'abord une caserne, puis, hors de l'enceinte de Moorish Castle, dans la rue, un joli cottage servant d'habitation à quatre familles de sous-officiers.

Les soldats mariés logent dans un bâtiment qui

forme un angle droit avec la caserne des soldats
célibataires. Tous les appartements ouvrent sur une
véranda. Ils se composent de deux ou trois
chambres, selon le nombre des enfants. Comme
nous nous présentions d'assez bonne heure, le major
demandait en souriant aux jeunes femmes apparues
aux fenêtres ou aux portes : « Le ménage est-il
fait? » Presque partout le ménage était fait, et nous
entrions : des enfants aux cheveux bouclés s'enfuyaient, — j'en ai compté cinq dans un des logements; — des chromolithographies, représentant
ordinairement des sujets religieux, des photographies,
un râtelier de pipes, des éventails en feuilles de
palmier étaient pendus aux murs, et un mobilier
propre était disposé autour des pièces, une table,
des chaises, des lits. L'essentiel est fourni par le
gouvernement. Quelques petits coffrets rapportés de
l'Inde, achetés sur les économies de la solde, ornaient
çà et là les chambres. Je demandai :

— Est-ce que le soldat qui se marie reçoit une
paye supérieure?

— Non, monsieur; il peut se marier après sept
ans de service, et reçoit la paye d'un shelling,
comme avant. Mais sa femme a droit à une ration,
et chacun de ses enfants à une demi-ration. A quarante ans vient la retraite.

— Et les sous-officiers?

— Ceux-là sont mieux logés, comme vous allez
en juger, et ils touchent, suivant le grade, de deux

shellings six pence, à cinq shellings six pence par jour.

L'officier frappe à la porte d'un cottage élégant, situé à droite dans la rue qui descend. Une femme vient ouvrir, l'air intelligent et comme il faut. Ici, nous sommes chez un *master gunner*, grade qui correspond, je crois, à notre grade d'adjudant. L'appartement est vaste : quatre pièces au rez-de-chaussée, deux en haut, et un balcon ensoleillé dominant la rade d'Algésiras. Le mobilier est presque luxueux ; des tapis couvrent les tables ; une pendule orne la cheminée ; je remarque, sur une commode, un album de gravures. La maîtresse de la maison nous raconte qu'elle a habité sept ans les Indes et cinq ans Malte. Elle préfère « ce tranquille Gibraltar ».

Je ne sais ce qui pourrait être importé, chez nous, d'un pareil système, ou du moins dans nos colonies, mais le sort de ces soldats m'a paru enviable...

Deux heures plus tard, je partais pour Tanger. Un navire de guerre allemand saluait la forteresse anglaise, et couvrait de fumée blanche le coin bleu de la baie où il venait de jeter l'ancre.

XXIV

TANGER

Les grands navires, voyageurs de haute mer, voiliers, steamers, passent au milieu du détroit que le courant et le vent marquent d'un trait indigo. Notre bateau, pauvre marcheur, s'abrite le long de la côte d'Espagne, et les montagnes se succèdent, brûlées par le soleil, incultes, inhabitées, semblables par la couleur et l'abandon à celles d'en face, à celles du Maroc, mais avec moins de relief, et des crêtes moins découpées. Des nappes d'herbe rase, d'un seul ton mordoré, descendent des cimes nues jusqu'aux écueils déserts. La lame est courte et dansante. Après deux heures de route, nous doublons l'extrême pointe de l'Europe, un cap de roches très basses, que prolonge, comme un éperon, une île ronde, couverte de fortifications et au-dessus de laquelle flotte le drapeau de l'Espagne. C'est l'île des Palombes. La petite ville de Tarifa blanchit au bord d'une crique de cette côte désolée.

Alors le bateau pique droit sur le Maroc. Il est deux heures quand nous entrons dans une baie relevée à ses deux extrémités, arrondie au fond par une plage où défilent, en dandinant leurs cous, les chameaux d'une caravane. Tanger s'étage aux flancs de la colline, à l'est, mais le soleil est si éclatant que la mer tout en feu nous cache presque la ville dans une gloire de rayons. Je distingue seulement les longues barques sorties du port, arrivant à force de rames vers nous, qui sommes ancrés à deux kilomètres du rivage. Elles sont une vingtaine, montées chacune par une douzaine d'Arabes ou de nègres. En peu de temps, elles accostent le vapeur, chacune cherchant à écarter les autres et à pousser sa proue au bas de la coupée. Une bande de portefaix en burnous lamentables, coiffés de turbans ou de fez, se bousculant, criant, se rue à l'assaut du navire. Ils ont des airs terribles et des allures de pillards. Ils s'accrochent aux hublots, ils saisissent un bout de corde qui pend, et grimpent, les orteils appuyés sur la paroi de fer. Sans escalier, sans échelle, je ne sais comment, ils envahissent le pont, se précipitent sur les bâches, se battent dans le salon des premières, n'écoutent rien, et emportent les valises comme un butin de razzia. Dans ce brouhaha, j'entends crier mon nom.

— Me voici !

C'est un guide qu'a bien voulu m'envoyer M. le ministre de France. Je lui fais signe. Alors, furieusement, avec des hurlements en arabe, des coups de rame, des coups de poing, l'équipage, investi de ma confiance, s'ouvre une trouée parmi les barques qui dansent sur la lame, prend d'assaut l'escalier, refoule une section de nègres qui se disputaient mon bagage. Au moment où je me prépare à descendre, un grand diable aux jambes nues me saisit à bras-le-corps, m'épargne violemment trois marches, et saute avec moi dans la barque, qui s'éloigne dans un *diminuendo* d'imprécations.

— Souquez ferme, fils d'Allah !

Ce doit être le sens des paroles de mon gros petit guide, qui font filer le bateau sur la mer libre. Bientôt je vois mieux la ville. Elle monte en pente raide, depuis une plage brune jusqu'au palais du gouverneur qui couvre le faîte de la colline ; elle est pressée, tassée, masse de cubes superposés, blanche, sans coupure, où pointent cinq ou six palmiers et autant de minarets vêtus de faïences vertes. Elle est petite dans la colline étendue. Elle me rappelle ces châteaux d'écume, assemblés par le vent le long d'une roche goémonneuse.

Nous débarquons. Au bout de la jetée minuscule, sur le sable humide, à l'ombre d'une cabane, six personnages à grandes barbes sont assis en cercle.

Je les prends pour des patriarches en conseil. Leurs tuniques ont des plis antiques et leurs visages l'immobilité des eaux de citerne. Mon guide s'adresse à la belle barbe blanche du milieu, qui s'abaisse, sans une parole, en signe d'acquiescement. Ces hommes sont les douaniers marocains, et je viens d'obtenir la faveur d'éviter leur visite. Nous passons sous une voûte. J'ai six porteurs pour trois colis. Oh! les ruelles merveilleuses, tournantes, montantes, sales à souhait et cependant parfumées d'une vive odeur de menthe, encombrées par un âne chargé de son sac d'orge, pleines de jeunes hommes aux jambes nues, de vieux Marocains en burnous, de femmes mauresques au visage voilé, de belles juives en tunique de soie, qui, dans l'ombre des portes basses, debout, le coude appuyé à la pierre et la tête posée sur la main repliée, dédaignent de remuer même, au passage d'un étranger, l'émail de leurs yeux longs.

Pas une note fausse, je veux dire civilisée. J'ai cette impression, que Tunis ne donne pas, que je marche dans un monde nouveau, où l'Europe n'est pas maîtresse. De la fenêtre de mon hôtel, j'aperçois la plage, où des Arabes, dans l'eau jusqu'à la ceinture, débarquent des chèvres jaunes en les portant dans leurs bras. A trois mètres au-dessous de moi, sur le toit d'une maison, une femme, les ongles teints en rouge, épluche et croque des amandes sèches. Je sors presque aussitôt, pour errer de nouveau dans le labyrinthe des rues. L'ombre est violette et la lumière éblouissante. Elles se partagent le sol, les murs, les toits, les gens, ne se fondant jamais et se coupant en lignes nettes. Point de demi-jour. Les portes ont l'air d'ouvrir sur des cavernes. On devine, dans l'obscurité des chambres basses, des hommes en burnous qui dorment, ou travaillent le fer et le cuir. Des voûtes, çà et là, jetées d'une terrasse à l'autre, font des îles de fraîcheur où les femmes sont groupées. Il y a du mouvement et peu de bruit. Quelques riches passent à cheval avec de gros turbans. A l'intérieur de quelques maisons juives, — car nous sommes à l'époque de la fêtes des Tabernacles, — j'entrevois des berceaux de feuillage et des guirlandes piquées de fleurs de camélia. Et l'odeur nous poursuit de ce bois de la Mecque, qui vaut, dit-on, cent francs la livre, et que j'ai prise d'abord pour celle de la menthe. Je remarque aussi que le soleil m'a trompé, et que la plupart des maisons de Tanger sont peintes d'une première couche bleue, qui transparaît sous le badigeonnage à la chaux, et atténue la crudité du blanc.

Je sors de la ville par une avenue montante, entre deux remparts qui s'ouvrent, et je me trouve dans un terrain vague, sommet de colline dont le sol est couvert de fumier, et où s'agitent des centaines d'Arabes. Nous sommes en plein Orient. Des chiens et des chèvres errent parmi les groupes; de petits bœufs, couchés dans la fange, attendent l'acquéreur;

d'innombrables ânes, immobiles, les oreilles basses, dorment debout entre deux tas de figues sèches amoncelées sur des nattes; des jongleurs dansent dans un coin de la place, et quatre-vingts hommes, assis non loin de là, formant un cercle, écoutent une sorte d'ascète à la barbe pointue, aux gestes nerveux et nobles, qui raconte une histoire. Mon guide me traduit des phrases au passage. Le poëte populaire vient de lever les bras vers le ciel. Il assure qu'une certaine troupe de chameaux, sur l'ordre d'un grand marabout, s'est envolée dans les airs. Pas un sourire n'effleure la figure de ces chameliers, vieux enfants, qui font provision de rêve pour le voyage de demain. Tous les regards que je rencontre sont durs et presque hostiles. Le soir commence à s'annoncer. Un peu de brise souffle sur le plateau verdoyant, succession de vergers clos qui s'étendent à gauche; mon guide m'entraîne de ce côté. Nous suivons un chemin bordé d'aloès et de roseaux. Et tandis que nous nous éloignons, j'entends venir plus distinctement, de quelque terrasse perdue parmi les arbres, les étranges cris de joie des femmes qui célèbrent une fête. Ces aboiements aigus, prolongés, mêlés à des sons de flûte, emportés par le vent, passent au-dessus de la ville.

Après un détour, je reviens vers Tanger, je gagne l'extrémité nord, la plus élevée, que couvre presque entièrement le palais du gouverneur.

De hautes murailles en ruine, de rares maisons

effritées, éclatées, sans peinture et sans porte, font une rue farouche, où je m'engage. Aucune vue encore sur la ville ni sur la rade. Je traverse l'ombre d'une voûte, et me voici dans un couloir pavé qui descend vers une place fortifiée, grande, toute pleine de groupes d'Arabes. Il y a des hommes couchés sur tous les degrés de cette sorte d'escalier à paliers larges, évidemment construit pour le défilé des cortèges. Nous venons d'entrer dans la Kasba. Je m'avance un peu vers la place, et, au moment où je frôle un groupe de ces songeurs, que le départ du soleil fait seul changer de lit, l'un d'eux, qui porte par exception un burnous très blanc, se dresse, lève sa tête pâle et d'une admirable noblesse de traits, parle à mon guide, et se rassied.

— Qu'a-t-il dit?

— Il a dit que M. le ministre de France vient de passer à cheval, et que, sur sa demande, le pacha, gouverneur de Tanger, vous invite à visiter quelques salles de son palais.

— Et où est le gouverneur?

— Derrière vous, au fond de cet escalier. Il tient audience. Celui qui m'a parlé est son second, et lui renvoie les affaires qui lui semblent d'importance.

Je ne m'attendais pas à retrouver à Tanger la vieille institution de nos plaids de la porte du temps du roi saint Louis. Je me retourne, et je vois, en effet, dans l'ombre d'un vestibule, à trente pas de moi, un homme assis sur un divan, les jambes croisées, à droite d'une grande baie mauresque qui est à l'entrée du palais. Il a l'air fort digne qui convient à un pacha gouverneur, une barbe noire en carré, sans un poil blanc, les mains fines, le turban épais et la tunique couleur de neige. Je lui fais exprimer toute ma gratitude pour la faveur qu'il m'accorde; il me tend courtoisement la main, à l'européenne, et me désigne un de ses serviteurs qui doit m'accompagner.

Ce serviteur, un petit vieux aux poils rares, semble furieux de guider un roumi. Il m'arrête dans les premiers appartements du palais, et va chasser, à grands cris, les femmes du harem, dont j'entends les rires monter et s'éloigner. Avec lui, je visite plusieurs salles d'un Alhambra de second ordre, riche encore et joli, et une vaste cour dallée, fermée de murs entièrement recouverts de faïence, et dans l'épaisseur desquels, à chaque extrémité, on a creusé, doré, sculpté et meublé de nattes fines deux petits salons pour les réceptions officielles. Puis je me rends à la prison, dépendance du palais, qui ouvre sur la place. Elle enlève toute illusion sur le degré de civilisation du Maroc. C'est la geôle barbare, sale, fétide, où les hommes sont entassés pêle-mêle. Dans le mur d'un corps de garde, un trou rond a été percé. Deux bois en croix sont cloués dessus, et, par l'un des guichets qu'ils forment, on aperçoit une pièce basse, sombre, où grouillent, couchés ou debout sur de la paille réduite en fumier, des prisonniers de tous âges. A peine me suis-je approché qu'une dizaine de ces misérables se précipitent, passent leurs bras maigres à travers les ouvertures, cherchent sans voir, — car l'espace est trop étroit pour leur tête et pour leurs bras ensemble, — espérant que j'apporte quelque chose qui se mange. L'un d'eux m'offre un petit panier qu'il a tressé. Les soldats du poste les menacent et les font reculer. Je sors, et je songe que ce fut dans de pareilles prisons que des saints, par amour pour ces pauvres, allèrent, de leur plein gré, prendre la place d'un captif.

Un petit tertre est tout près de là, touchant l'enceinte de la place. Pour la première et la dernière fois, dans l'admirable lumière du soir, je vois bien Tanger. Les ruelles, autour de moi, tout de suite rompues par une courbe, dégringolent vers la mer; les terrasses carrées descendent en cascades. Il y a des plis, mais il n'y a point de jour entre elles. La ville est d'une seule masse, posée au flanc de la colline. Et elle est décidément bleue, d'un bleu léger, comme un morceau de ciel pâle qui serait tombé là. Des vols de mouettes passent. Les muezzins crient la prière. Leurs appels gutturaux, comme des sons de cloches brisées, s'en vont loin dans l'air calme. Et après eux tout se tait. Le premier crépuscule commence. Tout baigne encore dans la clarté, mais le rayon s'efface aux toits des minarets.

XXV

CADIX

Cadix, 23 octobre.

Deux images disent tout Cadix, et les voici.

De très loin, plus d'une heure avant d'arriver au port, j'apercevais la ville, comme flottante sur la mer. Je pouvais même douter que ce fût une ville.

C'était une succession de blancheurs dentelées, longues sur les eaux frissonnantes, et que rien ne semblait rattacher aux terres que nous suivions. Ces formes pâles bordées de soleil, les unes carrées, d'autres hardies et hautes, disposées par grandes masses que séparait le trait fuyant d'une lame, ressemblaient plutôt à des voiles assemblées, à une flotte étrange et sans corps, dont les coques auraient sombré, dont les mâtures entoilées feraient des îles au ras du ciel.

Lorsque j'ai eu visité les rues et quelques-uns de ces monuments catalogués, où l'homme se répète sans cesse, et qui retiennent de moins en moins l'attention à mesure qu'on avance dans l'étude d'un pays, j'ai monté au sommet de la *torre de vigia*, l'une des nombreuses tours qu'avait construites ce peuple de corsaires et de marins, pour découvrir au loin les vaisseaux et l'état de la mer. Alors, au-dessous de moi, j'ai vu un amoncellement de terrasses blanches enveloppées par l'Océan, sauf d'un côté, où une mince bande de sable s'en allait, dans le recul des brumes chaudes, rejoindre des côtes basses. Tous les murs, toutes les guérites aux angles des toitures plates, tous les minarets étaient peints à la chaux. Pas une tache de tuiles ou d'ardoises, pas même un jardin dans l'intérieur de cette ville de neige. Les yeux se fatiguaient et se fermaient dans la lumière aveuglante qui rayonnait d'en bas. Et Cadix allongée, un peu inclinée, éblouissante au bout de sa tige aux tons neutres, m'apparut comme une touffe de tubéreuses qu'on aurait jetée sur l'eau. Elle en avait l'éclat, la chair épaisse et ferme, et jusqu'aux pétales, hérissés et pointant de toutes parts en fleurons de couronne.

XXVI

DE CADIX A SÉVILLE, AQUARELLES ANDALOUSES

24 octobre.

Tandis que le train va lentement à travers les plaines, de bien jolis paysages ont passé devant la fenêtre du wagon. Je voudrais en noter quelques-uns, afin de donner quelque idée de cette extrême Andalousie, tant de fois célébrée, si digne de l'être encore.

Première aquarelle. — Nous avons contourné la baie de Cadix, et nous remontons au nord. Devant nous, des marais s'étendent, d'abord divisés par des talus tachetés de meules de sel, puis entièrement déserts et incultes, espaces où l'œil plonge indéfiniment dans la rousseur des herbes. Çà et là une lueur d'eau, une rayée longue et mince entre ces champs de roseaux fanés, dont l'automne a rompu les tiges. Toute la terre est blonde. Tout le ciel est d'un azur léger. Des bandes de canards s'élèvent en criant ; ils prennent leur route ; ils glissent ; ils ne sont plus qu'une pointe de flèche, en apparence immobile dans la lumière, et même alors on devine qu'ils n'atteindront pas de sitôt la limite de ces solitudes immenses, les retraites inconnues, vers les montagnes là-bas, qui sont hautes comme le doigt.

Deuxième aquarelle. — Le soleil baisse, tout rouge dans le ciel clair. C'est l'heure calme où l'homme commence à s'appuyer sur sa bêche et songe à la maison. Nous approchons de Jerez. Les vignes se pressent aux deux bords du remblai, coulées de pampres jaunis qu'entourent des haies de cactus échevelés et pâles. A droite de la voie il y a une cabane, une seule, que couvre entièrement un grenadier chargé de fruits. Et dans la cabane, il y a une petite marchande d'eau fraîche, qui cause avec son *novio*. Ils sont accoudés sur la même planche, lui en dehors, elle dans l'intérieur de sa boutique. On ne voit point la figure du garçon, mais seulement son large feutre gris, sa taille fine et cambrée, ses pieds chaussés d'espadrilles. Dans l'encadrement de la fenêtre, tout le soleil est pour la *novia*, pour ses yeux câlins, ses joues brunes, son bras nu qui soutient le menton gros comme une nèfle mûre. Elle rit, en écoutant parler celui qu'elle aime. L'arrêt du train ne les a pas troublés. Elle a versé trois verres d'eau bleue, sans regarder ni les voyageurs, ni la *perra chica* qu'ils lui laissaient en paiement. D'un geste souple et sûr, quand nous sommes partis, elle a seulement repiqué, en haut de son chignon pointu, le bouquet de jasmins blancs que le vent avait déplacé.

Troisième aquarelle. — Il fait presque nuit. Nous sommes en plein maquis, et le vert des oliviers sauvages, et celui des lentisques et des buis sont fondus en une même teinte fumeuse. D'espace en espace, la pointe d'un arbrisseau mort se lève dans le taillis, comme la croupe d'un bœuf roux. Au milieu d'une clairière, un homme à cheval, qui paraît gigantesque, abreuve sa mule au bord d'une citerne. Les montagnes sont roses, très loin, vers l'Orient. La nuit n'est pas venue pour elles. Du côté de l'Occident, à la place où le soleil a disparu, dans l'auréole de rayons pourpres qu'il a laissée au-dessus des terres sombres, trois aloès, dépassant le maquis, tendent leurs bras terribles...

Nous entrons en gare de Séville avec une heure de retard, ce qui peut être considéré, me dit-on, comme un succès. Et, presque tout de suite, je m'arrête sur la place de l'Hôtel-de-Ville, pour voir la compagnie des serenos sous les armes, prête à partir. Ces dignes gens, vous le savez, sont chargés de veiller au bon ordre des rues pendant la nuit, de crier les heures en annonçant le temps qu'il fait, et d'ouvrir les portes aux citoyens qui auraient oublié leur clef. Ils sont là plus de cent, divisés en trois sections, vêtus de la veste courte à boutons d'or, coiffés d'une casquette plate à bande rouge, la hallebarde d'une main, la lanterne de l'autre. La plupart, comme le temps menace un peu, ont emporté un parapluie. Au commandement d'un vieux capitaine à gros ventre, ils doublent les files, mettent le parapluie et la hallebarde sur l'épaule droite, et quittent la place dans trois directions différentes.

Un peu plus tard, lorsque le bruit de la ville se fut assourdi, j'entendis sous mes fenêtres une bonne voix enrouée qui criait : « *Ave Maria purissima! Las once han dado, y sereno!* » Et je songeai, avec un frisson de joie, que j'étais dans cette Séville des chansons, la capitale enchanteresse du Midi, la sœur par la beauté de Venise l'italienne, dont on ne parle plus qu'avec regret, dès qu'on l'a entrevue.

XXVII

SÉVILLE

Je veux cependant le dire pour l'amour de la vérité, devenu, depuis peu, une vertu des voyageurs : Séville n'est pas ce que l'on a prétendu ; elle n'étonne pas ceux qui ont déjà visité plusieurs villes espagnoles, ceux surtout qui ont vu Grenade ou Cadix.

Elle est vivante, mais la plupart des villes du Midi le sont également ; elle a de belles promenades, mais dont les pareilles existent ailleurs ; elle a de jolies femmes, mais toute la race andalouse, et on pourrait presque dire toutes les races espagnoles sont jolies ; elle a enfin son Guadalquivir, profond, resserré, trop étroit pour les grands navires rangés sur deux bords, et cela est moins commun, dans ce pays où les fleuves qui ont de l'eau n'en ont pas assez, d'habitude, pour porter un bateau.

Vous demanderez peut-être : « Et la manufacture de tabac ? » Hélas ! je l'ai visitée, et je connais peu de spectacles qui m'aient laissé au cœur un sentiment plus triste. Savez-vous ce qu'ils font, les guides, en conseillant aux étrangers, qui suivent tous le conseil, de visiter la manufacture de tabac ? Ils commettent, à mon avis, et sans s'en rendre compte, un acte cruel : ils offensent une misère humaine. Vous voyez cet immense palais délabré qui touche au champ de foire ? Un ange de pierre, la trompette à la bouche, est debout au-dessus d'une des portes d'entrée. La légende prétend qu'on entendra la trompette, le jour où une jeune fille vraiment jeune fille passera sous la voûte, pour se rendre à l'atelier. Je ne défends pas la vertu des cigarières, je crois que leur réputation n'est pas, en général, imméritée. Mais, honnêtes ou non, ce sont de pauvres filles, dignes de toute pitié. Vous montez au premier étage. Vous pénétrez, conduit par des contremaîtres dont l'unique fonction paraît être d'introduire les curieux, dans une première salle où sont réunies plusieurs centaines de femmes de tous les âges, surtout des jeunes, assises devant des tables où elles roulent des cigarettes et rognent des enveloppes de cigare. L'atmosphère est horrible, le sol jonché de détritus de tabac. Des vêtements, des châles pendent, en tas multicolores, à tous les angles de la pièce. Et les visages sont pâles, tirés, empoisonnés par l'air vicié. A côté de plus d'une de ces tables, il y a un berceau où dort un enfant au maillot. Des femmes nourrissent leur petit. Quelques-unes sont hardies. La plupart ont le regard triste et mauvais de celles qui souffrent et qui voudraient souffrir sans être l'objet de cette curiosité, insultante par elle-même, alors même qu'elle ne l'est pas pour une autre raison. Et vous ne sortirez de cette salle que pour en voir une seconde toute pareille, où d'autres filles et d'autres femmes, jusqu'à quatre mille dans les temps de presse, gagnent péniblement, en usant leur jeunesse, quelques sous pour acheter leur pain et pour faire un peu de toilette. Car ici, je trouve une note gaie, la seule que puisse donner cette affreuse caserne ouvrière: vous saurez que toute cigarière qui n'a pas dépassé la trentaine se fait coiffer pour deux sous, dans la manufacture même, par une coiffeuse attitrée, et achète chaque jour, si pauvre qu'elle soit, un brin de jasmin, un œillet ou une rose, à l'une des marchandes qui traversent les ateliers. J'ai observé qu'après trente ans, les femmes se résignaient à porter le dahlia, cette fleur lourde et sans grâce...

J'en ai dit assez pour faire entendre que le charme de Séville est moins dans ses monuments que dans les détails de la vie populaire, moins dans l'aspect de ses rues que dans la physionomie de ses habitants, dans la douceur de son climat et la beauté de ses campagnes. J'ai passé toute une semaine, une des meilleures de mon voyage, à étudier la grande ville andalouse, à courir aux ruines romaines d'Italica, à visiter les herbages où s'élèvent les taureaux de course, les forêts de Villamanrique, les *marismas* du bas Guadalquivir. Parmi ces journées heureuses, j'en choisirai deux ou trois, et je les raconterai.

XXVIII

UN BEAU DIMANCHE A SÉVILLE

Ce matin, accompagné d'un Français qui habite Séville, et qui la connaît merveilleusement, je pars à l'aventure. Nous sonnons à la grille d'une très jolie maison située dans une toute petite rue. Vous n'ignorez pas que c'est une mode arabe, et une mode commandée par le soleil, de construire de vrais palais dans des ruelles extrêmement étroites et souvent très tournantes, mais peut-être ne savez-vous pas que ces maisons, qui paraissent ouvertes, sont, au contraire, jalousement gardées. A travers la grille, très fine et ouvragée, on aperçoit la cour, des fleurs, des portes. Mais elle n'obéit pas pour un coup de sonnette, cette grille légère! Une servante apparaît, à l'une des fenêtres, en face, et invariablement demande : « Qui êtes-vous ? » Il faut répondre et dire ensuite ce que l'on veut. Puis la domestique disparaît, s'informe, et ne laisse franchir le seuil qu'après autorisation. Le système du cordon est tout à fait inconnu. Mon ami avait des intelligences dans la place : nous entrons.

— Voyez, me dit-il, la cour est pavée de marbre, les murs sont revêtus de marbre, les colonnes qui forment cloître au rez-de-chaussée et qui soutiennent l'étage sont de marbre également. Vous avez ici le modèle des maisons sévillanes. Elles ne sont jamais occupées qu'à moitié. En hiver, on habite le haut. En été, on s'installe en bas. Il y a deux cuisines, deux salons, double série de chambres.

Nous allons à gauche, en effet, au fond de la cour, et nous trouvons la cuisine d'été, ouverte aux deux extrémités, simple passage où les courants d'air doivent abonder, entre le patio et une sorte de jardin minuscule où pousse un pied de vigne de Malaga. Au milieu des dalles de marbre du patio s'élève un bananier. Ses feuilles se tendent comme des ombrelles jusqu'aux murailles. A mi-hauteur, la fleur pend, superbe, unique, mélange de pourpre violet et de vermillon. C'est un arbre condamné, puisqu'il a fleuri. Dans un autre angle, mon ami attire à soi une sorte de volet caché dans l'épaisseur du mur, et je vois un filet d'eau vive traversant une vasque blanche. C'est là qu'on prend la provision d'eau du

ménage. Celle dont on n'a pas besoin disparaît sous
terre, et passe aux maisons voisines.

Nous sortons du palais, et nous passons à travers
les rangs de boutiques d'un des marchés. Bien pittoresques, bien colorés, ces marchés de Séville, avec
les premiers paniers de grenades qui arrivent de la
plaine, les étalages de potirons à coque verte et
rugueuse, les magasins de fleurs, les guirlandes
d'oignons mordorés ou roses, les mannequins de
poissons, au bord desquels brille toujours une petite
bougie, pour que la lueur de la flamme sur les écailles
fasse paraître la marchandise plus fraîche et comme
vivante. Plus loin, ce sont des étourneaux, par centaines, pendus à des ficelles, des macreuses, des
canards, des perdrix. Je demande quelques prix.
J'apprends que les perdreaux valent de deux francs
cinquante à trois francs la couple, un lièvre deux
francs cinquante; que le poisson est pour rien. En
revanche, les aliments les plus ordinaires et les plus
nécessaires se vendent à un prix relativement élevé,
ce qui explique la misère et l'anémie de la population
de Séville. Le pain de première qualité coûte soixante-
quinze centimes les douze cents grammes, les pommes
de terre dix francs les quarante-six kilos, le beurre
frais dix francs le kilo, et le beurre salé, qui vient de
Danemark, cinq francs. Le vin, qui vaut trois sous
le litre, à la campagne, est frappé de cinq sous de
droits d'octroi, et la barrique paye cinquante-cinq
francs. Le lait, enfin, monte à douze sous le litre.

Autour de nous, dans les rues voisines, s'en vont justement des vaches conduites par un paysan. Elles se rendent à une étable en plein vent, où les clients se présenteront et feront tirer le lait devant eux. De tous côtés trottent des files de mulets blancs, à têtières ornées de pompons jaunes et rouges. Les hommes qui les montent sont coiffés du large chapeau à bords plats. Ils sont presque tous élégants, maigres et rasés.

Nous touchons aux faubourgs. Sur les places, aux coins des rues, les enfants jouent, devinez à quoi ? Aux courses de taureaux. Le plus grand de la bande, le plus fort, se met sur la tête une planchette armée en avant de deux vraies cornes, et se précipite sur ses camarades, qui l'écartent avec un chiffon ou avec leur veste, ou même avec la chemise qu'ils ont quittée. L'espada se tient en arrière, très digne, avec son épée de bois, et sacrifie la bête féroce au moment voulu, d'un coup magistral entre les deux épaules. Voilà la première école des toreros, et l'une des explications de la passion des Espagnols pour les courses : elle est née avec eux, elle a déjà sa très grande place dans leurs jeux d'écoliers.

Après cela, une nouvelle académie s'ouvrira pour eux. Nous en sommes tout près. C'est une dépendance de l'abattoir municipal. Là, dans un cirque de planches, orné d'une inscription sur la rue, *Escuela taurina*, les jeunes amateurs peuvent s'instruire, chaque matin, pendant plusieurs mois, dans le plus noble et le plus lucratif des arts. Les veaux d'un an ou deux, les *novillos* destinés à la boucherie leur sont livrés, et un professeur, qui est, je crois, une espada malheureuse, leur apprend les secrets du métier : « Prends garde ! celui-ci a l'œil gauche mauvais, il donne de la tête à droite ; celui-là est un brave animal, tout franc, n'hésite pas ; cet autre a les deux pieds de devant fixes, le mufle bas, le défaut de l'épaule bien découvert, c'est le moment de frapper ! » Mon ami me raconte que, l'hiver dernier, le professeur daigna lui dire : « Vous êtes un homme sympathique, monsieur, je sais que vous faites partie du cercle des Taureaux ; s'il vous plaît de tuer, de temps en temps, un jeune veau, avant le déjeuner, nous sommes tout disposés à vous en offrir le moyen. » La proposition était bien engageante. Mon ami remercia, et s'excusa sur ses nombreuses affaires.

De là, nous pénétrons dans l'abattoir proprement dit. C'est une vaste cour carrée, entourée de cloîtres. Les curieux sont arrêtés par une grille qui ferme une des ailes de ce cloître. Il y a là une vingtaine de personnes, arrivées avant nous, et dont la présence annonce qu'un spectacle quelconque se prépare. Je devine trop bien lequel. Je reste, malgré l'instinctif frémissement que donne un pareil soupçon. Rien autre chose pourtant ne présage une tuerie. Pas un homme ne se montre sous les arches de pierre, que chauffe le soleil ardent de dix heures du matin. Je remarque seulement qu'à chacun des piliers, à la hauteur d'un mètre cinquante environ, est scellé un gros anneau de fer, et qu'au milieu du cloître qui fuit devant nous, des poteaux de bois se dressent, de distance en distance. Quelques minutes s'écoulent. Puis un grand bruit de piétinements, de beuglements de bêtes et de cris d'hommes retentit. A travers la cour, quatre-vingts animaux, fouettés, dirigés à coups de lanières, se précipitent vers l'entrée du cloître et s'y engouffrent, sautant de peur les uns par-dessus les autres et galopant à toutes jambes. C'est un grouillement de cous, de têtes, de croupes velues, qui heurte la grille et se répand dans l'allée couverte.

En un clin d'œil, une vingtaine de jeunes bouchers, qui tiennent à la main une corde roulée, se sont postés au pied de chacun des piliers. Ils attendent au passage le bétail affolé, choisissent leur victime dans le tas, jettent le nœud coulant sur les cornes, tirent la corde et l'accrochent, soit à l'anneau de fer, soit au poteau de bois : une vache, un bœuf, un taureau, est ainsi arrêté et immobilisé au milieu du torrent de bêtes beuglantes qui continuent leur course. Alors, d'autres hommes, presque des enfants, découplés et agiles comme des Andalous, se faufilant parmi le troupeau, évitant je ne sais comment les coups de cornes et de pieds, s'approchent des animaux prisonniers, et, par derrière, d'un coup rapide, enfoncent dans la nuque un poignard triangulaire. Ce n'est qu'un geste. On n'entend pas une plainte, on ne voit pas une goutte de sang. La bête tombe, inerte, et la peau de son poitrail, qu'une piqûre de mouche, tout à l'heure, faisait plisser tout entière, n'a pas même un tressaillement. En dix minutes, j'ai compté soixante-dix-huit bêtes gisant sur le sol du cloître. Cependant, deux grands bœufs, l'un noir et l'autre roux, restaient vivants dans ce lieu de carnage. Ils levaient la tête très haut, comme s'ils comprenaient le danger. Le roux fut garrotté plus étroitement, et, bien qu'il se débattît, tomba sous le poignard. Le bœuf noir demeura seul debout. Les cordes n'avaient pas la force de plier sa belle tête nerveuse et irritée. Les bouchers les plus grands n'arrivaient pas à la hauteur de son échine. Il fallut le prendre par surprise. Ses yeux se dirigèrent un moment vers son camarade mort à ses pieds, il baissa la tête de lui-même pour le flairer, et à l'instant même le bruit mou de sa chair affaissée, roulant sur la terre, éveilla un dernier écho entre les murs de cette cour sinistre.

J'avais besoin de retrouver l'air libre et des visions plus gaies. Mon ami me ramena vers le vaste champ d'herbe, que divisent de larges allées plantées d'arbres, et qui se nomme le prado San Sebastian, tout à côté de la manufacture de tabac. En cet endroit se tient, les 18, 19 et 20 avril, la foire aux bestiaux, qui n'est pas une simple exposition de moutons, de chevaux, de bœufs, de mules et de porcs, mais, de plus, l'occasion de la fête la plus populaire et la plus drôle de Séville. Manquer la *feria*, aucun malheur n'est comparable à celui-là. Pour briller à la *feria*, on fait des économies toute l'année. Les jeunes filles et les jeunes femmes y montreront les toilettes nouvelles. Les jeunes gens y viendront avec leurs équipages à l'andalouse, c'est-à-dire avec des chevaux dont les harnachements sont garnis de pompons et de franges de laine, et dont la queue est tressée de rubans assortis, tantôt verts, tantôt violets, tantôt rouges, d'un goût rare et étincelant. Les plus distinguées et les plus riches des familles sévillanes doivent toutes avoir sur le champ de foire, le long des avenues, une cabane de bois ou de toile. Les plus belles de ces *casillas* se louent trois cents francs pour trois jours, les autres cent cinquante francs. Toutes sont ainsi distribuées : un perron de deux ou trois marches, une petite terrasse, un salon, une salle à manger et une cuisine. On quitte sa maison la veille de la *feria*, on fait meubler la *casilla* de tapis, de tentures, de glaces et de l'indispensable piano. Puis la famille s'y installe. On se rend visite. Les jeunes filles, en mantilles blanches, se promènent sur l'estrade, jouent du piano ou de la guitare en public, ou dansent des danses sévillanes. Et la foule applaudit, criant : « *Viva la gracia! Que bella! Que guapa!* »

Je n'ai pas perdu mon temps, car il est un peu moins de onze heures du matin. J'entends les cloches de la Giralda qui sonnent, et je cours vers leurs volées claires.

La Giralda, la grande tour carrée, toute rose, qui domine la cathédrale, est bien le plus joli monument de Séville. Notez, de plus, qu'elle est douce d'accès et point essoufflante. On monte au sommet de la tour non par un escalier. mais par un plan incliné.

Le carillon, au-dessus de moi, tinte de plus en plus fort. Par les fenêtres, j'aperçois les toits des maisons larges comme des cartes à jouer, et les habitants qui traversent les rues ont l'air de fourmis noires dans une allée sablée. Enfin, me voici dans la galerie à jour où douze cloches, trois sur chaque façade, annoncent à Séville qu'une procession va sortir. Jamais je n'oublierai l'impression troublante qui s'empara de moi à ce moment. Songez que chacune des cloches est placée en travers d'une fenêtre, et qu'elle peut tourner librement autour de son pivot, aidée, dans ce mouvement de rotation complète, par un très gros contrepoids surmontant la coquille d'airain et fait en forme de massue ou de marteau. De la sorte, elle dépasse, à chaque volée, l'embrasure de la fenêtre, allongeant à l'air libre tantôt son contrepoids, tantôt sa large bouche retentissante. Un homme l'actionne avec une corde. Mais la corde est bientôt enroulée autour du pivot, comme sur un treuil; il n'en reste que cinq ou six brasses; bientôt il n'en reste plus que deux ou trois. Et voici ce que j'aperçois à droite, à gauche, devant moi. Les sonneurs se laissent emporter au bout de la corde, ils sont enlevés comme des plumes; ils posent le pied sur trois petites pédales superposées, piquées dans l'angle de la muraille, le long de l'ouverture béante; ils montent jusqu'à la cloche; ils n'ont plus qu'un mètre de corde entre les mains : alors, ils se lancent dans l'espace, leur poids arrête la masse de bronze, la fait tourner en sens contraire, et ils retombent sur le sol, tandis que la corde se dégage, puis s'enroule de nouveau. Quelques-uns, d'une plus superbe audace, font encore mieux. Ils sont emportés verticalement, jusqu'au sommet de la fenêtre où tourne la cloche, et, au moment où celle-ci revient du dehors, toute frémissante, ils ouvrent les jambes, ils se campent à cheval sur le calice évasé du métal, brisent ainsi son élan, et redescendent en la faisant retourner sur elle-même. C'est un spectacle tragique. On se dit qu'il suffirait qu'un de ces hommes fût trop peu lourd, ou qu'il manquât d'enfourcher cette monture terrible, pour que, entraîné par elle, il fût précipité d'une hauteur vertigineuse. La chose est arrivée. On m'a conté qu'il y a huit ans, un enfant de quatorze à quinze ans, sonneur d'une église de Séville, passa par-dessus sa cloche et fut lancé dans le vide. Il tomba... mais, admirez cette Providence, il tomba sur la grosse caisse d'une musique qui défilait processionnellement. Un ex-voto rappelle encore ce fait prodigieux. Je ne garantis pas l'authenticité de l'histoire. Afin de la rendre plus vraisemblable, celui qui me la disait ajoutait que la grosse caisse avait beaucoup souffert.

Pour trois heures de l'après-midi, les affiches posées sur les murs annonçaient une course de *novillos*. Ce n'est pas aussi imposant qu'une course de taureaux, mais je m'y rendis tout de même. Les arènes de Séville sont parmi les plus belles d'Espagne, construites au bord du Guadalquivir, en pleine ville : je voulais les voir, et voir surtout le public de cette course toute populaire.

Il est moins coloré que ne le proclament les livres romantiques et les estampes. Peu de mantilles, peu de cigarières évanouies tombant sur leurs voisines, pas de robes couleur d'orange mûre, mais une foule étoilée de plus de points éclatants que dans nos pays, plus nerveuse, qui se mêle intimement au drame du cirque, et conseille les toreros. Ceux-ci sont de simples apprentis, vêtus de costumes fanés. Le bétail est de second ordre également : de jeunes taureaux de deux ans, qui arrivent furieusement, chargent un cheval ou deux, frémissent sous la piqûre de la lance du picador, et n'y reviennent plus. A la troisième blessure que les cavaliers leur ont faite, ils ont une peur affreuse. Ils se sauvent dès qu'ils aperçoivent un cheval; ils refusent la lutte, et l'on voit une sorte de poursuite ridicule autour de l'arène : les picadors, puis les espadas cherchent à rejoindre l'animal et n'y parviennent pas. Enfin, lorsque, de fatigue, la pauvre bête s'est arrêtée, le torero la manque invariablement, et, à chaque coup d'épée, elle repart, beuglante. Le public est vite las de ces maladresses successives, et siffle furieusement. Après le quatrième taureau, le tapage devient tel que les professionnels commencent à quitter l'arène. Plus de banderilleros, plus de picadors. Un gamin de douze ans saute par-dessus les barrières, se jette à genoux, tragiquement, devant la loge du président, et demande par gestes qu'on lui accorde la faveur de tuer le cinquième taureau, à la place de ces faux artistes qui se dérobent. Le président refuse. L'enfant insiste. Pendant cette scène, un grand Andalou, maigre et rasé, s'en va sournoisement poser, derrière l'unique torero demeuré dans la plaza, un petit joujou fabriqué avec une courge figurant le corps du taureau et des baguettes de bois représentant les quatre pattes. Deux cigares font les deux cornes. La foule éclate de rire. La pauvre espada menace l'insolent d'un coup de rapière, et se retire. Le cirque est abandonné par toute la cuadrilla. C'est le signal d'une scène curieuse. L'enfant s'est mis debout. Il restera, malgré l'ordre du président, s'exposant ainsi à la prison. Deux camarades, puis dix, vingt, cinquante, sautent les barrières et courent le rejoindre. Le cinquième taureau se lance au milieu de cette bande de jeunes gens dont l'aîné n'a pas vingt ans, et qui, enlevant leurs vestes, s'en servent comme de manteaux pour écarter l'animal. En cinq minutes, la bête poursuivie, tirée par la queue, empoignée par les cornes, tombe à terre pour ne plus se relever. Quelqu'un m'explique qu'elle a été tuée par ordre du président, d'un coup de ce fameux poignard triangulaire dont j'ai parlé. Puis le toril s'ouvre de nouveau, car une course, sous aucun prétexte, ne saurait être interrompue, et le dernier taureau se précipite, non plus au milieu de cinquante enfants, mais au milieu de trois cents personnes qui ont envahi la plaza, et dont une vingtaine, par bravade, se sont couchées à l'entrée même du couloir. Cette fois, il va sûrement y avoir mort d'homme. Eh bien! non, tous les coups de cornes sont évités, personne ne tombe. Quelqu'un saute sur le dos du taureau, et, après une minute de galop, la bête roule à terre.

Si les courses d'Espagne ressemblaient toutes à celle-là, elles n'auraient guère de défenseurs. Ce n'est plus un jeu solennel et noble, c'est une boucherie répugnante et une école de cruauté dangereuse.

Le soir de ce même jour, qui fut vraiment un beau dimanche, une surprise nous attendait, un spectacle d'une élégance rare et parfaite. Dans le salon d'un Français, M. de C..., trois jeunes filles de la société de Séville avaient bien voulu accepter de danser et de chanter devant nous les danses andalouses. Ce que j'avais vu, soit au café de la Pez à Madrid, soit à Séville même, dans la fameuse rue de *Las Sierpes*, ne m'avait donné aucune idée de ce que je vis ce soir-là.

Mesdemoiselles Elena et Pepita S., et Adelina B...
étaient toutes trois jolies. Elles avaient apporté chacune trois sortes de mantilles, qu'elles excellaient à poser sur leurs cheveux sombres ou blonds relevés en pointe : la mantille noire, la mantille blanche et celle appelée *madroño*, du nom de l'arbousier, parce qu'elle a de gros pois pelucheux.

Mademoiselle Elena, en robe de soie bleue, toute petite personne aux grands yeux noirs, jouait de la guitare et chantait. Elle chantait, et aussitôt son visage très rieur prenait une expression douloureuse qui faisait plaisir à voir, car on sentait cette mélancolie passagère, et derrière on devinait le rire de la jeunesse tout prêt à reparaître. Les vers qu'elle disait étaient d'une tristesse amoureuse, comme la plupart des chansons méridionales, par exemple ces deux couplets d'un *malagueña :* « Depuis qu'une heure a sonné — à cette cloche au son plaintif, jusqu'à deux heures j'ai songé, — à l'amour que tu prétends pour moi, — et trois heures m'ont trouvé pleurant. » « Le monde qui me voit rire, — pense que je ne t'aime pas. — Il ignore que pour toi — je souffre tout ce qu'on peut souffrir, — et qu'il me faut dissimuler. » Elle disait encore ce joli quatrain d'une *petenera :* « Ni avec toi, ni sans toi, — mes maux n'ont de remède ; — avec toi parce que tu me tues, — et sans toi parce que j'en meurs. »

Pendant qu'elle chantait ainsi, s'accompagnant de la guitare, sa sœur, mademoiselle Pepita, en bleu et noir, et mademoiselle Adelina B..., élancée, blonde, souveraine d'élégance, serrée dans un fourreau de soie jaune, dansaient et marquaient la mesure du claquement de leurs castagnettes. Les invités, suivant la mode sévillane, battaient des mains. Entraînées, excitées par ce rythme de plus en plus pressé, les danseuses combinaient des pas, des gestes, des œillades d'un art savant et rapide. Elles s'approchaient l'une de l'autre, s'éloignaient, revenaient, renversaient la tête, se jetaient un regard chargé de langueur ou de défi, s'écartaient de nouveau, puis, la jambe tendue en avant, la taille cambrée, sur un coup de castagnette, s'arrêtaient dans une pose dédaigneuse, prolongée quelques secondes. Par elles, et pour la première fois, je comprenais cette grâce andalouse, qui passe les autres. Et c'était un charme nouveau de voir danser cette danse, un peu orientale et sensuelle, avec une distinction entière et je ne sais quelle retenue virginale.

Je demandai, pendant un repos, à mademoiselle Adelina :

— Vous avez dû avoir beaucoup de succès à la *feria*, mademoiselle ?

Elle montra quelques jolies dents de plus. C'était vrai : elle avait dansé des *malagueñas* devant le peuple de Séville, les jours de la grande foire.

XXIX

LA GANADERIA DE YBARRA

J'ai assisté presque chaque dimanche, en différentes villes d'Espagne, à des courses de taureaux. Et j'ai bien cru que la première fois serait la dernière. L'horreur qu'on éprouve, au premier cheval éventré, oblige un Français à dominer ses nerfs s'il veut rester jusqu'à la fin du spectacle. Puis j'ai éprouvé qu'on s'habitue, non pas à voir couler le sang, mais à ne plus le voir, et qu'il n'y a bientôt plus sur l'arène, pour des yeux accoutumés, que deux personnages engagés dans une lutte à mort: l'homme et une bête sauvage. Les accessoires disparaissent. Les maigres haridelles, au front bandé, que le taureau transperce, enlève au bout de ses cornes, et promène, avec leur cavalier, avant de les jeter à terre; celles qu'on ramène au combat, le flanc recousu et les blessures fermées avec un bouchon de paille, ne font plus pitié, n'éveillent aucun sentiment d'aucune sorte, parce que l'attention se détourne d'elles pour se concentrer sur les véritables duellistes, et considère les animaux, mûrs d'ailleurs pour l'équarrissage, à peu près comme des sacs de sable destinés à protéger l'homme et à fatiguer la première fureur de son adversaire. Je trouve donc très peu fondée l'accusation « d'aimer le sang » lancée contre les Espagnols. Ils n'aiment pas le sang; ils ne le voient pas; mais ils aiment le jeu terrible qui se joue là, ce triomphe de l'intelligence et de l'adresse sur la brute formidablement armée.

— C'est tout simple, me disait l'un d'eux: l'Espagne a toujours été un pays d'élevage; aujourd'hui, comme aux temps anciens, les *vaqueros*, dans les herbages, vivent avec leur bétail, s'essayent à terrasser les jeunes veaux, apprennent à éviter un taureau qui charge. Nos aïeux ont fait un amusement public d'une lutte que leur enseignait l'existence pastorale. Rien de plus. Nous ne sommes pas plus sanguinaires que d'autres, mais, plus que d'autres peut-être, nous apprécions la bravoure de l'homme qui combat, parce que nous connaissons mieux la force de son ennemi et l'art qu'il faut pour le vaincre.

Cet art-là nous échappe presque complètement.

A moins d'avoir suivi un grand nombre de corridas, il est impossible de comprendre et de goûter toutes les finesses du métier, et je suis sûr que beaucoup de ces amateurs qui passent les Pyrénées pour assister aux courses de Saint-Sébastien, malgré le bruit qu'ils font et leurs cris castillans, ne sont pas de grands clercs dans la science compliquée du *toreo*[1]. Nous admirons le pittoresque de la fête, l'entrain, le mouvement des foules en marche vers la plaza, le défilé des toreros, les costumes, les attitudes des hommes, les sonneries qui annoncent l'ouverture du toril, puis l'entrée en scène des banderilleros et de l'espada ; nous ne saisissons que le côté extérieur, l'appareil du spectacle, très imposant d'ailleurs, surtout dans les « courses d'abonnements », de Madrid, les plus nobles, — quelque chose comme les concerts classiques du Conservatoire. Les Espagnols ont un autre sens que nous ne possédons pas. Ils connaissent les jouteurs, les hommes et le taureau ; ils les jugent d'après des règles précises, apprises dès l'enfance ; pas un geste ne leur échappe ; ils vivent le combat tout entier, dans ses menus détails, tantôt avec le torero, tantôt avec la bête, si elle est brave et franche. Les spectateurs des premiers rangs, ces *aficionados*, simples ouvriers très

---

1. On peut s'en convaincre en lisant quelque traité spécial, par exemple le *Manuel de tauromachie* de Sanchez Lozano, traduit par M. Aurélien de Courson. 1 volume; Paris, 1894, Sauvaitre.

souvent, ou employés de dixième ordre, qui ont payé cinq et six francs une place près de la barrière, ne cessent de conseiller les professionnels, de les invectiver ou de les applaudir. Tout le public, nerveux, impressionnable à l'excès, éclate en clameurs de reproche ou en cris d'approbation, lance des cigares et des chapeaux ou des écorces d'orange dans l'arène, sans que, très souvent, un étranger ait pu saisir la cause de ces manifestations. Il gouverne, en réalité, les jeux. Il oblige le président à commander les banderilles de feu, à faire abandon du taureau à l'espada qui s'est surpassée, quelquefois même il gracie l'animal. Ce sont des cas fort rares, mais il y a des exemples. J'ai vu, dans le couloir d'un établissement de combats de coqs, rue de l'Inquisition, à Séville, la tête empaillée d'un taureau, avec cette inscription : « *Zapatero*, six ans, de la ganaderia de D. Ramon Balmaceda, a lutté sur la plaza de Puerto Santa Maria, en 1859 : vingt-quatre coups de pique reçus, neuf chevaux tués, espada Antonio Sanchez (el Tato). Le public demanda sa grâce pour son immense bravoure. » Les poils blancs qui tavelaient le cou noir de l'animal disaient, en effet, que *Zapatoro* était mort de vieillesse, dans les herbages du Guadalquivir. D'autres fois, d'étranges caprices, des caprices d'enfant, s'emparent de ce peuple assemblé pour s'amuser, et qui s'amuse de tout, et qui se sent roi dans l'enceinte de la place. Un de mes amis me racontait, ici, qu'il avait assisté, il y a quelques années, à une course de taureaux dans les arènes de Vittoria. Une jeune fille et un jeune homme, appartenant tous deux à de grandes familles de la province, étaient assis au premier rang dans deux loges contiguës. Le jeune homme était-il fiancé, ou seulement amoureux et hardi ? Il voulut prendre et baiser la main blanche que sa voisine avait posée sur le velours du balcon. Celle-ci retira vivement le bras, et se défendit en riant, d'un coup d'éventail. Ce tout petit incident fut aperçu, comment, je ne sais pas, mais tout le cirque, en une seconde, se trouva debout, prenant fait et cause pour le *novio*, et criant : « A la plaza les fiancés ! Qu'elle l'embrasse ! qu'ils dansent ensemble ! » Le tapage devint tel que la corrida fut interrompue. Le taureau était dans l'arène. Le président fut obligé de quitter sa tribune, de venir trouver la jeune fille, et de la prier d'obéir, pour que la corrida pût continuer. Elle prit son parti gaiement, avec une crânerie espagnole, descendit les escaliers au bras de son voisin, se présenta avec lui dans l'arène, sous les yeux du taureau stupéfié, fit trois tours de valse, embrassa le jeune homme, et remonta au milieu d'acclamations frénétiques.

La passion de la corrida est aujourd'hui aussi générale en Espagne qu'elle a jamais pu l'être. Dans les rues, j'ai dit que les enfants jouaient au *toro*. Dans les moindres pueblos, on improvise une place, le dimanche, en mettant des charrettes en cercle, et les paysans y combattent un taureau offert par la municipalité ou par quelque citoyen généreux; ou bien encore on s'amuse à lancer l'animal au milieu du bourg, et à voir les femmes se sauver et les gamins quitter leurs vestes. Toutes les villes ont leurs arènes, et le nombre considérable de spectateurs que peuvent contenir la plupart de ces cirques, est une preuve manifeste de la popularité des corridas. Je laisse de côté les villes de premier ordre, dont il n'est pas surprenant que les cirques renferment plusieurs milliers de places; mais sait-on que huit mille hommes assis peuvent tenir dans la plaza d'une petite ville comme Caceres; neuf mille dans celles de Calatayud et d'Algésiras; dix mille dans celles de Logroño, de Gandia, de Salamanque; douze mille cinq cents dans celle de Puerto Santa Maria, près Cadix, et dix-sept mille dans celle de Vittoria, qui n'a pas le double d'habitants?

Quelque avis que l'on professe donc sur l'importation en France des courses de taureaux, — le mien est simplement que la France fera bien de continuer à jouer aux boules, — il faut reconnaître que la *corrida* n'est pas près de disparaître en Espagne, et que les Espagnols sont merveilleusement « nés » pour ce jeu-là.

Cette considération, l'attrait de paysages nouveaux, le désir d'étudier de près et sur place le système d'élevage, infiniment moins connu, chez nous, que la suite scénique des courses de taureaux, me firent accepter avec empressement l'invitation d'un des propriétaires d'une *ganaderia* célèbre, D. Luis de Ybarra.

Nous partons de bonne heure, mon compagnon de route et moi, par le chemin de fer de Séville à Cadix, et nous nous arrêtons à une petite station située à vingt kilomètres, Dos Hermanas. Notre hôte nous attend sur le quai, et nous introduit aussitôt dans un parc planté d'eucalyptus, d'orangers, de fleurs de toute sorte, et au milieu duquel ont été bâties trois jolies maisons de campagne, la sienne et celles de deux de ses frères. MM. de Ybarra, — dont le père était de Bilbao, — ne sont pas seulement des éleveurs renommés : ils dirigent une banque ; ils ont de grands intérêts dans une compagnie de navigation de Séville à Bordeaux ; ils exploitent de vastes domaines, qui produisent en abondance des grains, des oranges et des olives. Nous admirons, dans un coin du jardin, un lot d'olives cueillies, déjà mises en baril, et dont il ne faut que soixante pour faire un kilogramme. Il paraît que tout à l'heure nous verrons les arbres qui produisent ces fruits exceptionnels.

La voiture est attelée, et, au grand trot de quatre chevaux, nous traversons le bourg de Dos Hermanas, des rues très propres, bordées de maisons soigneusement peintes en blanc et en bleu clair, et dont la population a l'air tout particulièrement active et aisée. La route, assez plate, s'enfonce dans une région labourée, çà et là plantée d'oliviers en lignes ;

nous la quittons bientôt, et l'attelage coupe au milieu des champs, vers le sud. Les roues creusent le sol, se relèvent, retombent, sans que le trot se ralentisse.

— Vos voitures de Paris ne résistent pas à ce régime, me dit M. de Ybarra ; j'en ai fait l'expérience : il nous faut un type d'une tout autre puissance... Nous ne sommes qu'au début, d'ailleurs, et vous verrez, plus loin, par où nous pouvons passer.

Après dix kilomètres, nous arrivons à la *hacienda* de Bujalmoro, un grand quadrilatère de murs, posé à découvert au milieu des labours. A l'intérieur s'ouvrent, de deux côtés, les bâtiments de la ferme, et au fond les appartements du maître, protégés par un cloître et dont les murs sont revêtus de faïences. Des poteaux de téléphone partent de là dans deux directions, et relient la hacienda avec la maison de Séville et avec la ganaderia vers laquelle nous allons.

Les chevaux reprennent le trot, et je sens venir un paysage. Joie des yeux, joie de toute l'âme, je vous devinais déjà ! Les guérets sont finis. Nous roulons sur l'herbe brûlée d'une prairie, tachée, çà et là, de touffes pâles d'aloès, et que barre en avant une ligne de maquis. Derrière les bois, que ce doit être beau ! Toute la terre descend, d'une inclinaison uniforme et lente, vers le fleuve lointain; une vallée va s'ouvrir, et, comme un fruit qui pend sur la crête d'un mur, laisse paraître un peu de sa lumière entre deux pointes d'arbres. Les chevaux se jettent dans un marais où ils ont de l'eau jusqu'au poitrail; ils remontent la berge; ils entrent dans la brousse. C'est un communal entièrement désert, inculte et délicieux. Tout à coup, parmi les branches emmêlées des lentisques, j'aperçois deux cornes et un œil noir.

— Un taureau !

M. de Ybarra regarde un moment, car il n'est pas bon de rencontrer de ces taureaux solitaires, vaincus dans le combat, chassés du troupeau, et si dangereux qu'on publie dans les villages, après l'office, le nom des quartiers qu'ils habitent. Heureusement mon taureau n'était qu'une vache égarée, qui lève à notre passage sa tête fine et sauvage, entièrement noire, et ne manifeste à notre égard aucune intention mauvaise. Après le maquis, un bois d'oliviers géants, appartenant au domaine, et ceux-là mêmes dont nous avons admiré les olives à Dos Hermanas, puis la vallée, la plaine qui n'a plus de rives, des prairies sans haies, sans fossés ni barrières, qui baissent toujours, jusqu'à se perdre dans le bleu, et Séville à l'horizon, lumineuse, dentelée, orientale, avec sa Giralda qui porte à son sommet une aigrette de rayons. Nous sommes dans l'océan d'herbes. Le soleil fait trembler les lointains. Devant nous, des lueurs longues de marais, au-dessus desquels tournent des vols d'oiseaux.

Sur la gauche, s'élève une *hacienda* rose, carrée comme la première. Nous y courons.

C'est San José de Buenavista, qui appartient à l'un des frères de notre hôte d'aujourd'hui, D. Eduardo de Ybarra. Le nom du domaine est écrit en lettres de faïence au-dessus de la porte d'entrée. La maison de maître, occupant une des ailes du quadrilatère, peut passer pour un modèle de ces rendez-vous élégants de la prairie sévillane, où affluent, deux ou trois fois l'an, les invités de l'aristocratie et les professionnels conviés aux fêtes de l'élevage, que je dirai tout à l'heure : beaucoup de chambres claires, une tour pour découvrir au loin Séville et la plaine, une grande salle à manger, et partout, sur les murs, des souvenirs de sport ou de réunions mondaines, des affiches de courses, des diplômes de concours agricoles, des ombrelles et des éventails déployés représentant des scènes de *toreo*, des croquis à l'aquarelle de jolies femmes de Séville, des séries de gravures anglaises, des têtes de taureaux célèbres, provenant de la ganaderia de Ybarra. Nous déjeunons à l'espagnole, — ce qui veut dire fort bien quoi qu'on en ait dit, — dans la salle à manger, dont toutes les chaises portent gravée sur le dossier cette légende : « Je suis au service de San José de Buenavista », puis nous sortons rapidement, car nos chevaux de selle nous attendent dans la cour.

Ils sont tenus en main par des *vaqueros* et leur chef, le *conocedor*, hommes de la prairie, maigres et nerveux, coiffés du chapeau à larges bords, vêtus d'une veste courte et d'un pantalon de cuir, doublé de peau de chien découpée à l'endroit où le genou presse la selle, et d'où pendent, le long de la jambe, des houppes de lanières de cuir. Ils n'ont pas pris, aujourd'hui, leurs piques, leurs *garrochas* dont je vois tout un râtelier garni dans la chambre du chef. Ils montent à cheval avec nous, et, à peine avons-nous franchi la porte, que nous partons au galop, en peloton serré, vers un groupe d'animaux que nous apercevons à deux kilomètres en avant. Ce ne sont pas des taureaux, mais des bœufs dressés à la conduite des taureaux, des *cabestros*. Nous nous arrêtons à quelques pas d'eux.

— Remarquez, me dit M. de Ybarra, que nos *cabestros* ont presque tous le pelage très clair. Nous les choisissons de robe pâle.

— Et pourquoi?

— Parce que nos bêtes de course font toujours de nuit le trajet de la ganaderia à Séville, et qu'il est bon que nos hommes, dans les chemins, puissent distinguer un bœuf dressé d'avec nos taureaux, qui sont généralement de pelage sombre.

A ce moment, nous mettons nos chevaux au pas, nous pénétrons de l'autre côté d'une barricade de pieux et de perches qui remonte, à notre gauche, indéfiniment, et nous sommes dans le pâturage des grands taureaux prêts pour la course, armés à point pour éventrer les chevaux et supporter les coups de lance. Ce n'est plus l'heure de galoper. J'observe même que le *conocedor* et M. de Ybarra, qui nous encadrent mon compagnon et moi, et marchent aux deux ailes, ont l'œil constamment aux aguets, et cherchent, dans le troupeau, pour voir si aucun animal ne s'inquiète de notre présence et ne se prépare à charger. Car il est extrêmement difficile d'échapper, même avec un bon cheval, à la poursuite d'un taureau de course. Si la Cour de cassation avait eu la fantaisie de procéder à ce qu'on appelle, en procédure, une descente sur lieux, et qu'elle eût visité, — même sans robes rouges, — la ganaderia de Ybarra, je crois qu'elle eût hésité à déclarer le taureau espagnol animal domestique. Ils sont là une centaine de taureaux de cinq à six ans, la plupart debout dans les hautes herbes sèches qui leur montent jusqu'au ventre, les pieds de devant rapprochés, la tête superbement levée, les cornes en plein ciel faisant un arc superbe. Le type est tout différent de celui de nos taureaux, plus long, plus grand, plus nerveux et surtout plus fier. On sent une bête rapide. Les Espagnols la disent noble au-dessus de toutes les autres, sans excepter le lion. Elle ne frappe pas un ennemi mort, — et j'ai vu, en effet, des toreros renversés, demeurer immobiles, couchés sous les naseaux du taureau qui les flairait. Elle n'attaque pas par derrière, traîtreusement, et ceux qui ont assisté aux corridas se souviennent que les picadors, si leur adversaire a refusé le coup de pique, font volte-face, et s'écartent sans être poursuivis. Le danger, c'est que le taureau se croie provoqué, et, sans doute, il est facile de lui fournir un prétexte, car nous manœuvrons prudemment, contournant les groupes, sans approcher d'aucun à moins de soixante ou quatre-vingts mètres.

— Au printemps, me dit le *conocedor*, les taureaux, qui vivent toujours séparés des vaches par d'énormes distances, se battent furieusement. La prairie sonne de leurs mugissements, comme un rivage de mer.

— Vous n'intervenez pas ?

Il se met à rire, et répond avec un hochement de tête :

— Comment voulez-vous que nous séparions des bêtes pareilles !

Et je comprends que les *vaqueros* ne sont pas les maîtres de leur terrible bétail, et que les vrais gardiens seraient plutôt les *cabestros* dont je reparlerai tout à l'heure. L'endroit est bon pour interroger, l'heure propice : nous faisons un grand détour, au pas, dans l'herbe qui assourdit le bruit des foulées de nos chevaux, et les grandes têtes levées des taureaux, une à une, à mesure que nous nous éloignons, s'abaissent vers le pâturage. Je multiplie mes questions au *conocedor* et à M. de Ybarra, et voici ce que j'apprends.

Tous les troupeaux d'une ganaderia vivent en liberté, hiver comme été, sans connaître jamais l'étable. A l'âge de dix mois, les jeunes taureaux sont séparés de leurs mères. A un an, ils sont marqués au fer rouge. C'est le *herradero*, l'occasion d'une première fête. La bête est terrassée ; on lui imprime sur la cuisse le chiffre du propriétaire ; on met un peu de boue sur la blessure ; on coupe le bout de l'oreille, et le taureau s'échappe au galop dans les prés. Il faut six hommes pour abattre et maintenir un taureau *bravo* de douze mois.

Vers l'âge de deux ans, taureaux et génisses subissent l'épreuve du courage, l'essai qui va décider de leur vie ou de leur mort, la *tienta*. Tout le Séville élégant et beaucoup d'amateurs du peuple se transportent dans les ganaderias. Pendant deux ou trois jours, les équipages, les cavaliers, les groupes de promeneurs sillonnent un coin de la prairie. On va essayer les taureaux ! Pour eux, cela se fait en champ libre. Un *vaquero* à cheval, la lance en arrêt, marche sur l'animal. Celui-ci lève les cornes, creuse le sol avec ses pattes de devant, et fond sur le cavalier. Très souvent l'homme roule à terre, et le cheval est tué. Mais le taureau a reçu la pointe de la lance au défaut de l'épaule. S'il résiste à la douleur, s'il revient trois fois de suite à la charge, soit contre le même gardien, soit contre un autre, il est *bravo*, il est noble, il est digne de figurer dans les courses futures, mais à une condition, qui est bien curieuse : c'est qu'on l'ait attaqué du côté opposé à celui où se trouve son herbage ordinaire. Car, disent les Espagnols, quelle bravoure vulgaire que celle d'un taureau à qui on barre la route de son pâturage, et qui veut y rentrer! Au contraire, le taureau qui a en face de lui le libre horizon, qu'on menace de ce côté, qui ne veut pas supporter cette contrainte, qui se jette sur l'homme, sans autre raison que sa fierté blessée, voilà le vrai taureau de course, le seul qui saura lutter avec honneur dans les arènes de Séville ou de Madrid!

Les génisses subissent l'épreuve en champ clos, dans de petits cirques, les uns en planches, les autres, tel que celui que j'ai vu à San José de Buenavista, construits en maçonnerie, ornés de faïences de couleur et garnis de gradins pour les spectateurs. M. de Ybarra me disait qu'il perdait quelquefois sept ou huit chevaux dans une *tienta* de ce genre. Les jeunes bêtes sont introduites dans l'arène. Elles sont petites, nerveuses, presque toutes noires ou noires et blanches, avec une tête fine et des cornes effilées; elles ressemblent à des vaches bretonnes qui seraient perpétuellement en colère. Apercevant l'homme, elles se précipitent sur lui, et sont reçues à la pointe de la lance. Pour être déclarées braves, elles doivent être vraiment d'une férocité extraordinaire, et se jeter trente fois de suite au-devant de l'ennemi, et supporter la douleur de trente blessures.

Alors seulement elles seront admises à perpétuer la race de la ganaderia, et feront partie du troupeau. Tous les autres animaux, lâches ou à moitié braves, taureaux ou génisses, seront envoyés à la boucherie, et tués d'un coup de poignard.

L'heure de la course n'a pas encore sonné pour le taureau. Il grandit en liberté; on l'appelle *utrero* jusqu'à trois ans et demi, *cuatreño* aux approches de quatre ans, *toro* après quatre ans : mais il n'est guère admis aux arènes, il n'a toute sa puissance et tout son développement qu'entre cinq et six. A ce moment le propriétaire le vend aux entrepreneurs de corridas, pour un prix qui varie entre huit cents et deux mille cinq cents francs. Les bons taureaux de Veraguas, — la plus fameuse ganaderia d'Espagne, — ne valent jamais moins de deux mille francs. Si on veut bien se souvenir qu'il y a toujours six taureaux de combat, et deux espadas, dont chacune est payée cinq ou six mille francs, on jugera des frais qu'entraîne une course espagnole.

C'est ici que les *cabestros* entrent en scène. Il m'a fallu venir en Espagne pour apprendre que les bœufs sont des animaux très intelligents. Ils sont même rusés, malgré leurs lourdes allures et leur apparente bonhomie. Comment séparer les taureaux vendus et destinés à la course de demain, d'avec le reste du troupeau? Comment les conduire du pâturage jusqu'aux arènes, quand il y a trois, cinq, dix lieues de campagne, et de chemins, et de faubourgs à traverser? Les hommes ne le pourraient faire seuls : les *cabestros* s'en chargent. Ils sont dressés à obéir à la parole et au geste; ils comprennent « à gauche! », ils comprennent « à droite ! »; ils devinent ce qu'on demande d'eux. Lorsqu'un *vaquero* leur a désigné un taureau, on les voit s'en aller vers lui, cinq ou six ensemble, au petit trot, dandinant leur sonnette fêlée, entourer l'animal un peu surpris, le pousser amicalement, de la tête ou de la croupe, — ce qui leur vaut, de temps à autre, un coup de corne, — l'écarter peu à peu, l'entraîner avec eux dans une direction qu'ils savent. Si leur élève très peu docile prend le large et s'enfuit, ils galopent après, et le ramènent jusqu'à une avenue bordée de pieux qui aboutit à une enceinte. Là ils redoublent de moyens de persuasion, s'engagent dans la souricière, rassurent par leur exemple leur compagnon qui se méfie, et, tout à coup, se trouvent prisonniers avec lui, car une barricade, rapidement manœuvrée, leur a fermé la retraite. Prisonniers, oui, mais pas pour longtemps. Ils ont une habileté rare pour revenir à petits pas, d'un air innocent, vers la porte, guetter le moment où elle s'entr'ouvre, l'ouvrir un peu plus, juste autant qu'il faut, du bout des cornes, et prendre la clef des champs, en abandonnant le taureau. Ils recommencent ce manège six ou sept fois, et on attend la nuit.

Cette nuit est la dernière avant la *corrida*. A onze heures ou minuit, dans le grand calme de la prairie, trois *vaqueros* à cheval, armés de la lance, font sortir ensemble de l'enceinte les *cabestros* et les taureaux, et, l'un d'eux prenant la tête du peloton, les deux autres suivant, ils s'élancent à grande allure, au galop le plus souvent, par un chemin traditionnel, qui constitue une servitude de passage sur les héritages ruraux, et qui se nomme « le chemin des taureaux ». L'homme de tête crie : « *Apartarse!* Écartez-vous!* » Les rares passants de la nuit s'effacent dans les fossés ou derrière les arbres, et la troupe effrayante continue, et la poussière retombe, et le martèlement des lourds sabots galopant sur la terre diminue et s'efface.

On peut voir encore ces *cabestros* avant la course, à onze heures du matin, quand les taureaux inquiets sont réunis dans les cours, derrière la *plaza*, et qu'il s'agit de faire entrer ces derniers chacun dans sa cellule. Le public est admis, moyennant un petit supplément, à ce spectacle curieux de l'*apartado*. Et j'ai observé là cette même intelligence des situations, cette insigne fourberie, cette adresse à se tirer d'affaire en laissant le taureau prisonnier, que me décrivait M. de Ybarra, tandis que nous quittions lentement la réserve des bêtes de course.

Le soleil commençait à baisser. Nous visitâmes encore le quartier des taureaux de deux ans, et celui des jeunes veaux, qui paissaient en compagnie d'une foule de petits ânes gris. Puis ce fut le retour, la douceur d'une route déjà familière, qui permet à l'esprit plus libre de mieux s'abandonner à la beauté de l'ensemble. Nous allions dans la lumière pure, sur l'herbe sans chemins, vers Séville qui grandissait. Quand nous atteignîmes la limite de la prairie, derrière la première haie de saules, j'aperçus une halte de chasseurs. Deux jeunes hommes à cheval, vêtus de clair comme les *vaqueros*, se tenaient dans l'ombre d'un arbre, et autour d'eux douze grands lévriers blancs, couchés ou debout, la langue rose pendante, le museau fin levé vers nous, et tels qu'on les figure dans les vieilles tapisseries, se reposaient, attentifs au geste de leurs maîtres.

Un coup de chapeau, et nous passâmes, laissant la grande prairie bleuir derrière nous.

XXX

LES MARAIS DU BAS-GUADALQUIVIR.
LA GRANDE OUTARDE

Les marais du Bas-Guadalquivir! J'en rêvais depuis des semaines, et, dès mon arrivée à Séville, j'avais cherché à organiser une expédition de chasse. Je veux livrer, à ceux qui seraient tentés de suivre mon exemple, le nom des deux personnes qui m'ont guidé et accompagné pendant cette journée, dans un des pays les plus pittoresques et les plus sauvages que j'aie vus; ce sont M. Pierre Alrieu, directeur du fameux hôtel de Madrid, à Séville, et M. Vicente Saccone, un bonhomme qui a l'air d'un trappeur indien, rusé, goguenard, endurant, l'un des familiers de la grande steppe andalouse, et qui s'adonne au plus étonnant des élevages : il vit une partie de l'année dans la *marisma*; il y recherche, au printemps les œufs d'oiseaux, courlis, hérons, flamants, outardes, grèbes, les fait couver par des poules ou éclore dans les couveuses, nourrit, avec des soins infinis, dans un petit établissement qu'il possède au bord du fleuve, cette famille d'oiseaux rares, s'embarque avec eux sur un vapeur, et, après trois semaines de navigation, va les vendre, vivants, sur le marché de Londres.

Il doit avoir peu de collègues en Europe.

A cinq heures du matin, nous descendons au bord du Guadalquivir. Séville est encore endormie. Et la nuit est bleue. Je ne l'ai jamais vue de cette couleur franche et uniforme. L'eau du fleuve est bleue. Les arches du pont de Triana, où nous attend le bateau, sont bleues; les navires qu'on découvre au delà des arches le sont aussi par reflet; le ciel est criblé d'étoiles qui semblent plus fixes que les nôtres : elles rappellent le regard des Andalouses, qui est long et qui ne tremble pas. Dans le grand silence de la ville, nous embarquons, nous glissons entre les quais, nous dépassons les dernières maisons, après lesquelles le fleuve tourne. Puis il reprend sa route, droit vers la mer. Le matin se lève, et voici le paysage qui se prolonge pendant des lieues : un fleuve large, boueux, jaune pâle et luisant, qui coule entre une rive droite un peu soulevée, couverte de saules derrière lesquels sont des parcs d'orangers et quelques lignes de palmiers, dressant leurs plumes, et une rive gauche très plate, l'herbage à fleur d'eau, sans haie, sans arbres, sans autre limite que les montagnes lointaines d'Utrera.

Dans une touffe de peupliers, le dernier abri contre le soleil qui monte et pèse déjà sur la plaine, un petit village est caché, Coria, d'où se détache une barque à la voile triangulaire. Nous avons stoppé. Deux rabatteurs viennent à nous, et prennent place à bord. Ils portent des fusils à ressorts extérieurs, et dont la crosse, incrustée de nickel, trahit l'origine arabe; une poire à poudre faite d'une corne de bœuf fermée avec un bouchon, et, dans une outre de peau noire, du vin blanc d'Aznalfarache, cette vieille enceinte mauresque que nous avons laissée derrière nous.

Le bateau poursuit sa route. Maintenant nous sommes en pleine marisma. La steppe marécageuse s'étend aux deux côtés, désert d'herbe fanée, dont la teinte rousse, peu à peu, se fond dans les lointains et devient d'un mauve léger. Elle s'ouvre; elle ferme bientôt sur nous son cercle partout égal, comme celui de l'Océan; elle va vers la mer invisible qu'elle borde sur plus de cent kilomètres. Le fleuve la coupe du large trait de ses moires jaunes, puis se divise et la sépare en îles. Au-dessus d'elle, au-dessus de nous, le ciel est sans nuage, non pas foncé, comme on le croit souvent, mais d'un azur lamé d'argent. Et rien ne fixe le regard, qui erre dans cette splendeur de toutes choses, si ce n'est, à des distances folles, vers le point où les montagnes se sont abaissées et cachées, l'aigrette d'un bouquet de palmes, immobile sur l'horizon clair.

Les premières bandes de canards se lèvent autour de nous, et des couples de flamants, de loin en loin, hors de portée, battent l'air de leurs ailes de feu. Le silence n'est troublé que par le bruit de notre hélice. Nous abordons. La proue s'enfonce dans les vases molles, et nous mettons pied à terre dans une grande île où paît un troupeau de plusieurs centaines de vaches *bravas.*

— Il faut traverser le troupeau, me dit M. Saccone, pour nous rendre à cette cabane, là-bas.

A ce moment, j'avoue que toutes ces têtes noires encornées, qui dépassaient les hautes herbes et nous barraient le chemin, ne me parurent pas uniquement pittoresques. Je les trouvai inquiétantes. Le chasseur chef me rassura en me disant qu'au contraire des taureaux, les femelles n'attaquent pas, en général, à moins qu'on ne les provoque. Cet « en général » me laissa rêveur. Cependant nous passâmes au milieu de ce troupeau, et de beaucoup d'autres, et je ne crois pas que, de toute la journée, nous ayons couru un réel danger.

La cabane, plantée sur la prairie, à deux kilomètres en avant, était une cabane de *vaqueros*, pauvres gens qui vivent là, sans communication avec le monde civilisé, n'ayant en vue ni village, ni sentier, ni ombre d'aucune sorte que celle de leur toit de planches, et à qui le propriétaire donne un franc par jour, du pain, et une provision d'huile et de vinaigre pour la salade de piments. En nous voyant venir, l'homme s'avança au-devant de nous, à cheval, et nous dit qu'il avait aperçu, le matin, cinq outardes, dans une région désignée d'un geste fauchant, qui embrassait bien des hectares. J'entrai dans la cabane, composée de deux chambres, enfumée, avec des lits de misère en roseaux et en feuilles. Une vieille était assise près de la porte.

— Quel âge avez-vous? lui demandai-je.

— Quatre douros et quatre réaux, monsieur!

C'est leur manière de compter, à ces demi-sauvages andalous. Quatre douros, à vingt réaux chacun, font quatre-vingt; plus quatre réaux : la vieille a voulu dire qu'elle avait quatre-vingt-quatre ans. Elle nous souhaite bonne chance, et nous nous déployons en tirailleurs, dans le marais, précédés du *vaquero* à cheval. La chaleur accable l'herbe. Nous marchons, tantôt sur la vase écaillée, molle encore et semée de mottes régulières où penche une touffe poilue, tantôt sur une terre plus sèche, que hérissent de larges bandes de graminées, roussies par le soleil et hautes de plus d'un mètre. Les moustiques invisibles, assemblés par milliards au-dessus de la prairie, font un bruit aigu et continu, comme un appel de clairon qui ne cesserait jamais. Je regarde le *vaquero*, qui va, penché sur l'encolure du cheval, le chapeau à grands bords rabattu sur son visage, observant la plaine tout au loin. Ses yeux sont d'une extraordinaire puissance. De temps en temps, il s'arrête, se dresse sur ses étriers, ou même debout sur la selle, et, portant la main à la hauteur de ses sourcils, prononce lentement, comme une sentence : « *Un pájaro !* un oiseau ! » Il a découvert, à deux ou trois kilomètres en avant, un gibier que lui seul ou un de ses pareils peut reconnaître à une telle distance. Alors, il part, faisant un long détour à gauche ; les rabatteurs à pied prennent à droite ; ils se rencontrent au delà du point où sont posés les oiseaux, et nous, les chasseurs, couchés derrière une touffe d'herbe, nous attendons. Des vols de petits faisans à queue courte se lèvent en criant et passent, presque toujours hors de portée. La route est si libre pour eux ! Mais la grande outarde ne se montre pas. Je ne vois d'elle qu'une ou deux plumes tombées à terre.

Cependant, j'ai été bien stylé par les gens de la marisma. Je sais que les outardes femelles vivent toute l'année dans le marais, que les vieux mâles arrivent en avril, probablement du Maroc, et repartent en septembre. Je sais encore qu'il ne faut pas faire un mouvement tant que la grande outarde n'a pas franchi la ligne des tireurs, qu'elle vient dans le vent, lancée comme un boulet de canon, et grosse comme une dinde, la tête blanche et le corps maillé de brun et de gris... J'ai été renseigné sur la meilleure manière de viser, sur le numéro du plomb à employer, sur le poids de ce gibier de prince... mais où est-elle, la grande outarde? Si elle a entrepris de trouver un coin d'ombre, elle doit être loin d'ici...

Des bécassines partent, et montrent une seconde le retroussis blanc de leurs ailes. A dix pas de moi, un des rabatteurs s'arrête, un pied en avant. Quelque chose de brun s'est enroulé en spirale autour de sa jambe. C'est un serpent, qui mord rageusement le pantalon de cuir du *vaquero*. L'homme ne se trouble pas; il ne secoue pas la bête; il n'appelle personne, mais, tranquillement, entre le pouce et l'index, il saisit le reptile derrière tête, commence à l'étouffer, le fait tourner en l'air comme un fouet, et brise sur le sol une sorte de couleuvre jaune, longue de plus d'un mètre. Nous changeons de procédé, et nous essayons d'approcher les petits faisans, suivant une méthode usitée dans les marismas : en nous cachant derrière le cheval, dressé à ce manège, et qui va doucement, broutant l'herbe, vers le gibier. Hélas! je m'aperçois vite que l'heure est trop chaude, qu'il faudrait plusieurs jours dans le marais, et une habitude, et la chance, plus fugace encore qu'un oiseau d'eau, pour rapporter un butin sérieux, pour abattre une outarde, un flamant, une aigrette. Nous avons réussi seulement à tuer un héron garde-bœufs, oiseau charmant, au bec jaune et vert, au corps d'un blanc de neige.

Mais, à la poursuite du rêve, on gagne toujours

quelque chose. Nous n'avons pas rejoint la grande outarde, mais nous avons changé d'île, descendu et remonté les bras du Guadalquivir, parcouru des espaces immenses et contemplé des paysages nouveaux. J'ai vu l'harmonieuse beauté du fleuve tournant entre deux rives de saules pâles ; j'ai passé dans un désert que tapissait entièrement une sorte de bruyère marine, pareille à du corail rouge ; j'ai contemplé, aux heures tardives, la marisma qui se voilait, devenait d'un violet sombre de pavot, et les centaines de chevaux que le soir réunissait autour d'un abreuvoir, tandis que le gardien, debout au sommet d'un tertre, prenait, dans le soleil couchant, des proportions fantastiques, et quand je suis revenu, les terres plates noyées dans le crépuscule, le ciel où toute la lumière s'était retirée, les alignements lointains des palmiers, la douceur infinie de l'air, tout me donnait, tout gravait en moi l'illusion que je voyais s'assombrir et mourir dans la nuit les campagnes du Nil [1].

---

[1]. Ce que je viens de raconter ne saurait diminuer en rien, — tous les chasseurs me comprendront, — la réputation que possède la marisma d'être une des contrées les plus giboyeuses et les plus abondantes en gibier rare, de l'Europe. Les chasses du Guadalquivir ont été mises en honneur, en Angleterre, par lord Lilford, qui a passé des mois sur le fleuve, chassant et réunissant des collections ornithologiques, puis par M. Dresser et par le colonel Barcklay. Les officiers de Gibraltar les connaissent fort bien. Enfin, M. le comte de Paris, pendant ses séjours au palais de Villamanrique, qui se trouve à droite du

Guadalquivir, venait, presque tous les jours, chasser dans les territoires de la marisma, qu'il faisait garder. Je donnerai une idée de la richesse cynégétique de cette contrée de l'Andalousie, en publiant le tableau partiel du gibier tué en 1892, à Villamanrique, soit dans la marisma, soit dans les deux grandes réserves forestières du domaine, le Coto del rey et la forêt de Gatos : un lynx ; un chat sauvage ; un ichneumon ; mille trois cent soixante dix-sept lapins ; quarante-huit grandes outardes et trois petites ; onze œdicnèmes criards ; vingt-deux grues cendrées ; neuf spatules ; un héron garde-bœufs ; un héron crabier ; six aigrettes ; trente-trois échasses blanches ; quarante-deux combattants ; trente flamants ; soixante-neuf grands sternes ; un grèbe ; cinquante-cinq oies sauvages ; vingt-six pies bleues ; quatorze guépiers ; deux aigles royaux ; un grand aigle moucheté ; deux aigles bottés ; treize vautours bruns ; quatre vautours noirs ; deux vautours d'Égypte.

Il existe même, errant dans la marisma, une troupe d'une trentaine de chameaux sauvages, qui se reproduisent, mais que les gardes ont beaucoup de peine à protéger contre le braconnage (!) des gens de San Lucar.

XXXI

RETOUR A MADRID

Je reviens à Madrid ; novembre est commencé, et, dans quelques jours, mon voyage va s'achever. Je trouve la capitale un peu froide, moi qui arrive de Séville, et plus animée qu'à ma première visite. Les rues sont pleines d'hommes de toutes conditions enveloppés de la capa doublée de velours rouge, vert, gris, orange ; quelques chapeaux de soie, coiffant des ministres ou des ministrables, émergent de la foule ; les promenades ont plus d'équipages ; le cercle de l'Athénée, les clubs, les cabarets à la mode, les théâtres, reprennent possession de leur clientèle élégante, qui a passé l'été aux bains de mer ou dans les villes d'eaux ; la cour est rentrée. Chaque matin, j'assiste, sur la place d'armes du Palais royal, à cette jolie manœuvre de la garde montante, infanterie, cavalerie, artillerie, qui vient, jouant la marche royale d'Espagne, en grande tenue, avec des formations et des pas harmonieusement réglés, relever la garde descendante. J'assiste au défilé des suisses du palais, qui portent la hallebarde antique et ce joli costume : bicorne galonné, habit bleu foncé à la française avec bord de couleur garance, gilet et parements rouges, culotte blanche, guêtres de la couleur de l'habit, montant au-dessus du genou. Je vois l'étonnant appareil de ce cortège qui traverse Madrid, quand le nouvel ambassadeur de France va présenter ses lettres de créance, l'escorte de cavaliers, les attelages à quatre et six chevaux, les carrosses de gala dorés, laqués, sculptés, dont un entièrement vide et qu'on nomme « le carrosse de respect ». Et ces anciennes traditions, cette pompe fameuse de la cour d'Espagne, m'amusent comme un beau décor au milieu duquel je sens s'agiter des acteurs et des intérêts modernes. Je me dis bien que l'autorité a souvent changé de visage et d'habit dans le monde, qu'elle n'est ni diminuée, ni agrandie, par l'appareil dont elle s'entoure, et cependant, j'éprouve un plaisir, une joie toute populaire et naïve, effet sans doute d'un atavisme lointain, à voir cette majesté d'une cour, dont nos yeux sont déshabitués, et notre esprit peut-être, mais non pas notre sang.

J'ai retrouvé la même pointe d'émotion et le même sentiment de curiosité amusée, en traversant les appartements du palais, le jour d'une de ces grandes réceptions dont l'ordonnance est célèbre. Il y avait des hallebardes partout, et des figures bien intéressantes parmi les personnes qui attendaient leur tour d'audience : grands d'Espagne, hommes politiques fort préoccupés, — car nous étions à la veille d'une crise, — diplomates, mamans venues pour présenter leur fille et le fiancé de leur fille, et cette dame triste, attendrissante et coquette dans sa mantille, qui devait avoir une douleur à raconter, et ce beau chevalier de Calatrava, qui portait l'habit blanc boutonné, avec la croix rouge sur la poitrine.

La reine était en deuil, gantée de noir et debout. En l'abordant, je fus frappé de ce que cette physionomie gracieuse et jeune reflétait d'intelligence et d'habitude du pouvoir. Dans les yeux de la jeune femme qui souriait, j'apercevais la souveraine; dans les questions qu'elle me posait sur mon voyage, je découvrais l'esprit déjà rompu à présider un conseil, à suivre une idée, à traiter avec des hommes des affaires qui s'enchaînent. Un instant après, au nom du petit roi que j'avais prononcé, elle devenait émue, et je voyais la mère, et encore la souveraine, défendant l'enfant royal contre la calomnie qui le guette. « N'est-ce pas qu'il est bien portant et vif? Vous l'avez rencontré. Il n'a eu que les maladies légères de son âge. Et, Dieu merci, le voilà fort, et à l'abri. » Oui, à l'abri, doublement, derrière elle qui veille sur l'enfant, et qui garde pour lui la couronne. Tandis que je l'écoutais, et quand je regardai, pour la dernière fois, le salon où la reine demeurait encore, attendant une autre visite, j'avais l'impression vive que je voyais une de ces grandes régentes, qui font figure dans l'histoire, une de ces mères de rois qui, pour défendre un trône, ont mieux que le fer et la force : les deux bras qu'elles croisent sur la poitrine de leur fils.

Il était déjà nuit, quand je sortis du palais. Je traversai la place de l'Orient, et je me promenai au hasard, triste parce que j'allais quitter l'Espagne. Je devais visiter encore Barcelone et cette belle abbaye de Montserrat, perchée dans la montagne, mais je sentais que ce ne seraient là que des arrêts sur le chemin du retour, et que ce voyage était fini, que j'avais entrepris et fait avec tant de joie.

Sur les avenues du Prado, je croisai un Espagnol, très répandu dans le monde de Madrid, qui marchait vite, enveloppé de son manteau. Il me reconnut, et me prit le bras. J'avais joui, à diverses reprises, de sa conversation brillante, de son esprit éloquent et informé sur toutes choses : mais combien plus je le goûtai ce soir-là ! Il refit avec moi mon voyage, il s'anima, il laissa transparaître ce fond de nature poétique et passionné, don gratuit de la race, que voilait d'abord chez lui la convention mondaine.

— Votre chagrin me plait, dit-il, car il y entre de l'amour.

— N'en doutez pas.

— Vous aimez l'Espagne, vous reviendrez à elle. Alors, vous étudierez ce que vous avez aperçu. Nos villes cachent nos villages. Et c'est là qu'on le rencontre encore, l'Espagnol vrai, l'Espagnol du peuple, ce chevalier rude et tendre, qui vit sur son passé d'honneur. C'est là qu'elles se sont réfugiées, la foi, la poésie, la grandeur pauvre de l'Espagne. Je vous mènerai vers elles. Je vous ferai entendre, chez des rustres sans lettres, des légendes qui valent un chant d'Homère; je vous ferai voir ce laboureur, qui a une âme ancienne et des façons de roi. Connaissez-vous l'*Oiseau noir*?

Je ne connaissais pas l'*Oiseau noir*, et il me récita ce conte exquis de Navarre... « Vous reviendrez! » A mesure que mon ami parlait, ce mot s'embellissait, se fleurissait de tous mes souvenirs remués et rassemblés en gerbe, et comme en Sicile, comme à Malte, comme à Venise, comme si nous étions maitre du jour qui ne s'est pas levé, moi, j'ai répondu : Oui !

FIN

TABLE

I. — L'entrée en Espagne. — Saint-Sébastien. . . 1
II. — Sur la plage. — Le 7ᵉ d'artillerie de forteresse. — La fête en l'honneur des officiers français. 13
III. — La romeria de Lézo. — La pelote. — El batallon infantil 32
IV. — Loyola 40
V. — Les bords du Nervion. — L'auteur de Peque-ñeces. 54
VI. — Santander. — Deux romanciers. — La baie de nacre. 64
VII. — De Santander à Burgos. — Un soldat. — La cathédrale et la campagne. 77
VIII. — Valladolid. — La fortune d'un torero. — La corrida interrompue. 93
IX. — Les deux paysages. 98
X. — Salamanque, la ville rose 102

XI.	— Un domaine seigneurial en royaume de Léon.	116
XII.	— Avila	138
XIII.	— Madrid	142
XIV.	— L'Escorial	173
XV.	— Tolède. — Une légende arabe	177
XVI.	— De Madrid à Lisbonne. — Le marché. — La ville	189
XVII.	— Deux audiences	201
XVIII.	— Les jardins de Cintra	208
XIX.	— Dernières promenades dans Lisbonne	216
XX.	— Cordoue. — La mosquée et le vieux pont	221
XXI.	— Grenade la nuit. — Grenade le jour. — L'Alhambra. — Les gitanos de l'Albaycin. — Dans une vieille église	226
XXII.	— Au généralife	249
XXIII.	— Gibraltar	251
XXIV.	— Tanger	263
XXV.	— Cadix	277
XXVI.	— De Cadix à Séville, aquarelles andalouses	279
XXVII.	— Séville	283
XXVIII.	— Un beau dimanche à Séville	287
XXIX.	— La ganaderia de Ybarra	316
XXX.	— Les marais du Bas-Guadalquivir. — La grande outarde	321
XXXI.	— Retour à Madrid	330

www.ingramcontent.com/pod-product-compliance
Lightning Source LLC
Chambersburg PA
CBHW060454170426
43199CB00011B/1199